Leadership for Practical Use

실무활용을 위한 리더십

정수진 · 고종식

정독
DEEP READING

머리말

최근 급변하는 사회환경 변화에 유연하게 대처하고 격화되고 있는 경쟁에서 우위를 확보하기 위하여 기업은 다양한 경영전략을 활용하고 있다. 그러나 이러한 시대적 상황에서 기업의 노력에도 불구하고 모든 경영전략들이 기대한 만큼 성공적인 것은 아니다. 이러한 경영전략들이 성공적으로 기능하기 위해서 가장 중요시되는 것은 효율적인 리더십이다. 따라서 현대사회에서 중요하게 다루어지고 있는 문제 중의 하나는 진정한 리더의 리더십에 대한 것이다. 왜냐하면 효율적이지 못한 리더는 조직의 발전을 저해하고 구성원에 대한 희생과 고통을 요구하기 때문이다.

그동안 우리 사회는 집단적 조직문화로서 질서를 유지하기 위한 권위적 리더십이 일반적이었다. 그러나 성숙한 지식기반사회에서 리더는 부하들의 자율성과 창의성을 개발하고 조직의 목표달성을 위해 자발적인 협력과 노력을 하도록 하여야 한다. 이러한 시대적 상황에 따라 리더의 내면적 정서나 사고, 가치관 등을 중요시하는 리더십의 패러다임이 변화하고 있다.

이러한 리더십 패러다임의 변화에 기초하여 본서는 리더십에 대한 기초, 전통적 리더십, 혁신적 리더십, 공감적 리더십, 리더의 정서관리, 리더의 소통관리 등 총 6부로 구성하였다. 이와 같이 구성한 것은 리더십의 기초이론을 제시하고 사회의 발전에 따른 리더십의 변화와 더불어 급변하는 환경변화에 적응하는 과정에서 지각하게 되는 부정적 정서를 최소화하고, 원활한 의사소통을 통해 부하들의 성장과 기업의 발전에 기여할 수 있는 과정이라고 보았기 때문이다.

본서는 대학에서 리더십을 공부하는 학생과 대학원생, 리더십에 대해 관심을 가지고 있는 기업인 및 일반인을 대상으로 하였으며 가능한 이해하기 쉽도록 기술하였다. 그러나 본서를 구성하고 집필하는 과정에서 수집한 자료를 충분하게 활용하지 못한 부분도 있으며, 다소 미진한 부분도 있을 것으로 본다. 이러한 부분에 대해서는 추후 지속적으로 수정하고 보완하고자 한다. 끝으로 본서가 완성될 때까지 많은 관심과 지원을 해주신 동료, 학생, 가족 여러분들께 감사의 말씀을 드린다. 또한 본서를 출판할 수 있도록 기꺼이 허락해 주신 도서출판 정독의 김중용 사장님과 직원 여러분들께도 감사의 말씀을 드린다.

2019년 가을
저자 일동

차 례

제1부 리더십의 이해

제1장 리더십의 기초

제2장 리더십 이론의 발전과정

제3장 행동변화를 위한 동기부여

제2부 전통적 리더십

제4장 리더십 특성이론

제5장 리더십 행동이론

제6장 리더십 상황적합이론

제3부 혁신적 리더십

제7장 변혁적 리더십

제8장 서번트 리더십

제9장 리더-부하 교환이론

제10장 카리스마 리더십

제4부 공감적 리더십

제11장 코칭 리더십

제12장 오센틱 리더십

제13장 윤리적 리더십

제5부 리더의 정서관리

제14장 리더의 비인격적 행동

제15장 집단괴롭힘과 리더의 지원

제16장 리더의 스트레스 관리

제17장 리더의 갈등관리

제6부 리더의 소통관리

제18장 리더의 카운슬링

제1부

리더십의 이해

제1장 리더십의 기초

1 리더십의 개념

스티브 잡스(1955~2011): 미래를 예측하는 방법은 미래를 만들어 내는 것이다.

유능한 인적자원의 학보와 활용은 지식기반사회에서 조직이 경쟁력을 확보할 수 있는 유일한 수단이다. 이러한 이유로 오늘날 조직에서의 모든 활동은 인적자원을 중심으로 이루어지고, 이를 통해서 조직이 설정한 목표를 효율적으로 달성하고자 한다. 따라서 조직이 설정한 목표를 달성하는 데 구성원들이 최선을 다하도록 하기 위한 수단으로 리더의 역할에 대한 중요성이 강조된다. 왜냐하면 구성원들의 직무수행 태도, 동기부여, 직무만족, 조직성과 등은 리더십에 의해 영향을 받기 때문이다. 따라서 조직이 우수한 인적자원을 확보하고 있다 하더라도 효율적인 리더십을 발휘하지 못한다면 구성원들의 만족과 조직성과는 부정적으로 나타나게 된다.

다원화된 사회구조 하에서 대두되고 있는 심각한 문제 중의 하나는 진정한 리더의 부재이다. 대부분의 관리자들은 다양한 조직과 계층에서 복종과 존경을 강요하고, 권위와 지위를 이용하여 조직을 이끌어 나가기 때문이다. 현대의 지식기반사회에서는 구성원들의 욕구를 충족시키고 급변하는 환경에 능동적으로 대처해 나갈 수 있는 진정한 리더, 즉 혁신과 변화를 주도해 나갈 수 있는 리더십이 요구되고 있다.

모든 인간은 선천적으로 리더십 능력을 가지고 태어난다. 이러한 능력을 개발하고 활용하는 사람은 리더로서 역할을 한다. 그러나 그렇지 못한 사람은 권위와 지위로써 지배하는 관리자가 되거나 부하로서의 지위를 유지하게 된다. 유능한 리더는 부하들을 관리하거나 지배하지 않으며 대화와 설득을 통해 자발적으로 추종하도록 한다. 따라서 유능한 관리자는 부여된 임무와 직무를 잘 처리하지만, 유능한 리더는 부하들의 성장과 조직의 발전을 위한 새로운 임무와 직무를 창조한다.

리더십이란 조직이 설정한 목표를 달성하기 위하여 개인이나 집단의 행동에 영향력을 행사하는 것이다. 따라서 리더십은 리더(leader)와 추종자(follower), 그리고 상황(situational)의 함수로서 다음과 같은 내용이 포함되어 있다.

첫째, 개인이나 집단이 공동으로 달성해야 하는 목표가 설정되어야 한다.

둘째, 리더와 부하가 있고 이들 사이에서 상호작용이 이루어져야 한다.

셋째, 개인이나 집단의 목표, 자신의 권위에 기초하여 부하들의 행동에 영향력을 행사한다.

따라서 리더십은 특정 권력이나 지위를 수단으로 영향력을 행사하는 것이 아니라, 대화와 설득에 의해 자발적인 추종과 헌신을 유도하는 것으로 이해하여야 한다. 진정한 리더십이란 권력에 의해 복종을 유도하는 것이 아니라 자발적으로 조직이 설정한 목표를 자신의 공동의 목표로서 수용하도록 하는 것이다.

2 리더십의 중요성과 역할

(1) 리더십의 중요성

조직이 경쟁력을 확보하고 지속적으로 생존하기 위해서는 진정한 리더십이 요구된다. 최근 조직들은 급변하는 환경변화에 적응하기 위하여 변화와 혁신, 고도의 전문화를 요구하고 있다. 이러한 시대적 상황에서 리더의 효율적인 직무수행을 위한 아이디어와 투철한 사명이 요구된다. 그러나 현실적으로는 효율적인 직무수행을 위한 아이디어의 개발이나 투철한 사명을 겸비하고 있는 리더가 부족하다는 것이다. 성공적인 리더가 갖추어야 할 요인은 다음과 같다.

첫째, 비전을 제시하여야 한다. 비전은 현실보다 나아진 미래의 자신의 삶이며, 이때의 비전은 현실적으로 달성 가능하여야 한다. 리더는 자신이 추구하고자 하는 것이 무엇인지 명확히 알고 있어야 하며, 이를 추구하는 과정에서 발생하는 문제를 극복할 수 있는 추진력을 가지고 있어야 한다.

둘째, 리더는 자신의 삶은 물론 직무나 직업에 대하여 높은 열정을 가지고 있어야 한다.

셋째, 철저한 자기인식과 정직함 그리고 성숙함을 가져야 한다. 진정한 리더는 선천적인 것이 아니라 개발되는 것이며, 외적인 요인보다는 자신에 의해서 개발된다. 또한 처음부터 리더로서 인정받는 것이 아니라 자신을 자유롭게 표현하면서부터 시작한다. 따라서 자신을 증명하기보다는 표현하는 데에 관심이 있다.

넷째, 자신의 인생과정에서 지속적으로 성장하고 발전을 위해 노력한다.

또한 조직에서 리더가 중요한 이유는 다음과 같다.

첫째, 리더는 조직이 설정한 목표와 개인이 추구하고자 하는 목표를 일치시킴으로써 조직의 효율성을 향상시킨다.

둘째, 리더는 부하들이 나아가야 할 방향을 제시하고, 이 과정에서 요구되는 능력을 개발함으로써 급변하는 환경에 대한 적응능력을 향상시킨다.

셋째, 리더는 부하들의 욕구를 충족시키고 이것이 조직의 성과로 이어져 개인의 성장과 조직의 발전을 추구한다.

리더십은 조직의 효율성과 환경변화에 대한 적응능력을 향상시키며, 개인의 성장과 조직의 발전에 중요한 요인으로서 기여한다.

(2) 리더십의 기능과 역할

리더십은 개인의 성장과 발전을 위한 기회를 제공하며, 부하들의 능력을 개발하고, 그 능력을 최대한 발휘하게 하여, 협력적으로 목표를 달성하도록 하는 기능을 한다. 일반적으로 리더십의 기능은 다음과 같다.

① 상황판단 기능: 조직의 내외적 상황에 관한 정확한 정보를 수집하고, 분석하고, 평가하여 조직의 효율성을 향상시키기 위한 의사결정 자료로서 유용하게 활용한다. 이는 부하에 대한 이해, 의사소통 경로, 조직상황과 환경변화 분석, 가치관의 변화 등을 정확하게 파악함으로써 가능하다.

② 조직의 통합과 유지 기능: 조직구성원들의 개인적 이해를 조정하여 갈등을 예방하고, 공정한 절차에 따라 상과 벌을 부여하여 일체감과 소속의식을 향상시키는 것이다. 이러한 통합과 유지는 조직의 일원으로서 능력을 개발하고, 책임과 규범을 준수하는 등의 행동원칙을 내용으로 한다.

③ 목표달성 기능: 조직의 목표를 설정하고, 이를 달성하기 위해 자발적으로 노력하는 것으로, 조직구성원의 조직화와 사기향상을 내용으로 한다. 이것은 자발적 목표설정과 동기부여의 행동을 포함한다. 부하들의 행동을 유도하여 따르도록 하는 것, 따르지 않을 것 같은 일을 지시하지 않는 것, 목표달성을 위한 사명과 역할을 제시하는 것, 전폭적으로 권한을 위양하는 것 등의 행동원칙을 내용으로 한다.

이 외에도 리더십의 기능은 집행자로서의 기능, 의사결정자로서의 기능, 계획수립자로서의 기능, 전문가로서의 기능, 대외적 대표자로서의 기능, 내부이해 조정자로서의 기능, 상벌의 집행자로서의 기능, 조정 및 중재자로서의 기능, 조직의 상징으로서의 기능, 대변자로서의 기능 등이 있다. 이와 같이 리더십은 직무는 물론 인간적 측면에서 촉진적이며 통합적인 기능을 수행한다.

또한 조직에서 리더의 중요한 역할은 다음과 같다.

리더의 첫 번째 역할은 성과를 향상시키는 것이다. 이를 위해 리더는 부하들의 협동을 촉진시켜 설정된 목표를 효율적으로 달성하도록 하여야 한다. 이를 위해 부하들에게 적합한 직무와 책임을 부여하고, 직무수행 과정에서 자율성의 범위를 명확히 하여야 한다. 또한 성과에 대한 공정한 평가와 적절한 피드백을 제공해야 한다. 조직의 목표와 부하의 직무를 적절하게 적합화시키는 것이 리더의 중요한 역할이다.

목표달성을 위해 직무를 수행하는 과정에서 협동의 목적에 대한 이해가 상이하거나 협동의식이 결여된 사람도 있다. 리더는 구성원 모두가 조직의 목표달성을 위해 노력하도록 하고, 조직의 학습 프로세스에 자발적으로 참여하도록 함으로써 협동을 촉진시키는 역할을 한다. 이러한 리더의 역할이나 능력을 리더십이라고 한다.

리더의 두 번째 역할은 다른 집단과 원만한 관계를 유지하는 것이다. 조직은 다양한 기능을 수행하는 집단으로 구성되며, 이들 집단들의 상호작용에 의해 공동의 목표를 달성해 간다. 제품개발, 원자재 구매, 제조, 마케팅과 판매 등의 부서와 협력적 관계를 유지하면서 조직 활동을 전개한다. 따라서 리더는 집단간 정보를 분석하고, 쌍방적 의사소통 경로를 원활하게 유지함으로써 이들 집단을 조직에 통합하는 역할을 한다. 이것을 리더의 연결핀 역할이라고 한다. 연결핀이 원활하게 기능하고 있는 조직에서는 집단의 직무수행 과정에서 요구되는 정보와 자원이 적시에 제공되고 의사소통은 중단되지 않고 지속된다. 이러한 과정이 진행되면서 집단간 신뢰관계가 구축되고 협동심은 향상된다.

3 리더의 영향력

리더십은 상대방에게 영향력을 행사해서 자신의 지시에 따라 행동하도록 하는 것이다. 그러나 대등한 지위에서나 독립적인 인간관계에서는 영향력은 발생할 가능성이 적다. 이러한 상황에서는 상대의 행동을 변화시킬 수 있는 강제력이 발생하지 않기 때문이다. 행동변화의 가능성은 상위자와 하위자, 리더와 부하, 소유한 자와 필요로 하는 자와 같이 상호의존적이며 종속적 관계에서 높게 나타난다. 따라서 영향력의 행사는 수단을 필요로 하며, 영향력에 대한 유형도 이러한 접근방법에 의해 설명할 수 있다.

(1) 지위에 따른 영향력

조직 내 지위(position)로부터 타인에게 영향력을 행사할 수 있는 힘이 발생한다.

① **보상적 권력(reward power)**: 교환관계에 기초하여 상대가 원하는 긍정적인 결

과를 부여할 수 있는 개인적인 능력으로부터 발생한다. 부하들이 원하는 승진, 임금 인상, 인사이동, 휴가 등을 부여할 수 있는 공식·비공식적 능력을 이용해서 영향력을 행사한다. 부하들은 리더가 이러한 보상을 줄 수 있는 능력이 있다고 믿게 되면 자발적으로 추종한다.

② 강제적 권력(coercive power): 부하들이 원하지 않는 불리한 인사고과 및 인사이동, 징계, 해고 등을 부여할 수 있는 힘을 이용하여 영향력을 행사한다. 부하는 이러한 부정적인 상황을 회피하기 위하여 리더의 명령이나 지시에 따른다. 이러한 권력을 사용하면 부하는 바람직한 행동보다 불이익을 회피하려 하기 때문에, 허위의 성과 보고, 은닉 등과 같은 부정적 행동을 할 수 있다.

③ 합법적 권력(legitimate power): 자신의 지위로부터 부여받은 힘을 이용하여 영향력을 행사한다. 이러한 권력은 직무역할에 따른 한정된 영역에서만 가능하며, 조직의 효율적 운영을 위하여 필요하다. 그러나 리더의 지위에 대한 합법성이 부하로부터 인정을 받고 있는 경우에 효과가 있다.

④ 정보의 통제(control of information): 조직의 중요한 정보에 접근할 수 있으며, 그것을 부하에게 제공할 수 있는 힘을 이용하여 영향력을 행사한다. 특정 리더가 자신의 승진과 관련한 정보를 미리 알려주면, 그가 상위층과 연결되어 있다고 생각하여 자발적으로 추종하게 된다.

(2) 개인특성에 따른 영향력

리더의 개인적 특성으로부터 타인에게 영향력을 행사할 수 있는 힘이 발생한다.

① 전문적 권력(expert power): 자신이 보유하고 있는 전문적 기술이나 지식 등을 이용하여 영향력을 행사한다. 이러한 경우에는 리더의 전문성이 인정되고 관련 분야에서 최고의 전문가라는 인식이 있어야 한다. 따라서 영향력을 지속적으로 행사하기 위해서는 전문적 지식을 꾸준히 축적하여야 하며, 때에 따라서는 조금씩 전수하는 것도 필요하다.

② 준거적 권력(referent power): 부하들이 존경심과 매력을 느끼게 하는 리더의 개인적 특성에 의하여 영향력을 행사한다. 부하들이 좋아하고 존경하여 동일시하고자 하는 리더에게 추종한다.

③ 카리스마적 성격(personality of charisma): 리더의 카리스마적 성격을 이용하여 영향력을 행사한다. 리더는 부하들의 욕구, 희망, 가치 등에 대한 통찰력을 가지고, 미래에 대한 비전을 제시하고, 이를 달성할 수 있는 가능성을 제시하여 자신을 추종하도록 한다.

그러나 조직에서 개인적 권력은 다음과 같은 원인에 의해 변화하는 특성이 있다.

- 조직에서 공식적 지위는 권력의 원천이다. 지위가 변하면 규범화된 권력도 변화한다.
- 상사는 중요한 정보에 접근할 수 있어 부하에 대한 권력을 유지한다. 그러나 상사가 원하는 정보를 부하가 보유함으로써 권력도 변화한다.
- 조직상황의 불확실성이 증가하면 권력도 변화한다.
- 개인이 보유한 새로운 전문적 기술과 지식에 의해 권력은 변화한다.

4 계층에 의한 권력분포

조직계층에 따라 최고경영자, 중간경영자 및 하위감독자로 구분되며, 이들은 상이한 권한과 영향력을 소유한다. 최고경영자는 전체조직을 위한 의사결정을 하며 중간경영자들을 통해 조직운용을 전개한다. 중간경영자들은 하위감독층을 통해 의사결정 사항을 집행하고 진행과정을 최고경영자에게 보고한다. 하위감독자는 현장근로자를 대상으로 생산감독, 기술지도 등의 역할을 수행한다. 따라서 조직계층에 따라 경영자의 역할은 상이하며 최고경영자는 전사적 차원의 의사결정, 중간경영자는 업무적

표 1-1 계층에 따른 경영자 및 의사결정 유형·능력

경영자의 유형	의사결정 유형	요구되는 능력
최고경영자	전략적 의사결정	개념적 능력 > 인간관계적 능력 > 기능적 능력
중간경영자	관리적 의사결정	개념적 능력 = 인간관계적 능력 = 기능적 능력
하위감독자	업무적 의사결정	기능적 능력 > 인간관계적 능력 > 개념적 능력

차원의 의사결정, 하위감독자는 기능적 차원의 의사결정 권한을 갖는다. 조직계층에 따른 권력의 주요 특성은 다음과 같다.

(1) 최고경영자의 권력

최고경영자는 최고 의사결정권한을 소유한 사람으로서, 조직의 비전이나 전략을 수립한다. 따라서 조직 내 모든 권력의 형성은 최고경영자에 의해 가능하다. 물론 조직에 따라 최고경영자의 권력소유 정도는 상이하며, 구성원들이 이들을 어떻게 인식하는지에 따라 다양하게 반응한다. 그러나 일반적으로 최고경영자는 조직의 전반적 활동에 대한 공식적 권력을 부여받고 있다. 따라서 구성원들에게 복종을 요구할 수 있고 보상할 수 있는 권한을 가지고 있으며, 자원과 정보에 대한 통제적 권한을 소유하고 있다.

(2) 중간경영자의 권력

최고경영자와의 인간관계, 신뢰 등에 따라 권력이 발생할 가능성도 있지만, 중간경영자들은 조직 내의 부, 과 등 특정 부문을 관리하기 때문에 해당 관리부문에서는 최고경영자로서의 역할을 수행한다. 중간경영자는 최고경영자로부터 위임된 권력을 행사하며, 최고경영자의 의사결정을 집행하기 위해 일선감독자를 지휘·감독하는 권한을 소유한다.

(3) 하위감독자의 권력

하위감독자는 현장근로자를 지휘하고 관리·감독한다. 따라서 과업감독이나 기술지도 등이 중심적인 행동으로서, 이들은 현장의 경험과 기술을 바탕으로 계량적인 일정 목표를 달성하기 위해 노력한다. 그러나 기술과 기능 등의 전문적 권력은 소유하고 있지만, 관리적 권한과 의사결정의 재량권은 중간관리자에 비해 많지 않다.

(4) 스탭(staff)의 권력

스탭은 조직계층의 경영자가 아니기 때문에 보상권력, 합법적 권력, 강압적 권력 등을 소유하지 못한다. 또한 자기통제 하에 있는 부하들이 없기 때문에 권력형성에 어려움이 있다. 그러나 스탭은 직무수행 결과에 대한 직접적 책임을 지지 않으면서 조직활동에 개입할 수 있으며, 특히 계획수립과 평가에 영향을 미치고 있다. 또한 최고경영자와 같은 조직 상부의 활동을 지원하기 때문에 정보, 자원의 배분과 의사결정 과정에 참여할 수 있다.

5 리더십의 유형

(1) 헤드십과 리더십

리더십 유형을 구분하는 기본적인 요소가 되는 것은 리더의 선출과정이다. 조직 구성원들에 의해 선출되는지, 외부의 요소나 권력자에 의해 지명되는지이다. 외부로부터 지명된 지도자를 헤드라고 하며, 이들이 행사하는 영향력을 헤드십 또는 명목상의 리더십이라 한다. 반면에 집단 내에서 구성원들에 의해 선출된 지도자를 리더라고 하며, 이들이 행사하는 영향력을 리더십 또는 실질적인 리더십이라 한다. 따라서 리더는 자신을 선출해 준 구성원을 위해 영향력을 행사하며, 자신의 공약사항으로서 구성원들의 지위와 복지의 향상에 더 관심을 가진다.

다원화된 사회에서 대부분의 조직의 장은 외부로부터 지명되며, 이들은 조직 내 지위와 권한을 부여받는다. 따라서 헤드는 자신을 지명한 권력자를 위해 영향력을 행사하며, 자신의 지위를 유지하기 위해 자신에게 부여된 지위와 권한으로 부하들을 감독하고 조직활동을 전개한다. 그러나 헤드가 지도자로서의 역할을 다하지 못하면 부하들은 형식적이며 수동적으로 직무를 수행한다. 이것이 리더와 헤드의 차이이다.

진정한 리더는 부하들의 협력을 조성하여 연대감과 응집력을 증가시키며, 이를 통해 부하들은 리더와 더불어 자발적으로 직무를 수행한다. 따라서 헤드들이 자신의 역할을 수행하면서 얼마나 효율적으로 영향력을 행사하였는지는 부하들과 협력해서 직무를 수행할 수 있는 능력에 달려 있다. 지명된 헤드들이 조직의 장으로서의 역할을 수행한다 하더라도 부하들로부터 지지와 신임, 신뢰를 얻지 못하면 진정한 리더로서 인정을 받지 못한다.

선출된 리더에 비해 지명된 헤드들에게서 나타나는 문제점은 다음과 같다.

첫째, 헤드들은 자신을 지명한 권력자에 대한 책임이 있으며, 자신의 지위를 유지하기 위하여 조직의 목표를 달성하려 한다.

둘째, 헤드들은 외부적으로 목표달성을 과시하기 위하여 부하들의 욕구나 의견을 수용한다. 그러나 리더는 외부에 대한 책임도 있으나 자신을 선출한 구성원에 대한 책임을 우선시한다.

셋째, 헤드들은 제시된 규범과 지침에 따라 부하를 지휘·감독한다. 따라서 부하들의 혁신적인 의견은 규범에 위배되기 때문에 채택하지 않는다. 그러나 리더는 조직의 발전과 부하의 욕구를 위해 채택한다.

넷째, 리더는 구성원에 의해 능력이 인정되지만, 헤드의 능력은 지명자에 의해 인정된다.

이와 같이 많은 조직에서 헤드에 대한 문제점이 제기되고 있다. 따라서 이들은 리더가 보이고 있는 장점들을 습득하여 진정한 리더십을 행사하도록 하여야 한다. 헤드십을 리더십으로 전환하는 것은 어려운 일이지만 이를 가능하게 할 수 있는 방안은 다음과 같다.

첫째, 헤드가 구성원의 의견을 경청하기 시작하면 리더가 될 수 있는 가능성이 있다. 이를 위해 조직 내 스탭과의 긴밀한 업무협조가 이루어지도록 한다. 인사이동에 대하여 독단적으로 의사결정을 하지 말고 인사부서의 전문스탭과 협조하여 결정하는 것이다.

둘째, 원만한 인간관계와 의사결정에 참여를 강조하는 것이 현재의 리더십 경향이다. 따라서 헤드는 부하들의 욕구를 충족시키고, 자발적 참여의욕을 향상시키는데 관심을 보여야 한다.

(2) 독재적 리더십과 민주적 리더십

일반적으로 독재주의와 민주주의에 대한 개념은 정부의 형태에 기초하여 설명된다. 독재적 정부의 리더는 정치, 경제, 사회적으로 절대적인 권력을 행사한다. 따라서 독재형 리더는 조직구성원의 상과 벌은 물론 조직의 모든 의사결정을 독단적으로 결정한다. 반면에 민주적 정부의 리더는 국민들의 투표나 선거를 통해 주요한 정책을 수립한다. 따라서 민주형 리더는 조직구성원의 상과 벌은 규칙에 따라 공정하게 이루어지고 조직의 의사결정은 구성원들의 의견을 수렴하여 결정한다.

이러한 형태의 리더십은 모든 조직에 적용될 수 있지만, 독재적 리더십과 민주적 리더십이라고 하는 극단적 상황으로 분류하는 것은 한계가 있다. 이러한 극단적 형태의 중간적 성격을 가지고 있는 리더십이 있으며, 이 외에도 양 극단 사이에는 다양한 리더십이 존재하기 때문이다.

리더의 행동으로서 방임주의적 리더십이 있다. 그러나 방임형 리더는 조직활동에 대한 관심이 없으며 자신의 직위를 유지하는 데에만 관심을 보이기 때문에 리더십 유형으로 볼 수 없다.

리더십 유형에 대한 관심사는 어떠한 유형이 효율적이고, 성과를 극대화할 것이며, 부하들의 욕구를 충족시키고, 좌절이나 불안 등의 부정적 정서를 최소화할 것인가이다. 그러나 이것은 조직의 상황과 부하들의 개인적 특성에 따라 좌우된다. 어떤 부하는 상사의 지시를 무조건적으로 추종하고, 자율적인 의사결정을 회피하려 한다. 이러한 부하에 대해서는 지시와 통제에 의한 독재형 리더십이 효율적일 수 있다. 그러나 어떤 부하는 의사결정에 참여하기를 바라고 자율적 직무수행을 선호한다. 이러한 부하에 대해서는 그들의 의견을 수렴하고 자율성을 강조하는 민주형 리더십이 효율적일 수 있다.

사례

독재형 리더와 민주형 리더

유방(BC 247~195)

항우(BC 232~202)

초패왕 항우와 유방에게는 천하통일이라는 비전이 있었으나 그들의 리더십 스타일은 달랐다. 항우를 물리치고 한나라를 건국한 한고조 유방은 항우보다 모든 조건에서 열세였다. 항우는 귀족이며 힘과 무예가 출중하였고, 미인으로 회자되는 우미인과 천하의 명마 오추마를 거느려 군주로서 손색이 없었으나 유방은 농민 출신이며 군주로서 출발도 늦었다.

그러나 항우는 성질이 포악하고 독단적으로 의사결정을 하였다. 투항한 진나라 백성 20만명을 살해하고, 궁전을 불태우고, 시황제의 무덤을 파헤쳐 재물을 강탈하였다. 논공행상도 공정하지 못하여 지역영주를 몰아내고 유용한 토지는 수하에게만 주었다. 자신의 부하를 신뢰하지 못하여 천하의 전략가 범증을 내쫓았으며, 그 결과 사면초가에 처해 우미인도 잃고 그도 자결하게 된다.

반면, 유방은 한신, 장량, 소하, 번쾌 등과 같은 인재를 등용하여, 각자의 역량과

한신(BC 미상~196)

범증(BC 미상~204)

소질에 맞는 직책을 부여하고 이들을 전폭적으로 신뢰했다. 천하를 통일한 유방이 패자(覇者)가 될 수 있었던 요인이 사마천의 『사기』에 기록되어 있다.

"본영에서 지략을 짜고 천리 밖에서 승리를 결정짓는 점에서 나는 장량(張良)에 미치지 못하고, 내정의 충실, 민생의 안전, 군량조달과 보급로의 확보라는 점에서 나는 소하(蕭何)에 미치지 못하고, 백만 대군을 자유자재로 지휘하며 승리를 거두는 점에서 나는 한신(韓信)에 미치지 못한다. 이들은 모두 나를 능가하는 걸물이다. 하지만 나는 이들을 적절하게 기용할 줄 알았다. 이것이 내가 천하를 얻은 이유이다. 항우에게도 범증(范增)이라는 인재가 있었지만 그는 이 한 사람조차도 활용하지 못했다."

이와 같이 유방은 인재 중시, 신뢰 중심의 조직문화를 바탕으로 천하를 통일하였다. 즉 유방은 부하가 하는 말을 주의 깊게 경청할 줄 알았으며, 부하를 적재적소에 배치하여 활용할 줄 알았으며, 부하들에게 적극적인 임파워먼트를 부여하였던 것이다.

제 2 장 리더십 이론의 발전과정

1 리더십의 이론적 접근

리더십에 대한 중요성은 20세기 초부터 강조되기 시작하였다. 리더십에 대하여 최초로 관심을 갖게 한 것은 리더로서의 개인적 특성이나 자질을 규명하고자 하는 리더십 특성이론이다. 이것은 인간을 기계의 일부분으로 취급하여 생산량을 극대화하고자 하였던 과학적 관리법과 시대를 같이한다. 그러나 리더십 특성이론에 대한 한계점이 나타나면서 효율적인 리더의 행동을 규명하기 위한 리더십 행동이론이 등장하였다. 이것은 과학적 관리법의 한계를 지적하면서 등장한 인간관계론의 발전과 더불어 조직의 상황에 따라 효율적인 리더십은 달라져야 한다고 하는 리더십 상황이론은 조직상황에 대한 중요성이 강조되는 시기와 함께한다. 이러한 이론적 전개를 전통적 리더십 이론이라고 한다.

이후 1980년대에는 급변하는 조직환경에 대처하기 위하여 변화와 변혁을 추진할 수 있는 리더십의 필요성이 강조되었다. 이러한 시대적 상황에 기초하여 리더십 상황이론 이외에 새로운 리더십 이론으로 변혁적 리더십, 카리스마적 리더십, 서번트 리더십, 비전적 리더십, 문화적 리더십 등이 다양하게 전개되었다.

여기에 새로운 리더십으로서 변혁적 리더십은 변화와 안정을 지향하는 리더십을 구분하는 것으로부터 출발한다. 안정지향적 리더십을 거래적 리더십(transactional leadership)이라 하고, 변화지향적 리더십을 변혁적 리더십(transformational leadership)이라 한다. 변혁적 리더십은 개인, 집단 및 조직에 대한 변화를 추구하는 리더십이다. 따라서 변혁적 리더는 부하에게 실질적이며 강력한 영향력을 행사한다. 또한 리더십의 효율성에 영향을 미치는 상황적 요인에 대해 관심을 보이기 때문에 변혁적 리더십이 제시하는

표 2-1 리더십 이론의 발전과정

리더십	기간	리더십 이론	특징
전통적 리더십	1900년대~1940년대	라더십 특성이론	리더로서의 특징과 자질
	1950년대~1960년대	리더십 행동이론	효율적인 리더의 행동
	1970년대~1980년대	리더십 상황이론	상황에 적합한 리더십 유형
혁신적 리더십	1980년대~	변혁적, 카리스마적, 서번트, 문화적 리더십 등	리더의 비전 제시, 부하들의 정서적 반응
공감적 리더십	2000년대~	오센틱, 팀, 윤리적 리더십 등	부하의 자율성과 리더의 리더십 공유

내용이 변화나 위기에 직면한 조직상황에 효과적이다.

그러나 최근에는 부하의 자율성과 리더의 진정성을 추구하는 리더십이 강조되고 있다. 리더는 부하들 앞에서 지시하고 지도하는 것이 아니라, 그들의 뒤에서 지원하는 역할을 수행한다. 이를 통해 부하들의 협동을 촉진시키고 의식을 변화시켜 목표를 달성하도록 유도하는 것이다. 이러한 시대적 상황에 기초하여 부하들의 자율성과 존엄성을 인정하고 의사결정을 위해 정보를 공유하는 오센틱(authentic) 리더십, 윤리적 리더십, 분산형 리더십 등이 다양하게 나타나고 있다.

2 전통적 리더십 이론

(1) 리더십 특성이론

리더십의 특성이론(trait theory)은 개인이 가지고 있는 독특한 자질이나 특성이 있으면 상황이나 환경이 변하더라도 리더로서의 영향력을 행사할 수 있다는 것을 전제로 한다. 모든 사람이 리더로서의 독특한 자질과 특성을 가지고 있는 것은 아니다. 따라서 이러한 개인적 특성을 가지고 있는 사람만이 리더가 될 수 있다는 것이다. 이 이론에 의하면 지위를 통한 리더십 개발은 중요하지 않으며, 만일 이것이 필요하다면

표 2-2 스톡딜(R.M. Stogdill)의 리더십 특성

• 책임감과 과업 완성을 위한 추진력	• 목표 추구에 있어서 활력과 지속성
• 문제해결에 있어서 모험성과 독창성	• 사회적 상황에서의 진취력의 발휘
• 자신감 및 자기정체감	• 의사결정 및 활동의 결과를 수용하려는 자발성
• 대인간의 스트레스 완화를 위한 준비성	• 욕구불만과 지연을 참아내는 수용성
• 타인의 행동에 영향을 미치는 능력	• 사회적 상호작용 시스템의 목표를 위해 구조화하는 능력

선천적으로 리더로서의 자질이나 특성을 가지고 있는 사람에게만 도움이 된다. 이러한 전제 하에 리더의 특성은 다른 상황요인들과 관계없이 독립적으로 제시될 수 있으며, 리더로서의 독특한 자질이나 특성을 규명하려는 초기의 리더십 접근방법이다. 리더십 특성이론의 주요 내용은 다음과 같다.

① 효율적 리더십 특성으로서 연령과 신체적 조건을 들기도 한다. 성공한 리더는 젊은 나이에 능력을 나타내는 경향이 있다. 또한 평균 이상의 신체적 조건을 가지고 있으며, 특히 신장과 외모 등은 특별한 직무조건과 관계가 있다.

② 사회적 배경을 들기도 한다. 교육수준이나 사회적 지위, 인간관계 등이 효율적인 리더십 특성으로 제시된다.

③ 판단력, 결단력, 표현능력 등은 성공적인 리더십과 관계가 있다.

④ 인성이나 성격적 요인을 들기도 한다. 독립성, 창의성, 자신감, 공격성, 독점성, 외향성, 민첩성 등은 성공적인 리더십과 관계가 있다.

⑤ 직무수행에 대한 성취와 책임에 대한 욕구는 과업과 관련하여 효율적인 리더십 특성이다. 과업과 관계된 리더의 특성에는 성취동기, 지구력, 책임감, 과업지향성, 솔선력 등의 능력이 있다.

⑥ 사회적 특성을 들기도 한다. 협동성, 관리능력, 청렴성, 대인관계, 권력욕구 등이 효율적인 리더십 특성이다.

(2) 리더십 행동이론

리더십 특성이론이 타당성 있는 리더의 자질이나 특성을 제시하지 못함에 따라

표 2-3 리더십 행동유형

종업원 중심적 행동	—	생산중심적 행동
배려적 행동	—	직무중심적 행동
인간중심적 행동	—	구조주도적 행동
일반적 행동	—	밀착적 행동
민주 및 참가적 행동	—	독재적 행동

적합한 리더의 행동유형에 대한 관심이 증가하였다. 리더십 행동이론은 리더의 어떠한 행동유형이 조직의 성과를 향상시키는가를 규명하고자 하는 접근방법이다. 이러한 접근방식은 리더의 행동을 기준으로 리더십의 유형을 구분하고, 어떠한 상황에서나 가장 바람직하고 효율적인 리더십 유형을 규명하려는 것이다. 리더십 행동이론은 리더가 특정한 행동유형을 통해 개인이나 집단으로 하여금 조직의 목표를 달성하게 하고 높은 성과와 사기를 유지하게 한다는 것을 전제로 한다.

리더십 행위이론에서 제시되는 리더십 유형은 크게 관계지향적(종업원 중심적, 배려적, 인간중심적)과 과업지향적(직무중심적, 구조주도적, 생산중심적)으로 분류되고 있다. 관계지향적 리더십은 개방적이고, 우호적이며, 부하의 욕구에 관심을 갖는 리더의 행동유형이다. 반면 과업지향적 리더십은 과업의 할당과 수행, 의사결정, 성과평가를 통해 직무를 수행하는 리더의 행동유형이다. 그러나 리더십 행동이론은 특정 상황에서 어떠한 리더의 행동유형이 효율적인지에 대해서는 설명하지 못하고 있다. 이러한 문제점을 극복하기 위하여 상황적 제약요인을 고려한 리더십 유형에 대한 관심이 대두되었다.

(3) 리더십 상황적합이론

조직이란 설정한 목적을 달성하기 위해 그 하위시스템들이 유기적으로 상호작용하는 과정에서 외부환경에 적응하며 안정과 성장을 유지하는 시스템이다. 이러한 시스템의 내용을 실천적인 방법으로 구체화하려는 것이 상황적합이론이다. 따라서 상황적합이론이란 다양한 환경변화에 효과적으로 대처하기 위하여 조직은 어떠한 특징을 갖추어야 하는가를 규명하는 것이다.

손자(BC 545~470): 때와 장소를 알고, 흐름의 속도를 맞춰나갈 수 있어야 된다는 것, 즉 상황에 따라 변화해 나가야 통한다는 것이다.

특성이론과 행동이론이 특정한 상황에 적합한 리더십 유형을 제시하지 못하면서 리더십 상황이론에 대한 관심이 대두되었다. 조직에서의 가장 효율적인 리더십은 특정 상황에 적합한 동태적이며 융통성 있는 것으로 본다. 리더의 중요한 기능 중 하나는 리더십 효율성에 영향을 미치는 다양한 요인을 진단하고 평가하는 것이다. 조직상황에 대한 진단은 특정한 리더십 유형을 적용하려는 리더에게 중요한 요인이다. 조직상황을 진단하기 위해서 리더가 고려해야 할 요인은 리더의 특성, 부하의 요소, 집단요소, 조직적 요소로 그 내용은 다음과 같다.

① 리더의 특성: 특정한 상황에서의 리더의 행동은 개인의 능력과 특성에 의존한다. 여기에서 중요한 요인은 인격특성, 욕구와 동기, 과거의 경험과 강화 등을 포함한다.

② 부하의 요소: 리더가 특정 리더십 유형을 결정하기 위해서는 부하들의 개인적 특성이나 행동패턴을 고려해야 한다.

- 인성: 부하의 인성에 따라 리더의 영향력에 대한 반응은 상이하다. 부하의 과업에 대한 자신감, 지적수준 등이 영향을 미친다.
- 욕구와 동기: 부하의 욕구수준은 리더의 리더십에 영향을 미친다. 낮은 욕구수준의 부하는 과업지향적 리더를, 높은 욕구수준의 부하는 관계지향적 리더가 효과적이다.

표 2-4 리더십 영향요인

• 조직의 연혁과 지도자의 경험 및 재임기간	• 조직이 활동하고 있는 지역사회(community)
• 집단이 수행하는 특수 작업	• 집단의 심리적 상태
• 리더의 직무유형	• 조직의 규모
• 구성원의 협동이 요구되는 정도	• 부하의 문화적 기대
• 구성원의 Personality	• 의사결정에 허용되는 시간

- 과거의 경험과 강화: 부하의 과거경험과 강화는 리더십 과정에 영향을 미친다.

③ **집단적 요소**: 집단의 특성은 리더십에 중요한 영향을 미치는 요인이다.

- 집단구조: 집단구조는 집단의 결속력을 유지하고 성과를 향상시키기 위한 리더의 행동에 영향을 미친다.
- 집단과업: 모호한 과업을 수행하는 집단과 일상적인 과업을 수행하는 집단에 대한 효율적인 리더십 유형은 상이하다.

④ **조직적 요인**: 리더십 상황에서 가장 중요한 요인은 조직적 요인이다.

- 권한의 기초: 합법적, 보상적, 강제적 권한이 없으면 리더의 능력은 제한을 받는다.
- 규칙과 절차: 직무수행을 위한 규칙, 절차 및 습관 등이 리더의 행동에 영향을 미친다.
- 전문화: 전문화가 높은 집단은 직무수행 과정에서 자신의 지식과 경험에 의존하기 때문에 리더의 영향력은 제한된다.
- 시간: 즉각적인 결정이 요구되고 높은 긴장과 스트레스가 있는 상황에서 참여적 리더십은 비효과적이다.

3 혁신적 리더십 이론

새로운 패러다임의 혁신적 리더십 이론은 다음과 같은 배경에 기초한다. 첫째, 급변하는 환경에 적응하기 위하여 조직의 안정을 전제로 제시되었던 리더십 이론이 현실성을 상실하였다. 이에 따라 안정과 현상유지를 전제로 하고 있는 리더십보다는 변화를 변혁을 주도하기 위한 리더십이 요구되었다. 둘째, 그동안 조직 내 중간계층이나 하위계층 리더의 리더십에 대해서만 관심이 있었고 상위계층의 리더에 대한 관심은 부족했다. 조직이 글로벌 환경에 미치는 영향력이 증가함에 따라 조직을 이끌고 있는 상위계층의 리더십에 대한 관심이 대두되었다. 셋째, 노동력이나 자본보다는 인간의 상상력이나 창의성 등이 경쟁우위의 원천으로서 중요성이 강조되고, 따라서 부하들을 통제하기보다는 몰입을 유도하기 위한 리더십에 관심이 대두되었다.

또한 그동안의 리더십은 권한의 행사에 따라 전제주의 대 민주주의, 의사결정의 소재에 따라 지시적 대 참여적, 리더의 관심에 따라 과업 대 관계, 리더의 행동에 따라 구조주도 대 배려주도 등에 대한 내용에 관심이 집중되어 왔다. 그러나 급변하는 시대적 상황에 따라 리더십에 대한 관심도 변화하였다. 리더십이 리더와 부하의 관계로 변화하면서 리더십의 강도가 리더십 효율성에 많은 영향력을 미친다는 것을 중요시하였다.

하우스(House)는 카리스마적 리더십의 결정요인을 제시하였다. 자신의 능력에 대한 자신감, 신념과 이상에 대한 확신, 권력에 대한 강한 욕구, 부하에 대한 강력한 영향력, 부하들의 신뢰와 충성, 과업에 대한 의미 부여, 높은 수행목표 설정 등이다. 또한 비전의 확대, 위기 대처, 정확한 상황 판단, 자신감 전달, 그리고 개인적 권력의 사용을 카리스마적 리더의 행동요소로 규정하였다.

혁신적 리더십은 전통적 리더십에 대한 한계점을 극복하기 위해 제시되고 있다. 전통적 리더십이 집단의 과업성취나 목표실현에 대한 수단적 행위에만 관심을 두고 있다는 것이다. 이에 대한 대체적 리더십 유형을 통칭해서 문화적 리더십이라고도 한다. 문화적 리더십의 개념에 대한 내용은 다음과 같다.

첫째, 문화적 리더십은 전통적 리더십과 비교하여 부하에게 리더십을 행사하는데 질적 및 양적인 차이가 있다. 카리스마적 리더는 사회적 교환행위, 지시 및 지원행위, 이념적 가치지향 행위, 지적 자극행위에 관심을 두고 있다.

둘째, 전통적 리더십과 문화적 리더십은 연속선상에 있는 두 개의 상이한 리더십 유형이다. 리더십에 의해 수단적 행위나 사고가 영향을 받는 수단적 리더십과, 리더십에 의해 이해와 표현적 행위가 영향을 받는 문화적 리더십이다.

표 2-5 혁신적 리더십의 영역

- 전략형 리더십: 장기적인 전략의 실행 방법을 설계하고 실행하는 것
- 인적자원형 리더십: 개인의 성장과 더불어 조직에 대한 가치관, 행동, 태도를 형성하는 것
- 전문가형 리더십: 경쟁우위의 원천인 전문영역을 선정하고 그 영역을 확대시키는 것
- 규제형 리더십: 일관성과 예측 가능한 행동을 위해 명확한 규범을 조성하는 것
- 혁신형 리더십: 다양한 문제가 발생한다 해도 지속적인 혁신의 분위기를 조성하는 것

4 공감적 리더십 이론

(1) 부하의 자율성과 리더십

리더가 부하를 지도하고 통솔한다고 하는 측면에서 접근하는 리더 관점의 리더십이다. 따라서 리더의 영향력에 의해 부하들이 추종하지 않는다면 리더십은 성립할 수 없다. 실제로 협력해서 설정된 목표를 달성하기 위해 노력하는 것은 부하들이기 때문이다.

리더십은 부하들이 상호 협력하도록 하고, 부하들의 의식의 변혁을 촉진하고, 조직이 설정한 목표를 달성하기 위하여 영향을 미치는 것이다. 이것은 리더가 선두에서 부하들을 통제해야 한다고 것이 아니고, 부하들의 활동을 지원하면서 이들과 더불어 조직의 목표를 달성한다는 사고방식이다. 부하들이 자신의 목표를 달성하도록 하기 위한 방안으로서 뒤에서 그들을 지원하는 리더십이다. 이와 같이 봉사의 정신을 신념으로 하는 리더십을 서포트 리더십이라고 한다.

이러한 리더십을 구체적으로 실천하기 위해서는 부하의 요구에 귀를 기울이고 공감의 자세를 갖고 접근하여야 한다. 이것이 단순히 부하의 요구에 따르거나 그들에게 맞추어 간다고 하는 것은 아니다. 부하들은 자신의 직무수행 과정에서 학습하고자 하는 의지를 가지고 있다. 따라서 목표와 부하의 역량을 비교하면서 직무내용의 의미를 부합시킨다거나 설득해 나가는 것이다. 때로는 직무의 핵심적 내용을 제시하여 적절하게 파악할 수 있도록 한다. 이러한 과정을 통해 부하들의 자율성이 향상되고 직무활동이 주체적으로 이루어지게 되는 것이다.

(2) 리더십의 공유

서포트 리더십은 리더가 부하들을 통솔하여 팀의 유효성을 향상시킨다고 하는 리더 중심의 리더십이 아니라, 집단의 후면에서 부하들을 지원하고 이들의 지율성과 주체성을 촉진시키는 것이다. 리더십은 리더에 의해 발휘되는 것만은 아니고, 집단의 기능으로서 부하들에 의해 자율적으로 수용되어지는 것이다. 이러한 리더십을 분산형 리더십(distributed leadership), 또는 공유형 리더십(shared leadership)이라고 한다. 또한 부하들의 집단적 노력에 의해 이루어진다고 하는 의미에서 집단적 리더십(collective leadership)이라고 한다.

분산형 리더십은 상황에 따라 리더를 대신해서 전문적 지식을 가지고 있는 부하가 리더십의 기능을 담당하는 것이다. 이러한 분산형 리더십은 부하의 참가적 의사결정이라고 하는 측면에서 중요성이 인정된다. 더불어 부하가 다양한 전문분야에서 리더십을 발휘하고 있는 경우, 집단에는 많은 정보와 지식이 수집되고, 부하들에 의해 해석되는 과정에서 아이디어가 창조된다. 이러한 의미에서 분산형 리더십은 조직의 전략적 관점에서도 중요하다.

표 2-6 지식경영 시대의 리더의 요건

- Computer식 사고: 정확한 분석과 판단력
- 학습과 혁신경영: 지속적인 변화와 혁신으로 환경변화에 대한 적응력
- Empowerment형 관리: 구성원들이 자율적으로 책임과 권한을 행사하여 조직의 목표를 달성할 수 있도록 하는 지도력
- 공동리더십의 개발: 전문가들이 책임과 권한을 가지고 역할을 수행하도록 공동의 리더십을 개발하는 조정자로서의 역할

사례

성공적인 리더의 4가지 역할

스티븐 코비(1932~2012)

스티븐 코비(Covey)는 성공적인 리더가 되기 위해서는 부하에게 솔선수범해야 하며 올바른 판단으로 신뢰를 쌓아야 한다고 했다. 그가 말하는 리더의 4가지 역할은 리더의 지위에 있는 사람이라면 귀담아 들어야 할 원리이다. 리더에게 먼저 필요한 것은 분명한 목표를 찾는 것이다. 나침반의 바늘이 항상 가리키는 지점이 리더에게는 공동체를 이끌어가는 목표가 된다. 확고한 비전과 방향을 가진 리더가 필요하며, 목표가 분명한 리더가 먼저 할 일은 모델링이다.

① 모델링(Modeling): 본보기를 보여라

모델링은 출항에 앞서 준비하는 단계이다. 사람들은 듣는 것보다 본대로 살아간다. 이 단계에서 리더는 교훈보다는 모범을 보여야 한다. 리더의 충고는 이해되지 못하는 경우가 있지만 어떻게 행동해야 하는지를 보여주는 것은 오해가 있을 수 없다. 리더는 부하들에게 뭔가를 요구하기 전에 자신이 할 수 있는 일이 무엇인지 살펴봐야 한다.

② 길 찾기(Pathfinding): 구성원의 요구를 파악하라

목표와 방향을 결정하는 단계이다. 이 단계에서 구성원의 요구사항을 항상 염두에 두어야 한다. 모델링을 통해 비전을 제시한 리더는 공동체의 일원들이 가지고 있는 욕구를 파악하여 그들이 피부로 느끼는 필요에서부터 출발해야 한다.

③ 정렬(Aligning): 한 방향으로 집중하라

방향키를 돌리는 정렬단계이다. 목표와 방향이 결정된 뒤에는 모든 힘을 한 곳에 집중시켜야 한다. 프로그램에 의해서 움직이는 것이 아니라 분명한 목적이 정해지면 그 목적에 따라 모든 프로그램을 조정하여야 한다.

④ 위임(Empowering): 재량권을 부여하라

부하의 잠재력을 극대화하는 단계다. 리더가 모델링 단계에서 솔선수범하고 부하에게 재량권을 부여하면 잠재력은 저절로 실현된다. 리더의 개인적 능력만 믿어서는 시너지 효과를 발휘할 수 없다. 부하들이 잠재력을 극대화시킬 수 있도록 훈련의 기회를 부여하고 준비된 자들에게 재량권을 부여하여야 한다. 조직의 질을 높이는 데 가장 중요한 요소는 신뢰이다. 신뢰가 쌓이면 의사소통이 활성화된다. 리더는 부하들과의 신뢰를 통해 비전을 달성하여야 한다.

제 3 장 행동변화를 위한 동기부여

1 인간행동 모델과 동기부여의 개념

인간의 행동을 예측하고자 하는 노력이 지속적으로 이루어지고 있다. 심리학은 인간의 행동을 과학적으로 규명하기 위한 대표적인 학문분야로서, 행동주의 심리학은 인간의 행동을 자극과 반응의 관계로써 설명한다. 따라서 원인(자극)을 알면 어떻게 행동할 것인지를 예측할 수 있다고 한다. 인간의 능력이란 외부적 환경과 훈련 등을 통해 형성된다. 이것이 자극(환경에서 학습자에게 제시되는 모든 것)과 반응(자극에 의한 행동)에 의한 인간행동 모델이다. 그러나 행동주의 심리학에서는 학습이 진행되는 과정에서 인간의 개인적 특성과 환경적 요인을 고려하지 않는다는 문제점이 제기된다. 이러한 문제점을 기초로 신행동주의(neo-behaviorism) 심리학이 등장한다.

신행동주의 심리학은 자극에 대해서 모든 인간이 동일하게 반응하는 것은 아니라고 본다. 이 과정에서 인간의 선천적 특성에 의한 반응경향과 경험과 학습을 통한 반응경향을 매개로 한다. 따라서 인간행동은 자극을 주는 힘(stimulus agency)과 행동단서(behavior object), 행동행위(behavior act)를 사용하여 자극-반응의 모델이 아니라 자극-유기체(organism)-반응 모델로 설명하고 있다.

그림 3-1 인간행동 모델

인간의 행동변화를 목표로 하는 학문(science)이 추구하는 것은 바람직하지 못한 인간의 행동을 바람직한 행동으로 변화시키는 것으로, 리더의 최종적인 역할은 부하들의 행동을 자발적으로 변화시키는 데 있다. 따라서 인간의 행동모델을 자극과 반응의 관계로 접근할 때, 리더는 부하들이 추구하는 욕구를 파악하고 개인적 특성과 조직환경 등을 고려하여 새로운 직무를 부여하거나 공정한 보상 등을 통해 동기부여할 수 있도록 하여야 한다.

부하들이 충분한 능력을 가지고 있어도 적절한 동기가 주어지지 않으면 자신의 능력을 충분히 발휘하지 못한다. 따라서 부하들의 동기를 파악하고 적절한 동기를 부여하는 것은 리더의 중요한 역할이다. 부하들의 성과는 능력과 동기부여에 의해 결정된다. 그러나 능력은 기본적인 요소로서 동기부여의 수준이 개인과 조직의 성과에 대한 중요한 요인이 된다.

따라서 리더는 부하들의 능력을 성과향상으로 유인하기 위해서 그들의 욕구를 정확하게 파악하고 여기에 적합한 동기부여 요인을 부여해야 한다. 부하들의 욕구를 충족시키고, 잠재적 능력을 개발하고, 조직과 개인의 목적을 적합화시키는 것이 동기부여를 위한 기본적 과제이다.

동기(motive)는 인간이 어떠한 행동을 하도록 하는 요인으로서, 그들이 무엇을, 어떻게, 왜 하는지와 관련된다. 동기부여는 행동의 부추김, 지속, 활력, 방향과 관련된 인간의 내적 상태를 의미한다. 이러한 개념에는 ① 인간의 행동을 개발하고, 개발된 행동을 유지하며, 일정한 방향으로 유도해 나가는 것, ② 개인이나 집단의 행위가 조직의 목표달성으로 향하도록 그 행위의 방향과 정도에 영향력을 행사하려는 것이라는 내용이 포함되어 있다.

따라서 동기부여란 ① 행동이 어떻게 시작되고, 유지되며, 방향을 정하여 진행될 때 어떠한 반응이 나타나는가를 다루는 것, ② 바람직한 행동을 하도록 자극하는 것, ③ 정적인 상태를 동적인 상태로 변환시키기 위하여 행동에 동기를 부여하는 것, ④ 목표를 달성하기 위하여 자신들의 능력을 효과적으로 발휘하도록 하는 것 등이다.

2 동기부여의 이론적 배경

(1) 쾌락주의

쾌락주의(hedonism)란 인간은 본능적으로 편안함과 즐거움을 추구하고 불안과 고통을 회피하려 한다는 것을 의미한다. 쾌락이 인생의 목적이라 하여 쾌락을 추구하고 고통을 피하는 것을 도덕적 원리로 삼는 윤리설이다. 인간은 행동의 선택을 합리적으로 할 수 있기 때문에, 자신에게 긍정적 결과를 제공할 것으로 생각하면 이와 관련된 행동을 극대화하려 할 것이며, 부정적 결과를 제공할 것으로 생각하면 극소화하거나 회피하려 한다. 따라서 동기부여란 인간이 가지는 쾌락을 극대화하고 고통을 극소화하려는 노력이다. 그러나 쾌락주의는 어떠한 요인이 즐거움과 고통을 주는지, 즐거움과 고통의 원천이 경험에 의해 어떻게 변화될 수 있는지에 대한 설명은 하지 않고 있다.

(2) 본능이론

본능이론은 첫째, 인간의 행동은 항상 의식적이며 합리적인 것이 아니라, 본능(instinct)에 따라 이루어진다는 것이다. 인간행동에서의 기본적 본능은 도주(flight), 거절(repulsion), 호기심(curiosity), 투쟁(pugnacity), 자기비하(self-abasement), 자기주장(self-assertion), 친성(parental) 등이며, 사회생활과 관련된 본능은 생식(reproduction), 군거(gregariousness), 획득(acquisition), 건설(construction) 등이다. 따라서 본능이란 특정한 사물을 지각하게 하고, 관심을 나타나게 하고, 정서적 흥분을 하게 하고, 특정한 방식으로 행동하게 한다. 본능은 자극에 대해 단순히 반응하는 것이 아니라 목표지향적인 것으로 이해한다.

두 번째의 개념은 무의식 동기이다. 인간의 행동은 이해관계에 따라 의식적으로 결정되는 것이 아니다. 인간은 자신의 욕구를 항상 의식하지 못하고 있으며, 꿈과 같은 무의식적 현상이 쾌락설의 원리에 따라 욕구로서 발생한다고 본다. 따라서 동기부여의 주요인은 자신도 의식하지 못하는 무의식적 동기로부터 야기된다고 본다.

(3) 충동이론

충동(drive)이론은 자극에 대하여 행동이 형성되고, 형성된 행동이 계속 유지되는 것으로 가정한다. 따라서 원인을 알 수 있으면 행동은 예측할 수 있어, 학습이 후속행위에 영향을 미친다고 본다. 현재의 행동은 과거행동의 결과나 보상에서 영향을 받기 때문에 과거의 쾌락주의(hedonism of the past)라고 한다.

충동이론은 항상성(homeostasis)의 개념으로 발전한다. 인간의 행동은 일차적 충동과 이차적 충동에 의해 동기부여된 결과이다. 일차적 충동이란 음식, 수면 등의 생리적 욕구로서, 생물학적 항상성의 불균형 상태를 의미한다. 충동의 강도는 유기체의 결핍상태에 따라 강화되고 욕구가 충족되면 감소한다. 배가 고프면 불균형 상태가 발생한다. 유기체는 이러한 불균형을 감소시키기 위한 내부충동에 의해 동기부여한다.

또한 과거의 경험에 의해 유기체는 이차적 충동과 이차적 보상을 학습할 수 있다. 금전이나 사회적 인정이 일차적 충동을 감소시키는 음식, 주거 등을 제공한다는 것을 경험한다. 따라서 금전이나 사회적 인정에 대한 욕구가 이차적 충동이며, 이에 대한 승인이 이차적 보상이 된다. 동기부여는 충동과 습관이 결합된 것으로서, 부하의 동기부여를 위한 리더의 노력은 평소의 습관에 충동이 가해질 때 가능하다. 습관은 과거의 자극－반응에 대한 것으로서, 습관의 강도는 자극－반응에 대한 강화의 크기와 수에 좌우된다. 따라서 습관은 효과의 법칙(law of effect)과 관계가 있다.

그러나 이것은 인간의 행동, 즉 노력(effort)＝충동(drive)×유인(incentive)×습관(habit)의 함수로서 수정되었다. 동기부여는 과거의 습관에 의해 영향을 받는다고 하였으나, 습관의 강도는 감소하고 미래의 자극을 강조하였다.

> 효과의 법칙이란 어떤 자극을 주었을 때 그에 대한 반응의 결과가 긍정적인 것이면 그때의 자극과 반응을 결합하여 다음의 유사상황에서도 같은 반응을 하기가 쉽다는 것이다.

(4) 강화이론

스키너(B.F. Skinner)의 강화(reinforcement)이론은 행동을 유발시키는 자극을 규명하는 데에는 관심이 없다. 단지 조작적 행동이 어떤 결과를 초래하는지이다. 행동을 유발시킨 원인(자극)을 알지 못하더라도 관찰자가 확인할 수 있는 유형의 행동들이 조작적 행동이다.

원인에 의해서 야기된 행동은 자극에 대한 반응으로 나타난 행동으로 반응행동

스키너(1904~1990)

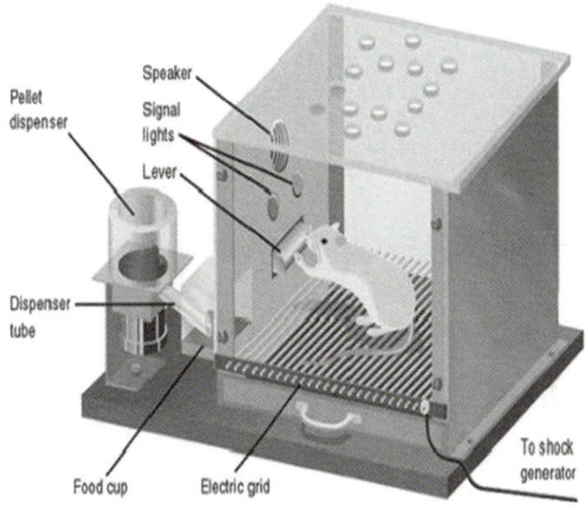

스키너의 실험

이라 한다. 이러한 반응행동이 아니라 조작적 행동을 의미하는 것이 조작적 조건형성이다. 따라서 조작적 행동의 강도는 행동의 발생빈도와 비례한다. 이러한 조작적 행동의 발생확률에 영향을 미치는 요인을 강화라고 하는데, 강화란 일정한 조작적 행동의 발생빈도를 증가시키는 것이다.

조작적 조건형성(operant conditioning)은 어떤 반응에 대해 선택적으로 보상함으로써 그 반응이 일어날 확률을 증가시키거나 감소시키는 것으로, 선택적 보상이란 강화와 처벌을 의미한다.
강화(reinforcement)란 반응이 다시 발생할 확률을 높이는 것으로, 반응 후에 긍정적인 자극을 주는 정적강화와 반응 후에 부정적 자극을 주는 부적강화가 있다.

(5) 인지이론

인지(cognitive)이론은 미래와 관련된 믿음, 기대, 예상과 같은 요소들이 행위를 결정한다. 따라서 유기체는 환경의 단서에 따라 미래의 행위를 결정하며, 과거의 습관보다는 환경에 대한 믿음의 변화에 따라 학습이 일어난다. 레윈(K. Lewin)은 생활공간이라는 개념을 이용하여 인간의 행동은 개인과 심리적 환경에 의해 결정된다고 하였다. 또한 과거의 행위가 현재의 상황에 영향을 미치기 때문에 다른 이론과 보완관계라고 하였다. 난로에서 손을 덴 어린아이의 경험은 현재의 행위에 영향을 미치는 것이다. 그러나 인지이론은 행동에 영향을 미치는 것은 현재의 사건이며, 과거의 사건이 현재나 미래의 믿음이나 기대에 영향을 미치는 경우에만 고려의 대상이 된다.

3 동기부여 초기이론

테일러(1856~1915)

초기의 동기부여이론(1910~1930)은 부하들을 어떻게 동기부여시킬 것인가 하는 것으로서 규범적 모형이라고 한다.

(1) 테일러의 과학적 관리법

테일러(Taylor)의 동기부여에 관한 접근방법이 과학적 관리법(scientific management)이다. 그의 동기부여에 관한 접근방법은 부하들의 능률을 극대화하고자 한 것으로, 다음과 같은 가정에 기초한다.

① 비능률의 문제는 작업자의 문제가 아니라 관리자의 문제이다.

② 작업자들은 일을 많이 하면 해고될 것이라는 그릇된 생각을 가지고 있다.

③ 작업자들은 자신의 능력보다 일을 적게 하려는 경향을 가지고 있다.

④ 그 일에 적합한 사람을 선발하고, 능률적인 방법으로 훈련시키는 것이 관리자

의 책임이다.

⑤ 작업자들의 성과에 따라 차별적 보상이 이루어져야 한다.

테일러는 인간은 경제적 논리에 지배되기 때문에 금전적 욕구를 충족시키면 동기부여한다고 보았다. 따라서 외적 보상이 사기를 높이고, 높은 사기는 높은 성과를 가져온다는 가정 하에 차별적 성과급제도(piece-rate system)를 통하여 동기부여하였다. 또한 하나의 직무만을 수행하고, 최선의 작업방법을 도입하면 능률은 향상된다고 하였다. 따라서 성과 향상을 위하여 임금과 더불어 다양한 관리기법과 처벌을 동시에 사용했다. 그러나 부하들을 단지 경제인으로 보려는 기계론적 사고방식에 입각하여 인간적인 측면을 무시했다는 비판을 받게 된다.

(2) 인간관계론

메이요(1880~1949)

메이요(Mayor)의 인간관계론은 과학적 관리법을 다음과 같은 비판하고 있다.

① 모든 작업자들이 엄격한 감독을 필요로 하는 게으른 존재라는 것은 부당하다.

② 작업자들은 경제적 요인에 의해 동기부여하는 것이 아니라 작업에 대한 도전감, 동료작업자들과의 관계, 인정감, 성취감, 성장 가능성 등과 같은 요소에 의해서도 동기부여한다.

인간관계론은 과학적 관리론을 부정하고 인간의 심리적 및 사회적 조건에 의해 동기부여한다고 한다. 따라서 사기, 리더십, 비공식 조직 등의 인간적 요소와 인간관계 중심의 관리방식을 강조한다. 특히 인간관계에서 형성되는 비공식 조직은 능률향상에 중요하다고 하였다. 인간관계론에서는 작업자를 동기부여하기 위한 다양한 기법을 다음과 같이 제시하였다.

① 작업자와의 의사소통을 개선하고, 관리적 의사결정에 참여시킨다.

② 작업을 통해 도전감을 가지도록 직무를 재설계한다.

③ 민주적 리더십을 통해 작업자의 심리적 만족을 강조한다.

④ 인간은 감정의 논리에 지배되기 때문에 사회적 욕구를 충족시킨다. 다양한 사회적 욕구 중에서 조직 내 인간관계가 중요하며, 공식 조직보다는 비공식 조직 내 인간관계가 동기부여를 위해 중요하다.

4 동기부여 내용이론

매슬로우(1908~1970)

내용이론(content theory)은 어떤 요인에 의해 동기부여하는지에 관한 것으로서 인간의 욕구충족 행동의 관점으로 접근하는 것이다.

(1) 매슬로우의 욕구단계설

매슬로우(Maslow)는 인간을 동기부여하기 위한 욕구가 다섯 단계의 계층을 이루고 있으며, 기본적 욕구가 충족되는 시점에서 다음 차원의 욕구충동을 느끼게 된다고 하였다.

① **제1단계 – 생리적 욕구(physiological needs)**: 음식, 물, 공기, 숙면, 안식처

② **제2단계 – 안전 및 보호욕구(safety and security needs)**: 신체적·심리적·정신적·경제적 안전

③ **제3단계 – 소속과 애정욕구(belongingness and love needs)**: 애정, 입회, 소속

④ **제4단계 – 존경욕구(esteem needs)**: 자아자존(인적 가치, 능력, 성취), 기타 자존(위신과 덕망, 존경, 칭찬)

⑤ **제5단계 – 자아실현욕구(self-actualization needs)**: 잠재력의 자아 충족과 실현

이 이론은 첫째, 중요성에 따라 기본적인 욕구에서 자아실현욕구까지 연속적으로 정돈되어 있다. 둘째, 저차적 욕구가 최소한으로 충족되어야 상위욕구 차원으로 전환된다. 셋째, 저차적 욕구가 충족되어 상위의 욕구를 추구하는 과정에서 좌절됐을 때 하위욕구에 대한 바람은 없다. 넷째, 모든 인간은 저차적 욕구가 충족되면 최종 단계까지 추구한다. 다섯째, 인간의 행동유발을 위한 동기수준을 명백히 하고, 행동화의 원리와 내용을 체계적으로 다루고 있다는 것이다. 그러나 다음과 같은 문제점이 제기된다.

첫째, 인간의 욕구는 상호 중복되는 부분이 있기 때문에 경직된 구조에 의해 계층화할 수 없다. 둘째, 개인차에 따라 욕구에 대한 만족수준이 다양하다. 어떤 사람은 저차적 욕구에 만족하지만 어떤 사람은 고차적 욕구까지 추구한다. 셋째, 두 사람이 동일한 행동을 한다고 해서 동일한 욕구에서 비롯된 것은 아니다. 개인의 행동은 복합적 욕구에 의해 이루어진다.

(2) 알더퍼의 ERG이론

알더퍼(Alderfer)는 매슬로우의 5단계 욕구범주를 세 가지 핵심범주로 정리하였다.

① **존재욕구(existence)**: 다양한 형태의 생리적·물질적 욕구이다. 임금이나 작업

조건에 대한 욕구이며, 매슬로우 이론의 생리적 욕구나 물리적 측면의 안전욕구 등이다.

② **관계욕구(relatedness):** 인간관계와 관련된 것들을 포함한다. 매슬로우 이론의 안전욕구, 소속 및 애정욕구, 존경욕구이다.

③ **성장욕구(growth):** 창조적이며 개인적 성장을 위한 것과 관련된다. 매슬로우 이론의 자기실현욕구나 일부 존경욕구이다.

이 이론이 시사하는 바는 첫째, 저차적 욕구가 충족되지 않으면 이에 대한 바람은 크다. 둘째, 저차적 욕구가 충족되면 상위욕구에 대한 바람은 커진다. 셋째, 저차적 욕구가 충족되어 상위의 욕구를 추구하는 과정에서 좌절됐을 때 저차적 욕구에 대한 바람은 더욱 커진다. 또한 욕구단계설과 비교하면 첫째, 욕구의 계층성이 한 가지 이상의 욕구가 동시에 작용할 수 있으며, 둘째, 상위욕구의 불만족은 하위욕구의 추구로 퇴행하며, 관계 및 성장욕구가 만족되면 그 중요성에 대한 인식은 더욱 증가한다.

(3) 허츠버그의 2요인이론

허츠버그(Herzberg)는 만족을 주는 요인을 동기유발요인(motivators), 불만을 초래하는 요인을 위생요인(hygiene factors)이라고 하여 이론을 전개한다.

① **위생요인:** 회사의 정책, 관리·감독, 작업조건, 대인관계, 임금, 상사, 동료, 승진 등

② **동기부여이론:** 성취감, 안정감, 도전감, 책임감, 성장과 발전, 자아실현 등

위생요인은 불편함을 회피하고자 하는 욕구이고, 직무처리 및 직무환경과 관련이 있다. 반면에 동기부여이론은 인간성장의 욕구이며, 직무를 이용하는 방법 및 직무 자체와 관련이 있다. 또한 모든 인간은 직무환경에 대하여 불만족을, 직무내용에 대하여 만족한다고 하였다.

이들 요인은 서로 상반된 개념이라기보다 상이한 두 가지 차원을 보여 준다. 즉 위생요인은 동기부여하지 못하도록 하지만 반드시 있어야 하며, 없으면 불만이 발생하고 동기부여하지 못한다. 따라서 위생요인은 적절히 충족되어야 한다. 반면에 동기부여요인은 만족감을 부여하는 잠재력을 가지고 있어 매우 중요하다. 그러나 이 이론은 개인차에 따라 직무환경과 직무내용은 불만족하거나 만족할 수 있는 요인이 되며,

회사정책이나 감독스타일은 자신의 업무능력과 혼돈할 수 있다는 한계점이 있다.

(4) 맥그리거의 X·Y이론

맥그리거(McGregor)는 인간을 어떻게 이해할 것인가에 기초하여 두 가지 이론을 전개했다.

① X이론: 전통적 인간관에 입각하여 인간은 원래 일하기 싫어하고, 가능한 한 일을 회피하려 하며, 지휘받기를 좋아하고, 책임을 회피하며, 야망도 없으며, 안전을 원한다. 여기에 입각한 관리자는 부하들을 엄격하게 통제·감독하며, 자주성을 부여하지 않는다. 따라서 이 가설은 현대적 관점에서 인정받기 어렵고, 부하들을 효율적으로 동기부여할 수 없다.

② Y이론: 일이란 고통스러운 것이 아니라 환경과 조건에 따라서 만족의 원천이 되며, 자기 스스로를 통제하고 책임지려 한다. 따라서 인간의 내재적인 욕구를 이해하고, 특히 인간의 성취동기와 자아실현욕구를 충족시키기 위해 노력해야 한다. 여기에 입각한 관리자는 엄격한 감독이나 통제 대신에 부하 스스로가 일할 수 있도록 지원과 분위기를 조성한다.

(5) 아지리스의 미성숙-성숙이론

아지리스(Argyris)는 개인들이 스스로 성장과 자유를 성취하도록 지원하여야 하며, 관리자의 이상대로 만들어 가는 것이 아니라고 하면서, 공식조직과 이에 대한 관리규정이 개인의 행동에 영향을 미치는 과정과 특성을 설명하였다.

① 미성숙단계: 수동적 행위, 의존심, 한정된 행동, 엉뚱하고 얕은 관심, 단기적 전망, 종속적 위치, 자아의식 결여

② 성숙단계: 능동적 행위, 독립심, 다양하고 깊고 강한 관심, 장기적 전망, 대등하고 우월한 위치, 자아의식과 자아통제

대부분의 관리자는 성숙한 인간으로서의 부하들을 미성숙한 단계에 있는 것으로 보고 관리하고 있다. 따라서 관리자는 성숙한 인간이 갖는 욕구와 공식조직의 관리규정 사이의 불협화를 제거하여, 부하들의 욕구를 충족시키고 성장과 성숙의 기회를 부여해야 한다.

5 동기부여 과정이론

과정이론(process theory)은 동기부여의 과정과 방향, 선택에 관심을 가지는 이론이다.

(1) 브룸의 기대이론

기대이론(expectancy theory)은 개인이 어떤 행동을 유지하려 할 경우 심리적으로 자신이 어떤 노력을 하게 되면 어떤 결과를 얻을 것인가에 대한 유인가에 의해 결정한다. 예컨대, 직무만족은 노력하면 어떤 결과가 산출되리라는 기대의 대상이다. 또한 직무만족은 다른 유의성 있는 여러 결과를 초래할 수 있는 도구성이라는 것을 믿고 실제행동을 통해 기대한 결과를 얻을 수 있다. 높은 직무만족을 지각하게 되면 이 사람은 직무를 통하여 자신의 기대를 실현한다는 것이다. 따라서 기대이론에서 직무만족에 대한 사고방식을 기대충족 모델이라고 한다.

그러나 기대충족 모델에서는 무엇을 어느 정도 충족하면 만족할 것인가에 대한 기준을 제시하지 않는다. 직무만족의 괴리 모델은 충족모델을 발전시킨 것으로, 현실의 결과와 기대수준의 차이를 충분 정도의 척도로 간주한다. 문제는 기대수준과 이를 설정하는 과정에 있다. 현실의 결과는 비교적 객관적으로 정의하고 측정할 수 있지만, 기대는 비현실적인 인간의 소망이기 때문에 사람에 따라 다양한 수준에서 예측할 수 있기 때문이다.

또한 기대이론은 여러 사람들의 동기수준을 상호 비교하기 위해 제안된 것이 아니라, 개인이 선택 가능한 행동 대안 중에서 어떤 행동을 선택하는지를 예상하기 위한 것이다. 따라서 인간은 합리적으로 사고한다는 것을 기초로, 미래에 자신의 행동이 초래할 결과를 예상하여 자신의 소득을 극대화하려 한다는 것을 가정하고 있다.

가능한 행동 대안을 선정하고, 선정된 대안을 비교분석해서, 자신이 원하는 최대의 보상을 가져올 것이라는 하나의 행동을 선택한다.

(2) 포터와 로울러의 노력-성취이론

이 이론은 근로자의 노력이 성취(목표달성)로 이어지고, 성취에 따라 보상을 지급할 때 개인의 만족은 보장되며, 만족에서 비로소 노력을 기대할 수 있다는 것으로, 노력 → 성취 → 보상 → 만족의 이론체계를 이룬다. 즉 성과에 따른 보상의 정도에 따라 노력 대 보상의 확률에 대한 지각은 증가하며, 보상을 받은 후에 만족하면 그 보상에 대한 미래가치에 영향을 미친다.

포터와 로울러(Porter & Lawler)는 기대과정을 노력이 성취를 낳으리라는 기대($E \rightarrow P$), 성취가 결과보상을 낳으리라는 기대($P \rightarrow O$)로 분류하였다. 이를 공식으로 표시하면 다음과 같다.

$$\text{노력(effort)} = (E \rightarrow P) \times \sum [P \rightarrow O(V)]$$

따라서 노력이 성과를 낳으리라는 기대, 성과가 결과를 낳으리라는 기대에 유의성의 총합을 곱한 것이 노력으로 동기부여가 된다.

$E \rightarrow P$기대에서 중요한 하나의 결정요인은 객관적 상황이다. 여기에 추가적으로 자기존경, 과거의 경험, 커뮤니케이션 등이 상황에 대한 인식에 투입요소가 된다. $P \rightarrow O$에 대한 지각은 $E \rightarrow P$ 기대와 같이 많은 요인에 의해 영향을 받고 있으며, 추가적으로 성과에 대한 매력, 성과통제의 주체, 그리고 $E \rightarrow P$ 기대가 영향을 미친다.

(3) 애덤스의 공정성이론

자신의 공헌과 보상의 크기를 타인의 그것과 비교하여 동기부여의 수준을 결정한다는 것으로 페스팅거(Festinger)의 인지부조화이론(cognitive dissonance theory)과 시보트와 켈리(Thibaut & Kelley)의 교환이론(exchange theory)을 기초로 한다. 이 이론은 개인들이 자기 자신의 투입 대 산출의 비율을 타인의 투입 대 산출의 비율과 비교하여 그 비율이 크거나 작을 때 불공정성을 지각하며, 이로부터 공정성을 추구하는 과정에서 동기부여가 작용한다는 것이다.

표 3-1 투입과 산출요인

- 투입: 노동, 교육, 경력, 훈련·직무에 대한 노력, 경험, 사회적 지위, 기능, 개인적 신용, 연령, 건강 등
- 산출: 급료·부가급부·직무에 따른 부수입, 연공에 따른 혜택, 단조로움, 내적인 보상, 열등한 작업조건, 직무의 지위, 불확실성, 지위 등

① 인지부조화이론: 인간은 태도, 신념, 지각을 포함하는 인지들 간의 일관성을 유지하려는 경향을 가지고 있는데, 둘 이상의 인지들이 상호 논리적으로 불일치할 때 인지부조화 상태가 발생한다. 이 경우 심리적으로 불안한 상태가 되는데, 두 가지 인지된 사실이나 행동 가운데 하나를 변경하거나 왜곡함으로써 해결하려 한다.

② 사회교환이론: 인간은 자신의 희생과 노력을 능가하는 사회적·물질적·심리적 만족을 받는 정도에 따라 그 조직에 매료된다. 인간들은 집단에 참여하는 것에 대한 상대적인 이득과 손해를 평가하며, 타인과의 관계에서 얼마나 보상이 따르는지에 대한 순이익(산출−투입)을 평가한다.

6 시스템 및 상황적응적 이론

동기부여에 관한 시스템 및 상황적응적 이론에는 레윈(Lewin)의 장의 이론(field theory)이 있다.

(1) 레윈의 장(場)의 이론

이 이론은 동기가 조직환경에 어떻게 의존하고 있으며, 보다 큰 시스템의 한 구성요소로서 어떻게 관찰되어야 하는지를 제시하는 것으로서, 인간행동에 관한 다음의 공식으로부터 출발한다.

$$B = f(P \cdot E)$$

(B: 인간행동, P: 사람, E: 환경)

그림 3-2 레윈의 장의 이론

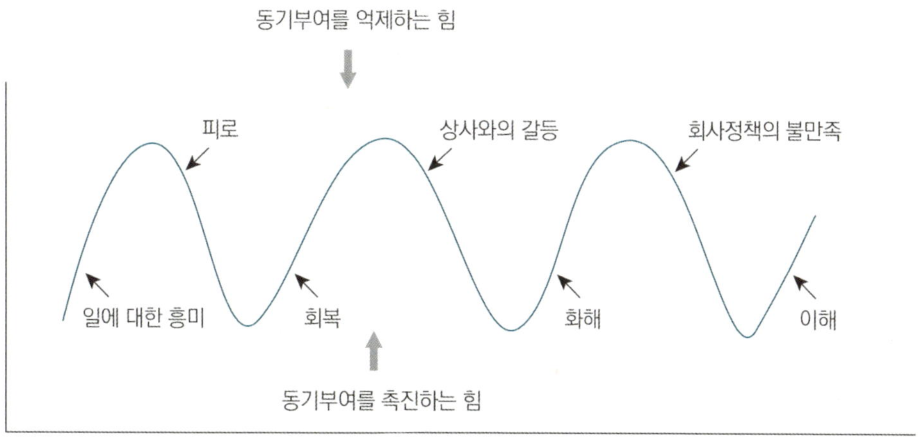

인간행동(B)이란 사람(P)과 그가 속해 있는 환경(E)의 함수이다. 따라서 특정 시점에서의 행동을 이해하기 위해서는 그 시점에서의 환경과 그 사람에 대한 것을 고려해야 한다. 사람들은 상이한 시점에서 상이한 동기를 가지고 있으며, 개인이 동기부여하는 것은 그가 환경에 의존하고 있다는 것이다.

장의 이론은 자기(磁氣) 개념에 기초한다. 따라서 사람들은 동기부여를 억제하는 힘과 촉진하는 힘의 장 속에 존재하며, [그림 3-2]에서와 같이 실제행동은 반대로 작용하는 두 가지의 힘에 의해 결정된다. 따라서 리더는 부하들의 동기부여를 위해서 억제하는 힘을 감소시키거나 촉진하는 힘을 강화하여야 한다.

(2) 장의 이론의 실험

미국이 제2차 세계대전 직후 식육용 고기 부족에 대한 문제를 해결하고자 하는데 레윈은 이 이론을 적용하였다. 버려지고 있는 소의 내장을 태도를 바꾸어 즐겁게 먹도록 하는 것이다. 장의 이론에 의하면 인간의 심리상태로서 태도는 고정적이거나 안정되어 있는 것이 아니라, 서로 반대되는 힘이 계속 작용하고 있는 장의 세계에서 균형상태를 유지하고 있는 것처럼 보인다. 두 개의 자석 사이에 있는 쇠가 고정되어 있는 것처럼 보이는 것이다. 따라서 이 균형상태에 변화를 주려면 한두 개의 힘을 더

그림 3-3 장의 이론과 태도변화

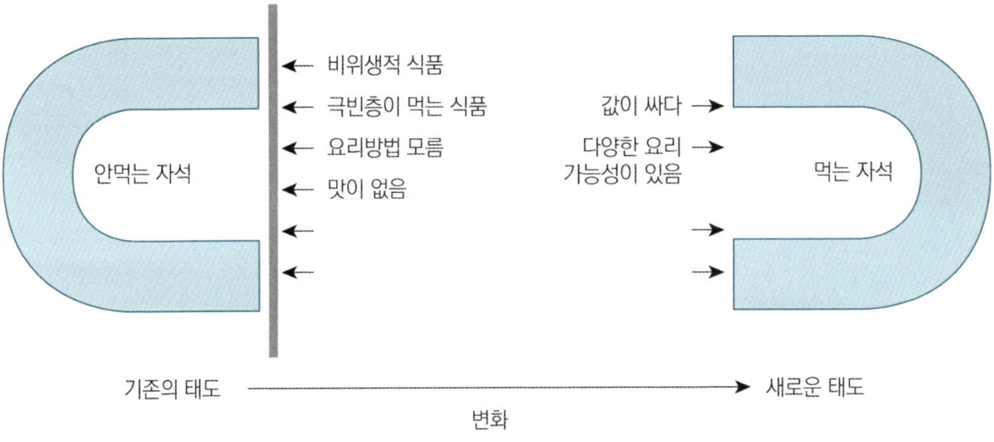

하거나 제거하면 된다. 힘이란 특정 상황에 영향을 미치는 모든 요인이다.

[그림 3-3]에서 소의 내장을 안 먹으려는 태도에 대한 힘(왼쪽 화살표), 변화제어세력은 비위생적이다, 극빈층이 먹는다, 요리방법을 모른다, 맛이 없다 등이다. 반면 소의 내장을 먹으려는 태도에 대한 힘(오른쪽 화살표), 변화추진세력은 값이 싸다, 다양한 요리의 가능성이 있다, 상류층도 먹는다 등이다.

따라서 두 개 자석 사이의 쇠막대기(태도)를 오른쪽으로 이동하려면 변화추진세력을 추가시키거나, 변화제어세력을 제거하면 가능하다. 이를 위해 레윈은 TV를 활용하였다. 저명한 요리사와 과학자를 출연시켜 새로운 요리방법을 소개하고 소의 내장은 비위생적이지 않음을 증명하고, 사회지도층이 요리를 먹는 장면을 방송함으로써 변화제어세력을 제거하여 태도를 변화시켰다.

7 리더의 동기부여 관리

이러한 이론적 배경 하에 리더가 부하들을 동기부여시키기 위한 방안은 다음과 같다.

(1) 업적에 대한 공정한 보상

① 차별화된 보상: 개인차로 인해 부하들의 욕구수준은 상이하다. 따라서 임금, 승진, 책임과 권한, 의사결정 참여 등의 보상에 대한 배분이 이루어져야 한다.

② 공정성의 확보: 객관적인 업적평가와 보상시스템을 도입하여, 보상의 결정과정과 분배에 대한 공정성을 확보하여야 한다.

(2) 인간의 존엄성 인정

① 개인차 인정: 동기부여이론에서 문제가 되고 있는 것은 부하들의 개인차를 인정하는 것이다. 리더는 부하들의 상이한 욕구, 태도, 가치관, 신념 등을 고려한 리더십의 발휘가 요구된다.

② 사회적 욕구의 충족: 인간의 기본적 욕구보다는 상위의 사회적 욕구에 대한 바람이 강조된다. 리더는 부하들의 친교, 소속감, 존경, 자아실현 등의 욕구실현을 위한 제도적 활용에 노력해야 한다.

③ 자율성 부여: 부하들의 자아실현을 위한 자율성을 인정하여야 한다. 이를 위해 리더는 직무수행 과정에서 자율성을 발휘할 수 있는 리더십을 발휘해야 한다.

(3) 직무설계와 재설계

① 개인과 직무의 조화: 부하들이 추구하는 욕구와 능력은 상이하고, 직무특성도 다양하기 때문에 사람과 직무에 대한 조화가 요구된다. 리더는 직무특성에 적합한 사람을 선발하고 배치하여 조화를 이루어야 한다.

② 참여와 피드백: 직무수행에 대한 의사결정 과정에 참여시킴으로써 직무에 대한 효율성과 소속감을 부여할 수 있다. 또한 직무수행 과정에서 원활한 피드백을 통해 자아실현과 만족감을 향상시킨다.

③ 자율적 목표 설정: 자신의 능력을 통하여 달성할 수 있는 직무목표를 자율적으로 설정하도록 한다.

사 례

페스팅거의 '예언이 틀렸을 때' (When prophecy fails)

페스팅거(1919~1989)

1950년대 미국의 사이비종교 교주가 큰 홍수로 인해 지구의 종말이 올 것이며, 믿음이 깊은 신도들만 구출될 것이라고 선언을 하였다. 신도들은 자신의 믿음을 증명하기 위하여 직장을 정리하고 자신의 전 재산을 종교단체에 기부했다. 주변 사람들이 사이비 교주의 사기라고 만류했지만 이들은 믿지 않았다.

그러나 구원의 날이 지나도 지구의 종말은 오지 않았다. 신도들에 대한 주변 사람들의 비난이 이어졌으며, 신도들도 자신들이 사기를 당했다는 사실을 인지하였다. 그런데 교주가 중대한 발표를 하였다.

"여러분들의 강한 믿음에 대한 보답으로 전 세계가 구원을 받았습니다. 여러분들의 믿음에 감동한 신들이 지구의 멸망을 잠시 연기했습니다."

이러한 교주의 말에 놀랍게도 신도들은 열광적으로 기뻐하며 전보다 믿음이 높다는 것을 과시하였다. 또한 주변으로부터의 비난이 높아질수록 이들의 교주에 대한 믿음은 더욱 높아져만 갔다.

이러한 현상이 일어나게 된 원인을 규명한 페스팅거(L. Festinger)는 인지된 두 가지 이상의 사실이 상충될 때 인간은 갈등을 지각하는데, 하나의 사실을 왜곡함으로써 갈등을 해소하고자 한다고 하면서 인지부조화이론을 제시하였다.

제2부

전통적 리더십

제 4 장 리더십 특성이론

1 리더십 특성 연구

(1) 스톡딜의 연구

스톡딜(Stogdill)은 1949년에서 1970년 사이의 리더십 특성이론과 관련한 163건의 연구결과를 기초로 공통적으로 제시하고 있는 성공적인 리더의 특성과 능력을 정리하였다. 그러나 이러한 특성과 능력을 소유한 리더가 성공적인 리더십을 행사할 가능성이 높으며 성공적인 리더가 소유하여야 할 필수적인 요소는 아니다.

표 4-1 성공적인 리더의 특성과 능력

특성	능력
상황적응력이 높다.	두뇌가 명석하다.
사회환경에 민감한 반응을 보인다.	개념파악력이 우수하다.
야심이 강하고 성취지향적이다.	창의성이 높다.
결단력이 있다. 협동심이 강하다.	유머(재치)가 있다.
신뢰성이 있다. 인내심이 강하다.	언어구사 능력이 좋다.
단호하다. 스트레스에 잘 대처한다.	과업수행에 대한 지식을 가지고 있다.
책임지기를 좋아한다.	행정능력이 우수하다.
타인을 지배하려는 욕구가 강하다.	설득력이 있다.
활동적이다. 자신감이 있다.	대인관계가 원만하다.

자료: R. Stogdill, "Historical trends in leadership theory and research", *Journal of Contemporary Business*, 1974, pp.74~756.

이상의 내용에 기초하면 성공적인 리더는 다음과 같은 개인적 특성이 포함되어 있다.

① 신체적 특성: 신체적 특성에는 활동성, 에너지, 연령, 신장, 체중, 외모 등이 있으며, 이들 요인은 리더가 효율적인 리더십을 행사할 수 있는 능력과 관계가 있다.

② 사회적 배경: 사회적 배경은 신분, 지위, 학력, 경제력 등이 있으며, 이러한 요인을 소유한 리더가 효율적인 리더십을 행사하는데 도움이 된다.

③ 지능과 능력: 효율적인 리더십을 행사하는 리더는 판단력, 의사결정능력, 지식, 지능, 화술(speech) 등이 뛰어나다. 그러나 이러한 요인들은 부하와 인식수준에 큰 차이가 있으면 효율적으로 기능하지 않는다. 지나치게 진일보한 리더는 부하의 사고방식, 지각, 의사소통 등과 불균형이 야기될 수 있다.

④ 성격: 성공적인 리더의 성격특성으로는 적응성, 강한 신념, 공격성, 독립성, 객관성, 판단력, 자신감, 지배성, 창조성, 기민성, 조정력, 추진력, 적극성, 외향성, 긴장에 대한 내성 등이 있다.

⑤ 과업특성: 성공적인 리더는 높은 성취욕구와 책임감을 소유하고 있다. 따라서 과업지향적이며 문제가 발생했다고 해서 좌절하지 않는다. 이러한 리더는 업무추진력, 높은 동기, 직무에 대한 집요함으로 목표를 달성한다.

⑥ 사회적 특성: 리더는 탁월한 인간관계 능력을 소유하고 있으며, 상이한 환경에서도 적극적으로 목표달성을 위해 참여하는 특성을 가지고 있다. 이러한 특성은 부하들이 적극적으로 협동하여 목표를 달성하도록 한다. 이 외의 사회적 특성으로서 매력적이고 인기가 있으며 부하들을 배려하는 능력 등이 있다.

(2) 맥클랜드의 연구

맥클랜드(McClelland)는 효율적인 리더십을 행사하는 리더의 욕구를 다음과 같이 분류하여 제시하고 있다.

① 권력욕구: 권력욕구가 높은 리더는 부하에 대한 영향력과 통제에 관심을 가지고 있다. 이러한 리더는 강압적이며, 지배적이고, 자기본위적이고, 완고하고, 논쟁하려 하며 논쟁에서 승리하려 한다. 부하의 감정을 통제하고, 설득에 의해 신념을 변화시키려 한다.

② 친화욕구: 친화적 욕구가 높은 리더는 부하로부터 사랑을 받고자 하며, 집단으로부터 배제되는 고통은 피하려고 하는 특성이 있다. 따라서 부하와의 친밀감과 배려심을 중요시하여 어려움에 처한 부하들을 위로하고 지원하여 원만한 인간관계를 유지하려 한다.

③ 성취욕구: 성취욕구가 높은 리더는 성공에 대한 높은 희망을 가지고 있으며, 실패에 대해서는 높은 두려움을 가지고 있다. 그들은 도전적인 일을 선호하고, 타인보다 상위의 목표를 설정한다. 위험에 대하여 현실적인 입장을 취하고, 직무에 대해 책임을 지고자 하며, 직무수행에 대한 즉각적인 피드백을 기대하며, 직무수행이 실패했다 해서 지나치게 실망하지 않는다.

성공적인 리더십을 행사하는 리더는 성취욕구가 가장 높으며, 다음으로 권력욕구가 높다. 그러나 친화적 욕구가 높은 리더는 효율적인 리더십을 행사하지 못하고 있다. 중간관리자의 경우 최고경영자보다도 높은 성취욕구를 가지고 있는데, 이것은 승진에 대한 욕구가 최고경영자보다 높기 때문이다.

(3) 유클의 연구

유클(Yukl)은 성공적인 리더에게서 나타나는 성격특성을 다음과 같이 제시하고 있다.

① 스트레스에 대한 높은 내성: 신체와 체력적 조건은 스트레스에 대한 내성과 관계가 있다. 건강한 신체와 넘치는 활력, 정서적 안정은 이해관계자로부터 지각하는 스트레스에 대한 내성을 높여 준다. 특히 리스크가 높은 상황에서 성공적으로 의사결정을 하고 있는 리더는 스트레스에 대한 높은 내성을 보이고 있다.

② 높은 자신감: 유사한 개념으로서 자아존중감은 자신이 사랑받을 만한 가치가 있는 소중한 존재이고 어떤 성과를 이루어 낼 만한 유능한 사람이라고 믿는 마음이다. 리더의 높은 자아존중감은 부하들이 추종하게 하는 중요한 요인이다.

③ 내적인 통제위치: 내재론자라고도 하며 자신에게 닥친 어떤 일의 원인을 자신에게 돌리려는 성향의 사람이다. 통제의 위치가 내부인 리더는 자신의 능력과 노력으로 문제를 해결한다. 그러나 외적인 통제위치의 리더는 자신에게 닥친 일의 원인이 타인이나 운에 달려 있다고 생각한다. 따라서 내적인 통제위치의 리더가 민주적이고 혁신

적이며 참여적 리더십을 행사한다.

④ 높은 감성지능: 자신의 감정을 다스리며 부하들의 감정을 이해하고 공감하여 조화를 이룰 수 있는 사회적 능력이다. 감성지능이 높은 리더는 원만한 감정조절을 통해 심리적 갈등이나 혼란 없이 직무를 수행한다. 또한 감정조절의 성숙도가 높은 리더는 자신의 강점과 약점을 정확히 인지하고 자아통제력이 강하여 항상 정서적 안정을 유지한다.

⑤ 높은 성실성: 정직하고 진실한 성격은 신뢰를 구축하는 데 가장 중요한 요인이다. 부하의 협력과 지원은 리더의 능력보다 신뢰가 높은 영향을 미친다. 리더의 성실성은 충실한 약속 이행, 공정한 성과평가와 보상, 비밀 보장, 자신의 행동과 의사결정 결과에 대한 책임 등이다.

⑥ 강한 권력지향 동기: 자신이 타인에 비해 강하다고 생각하고, 지위나 권력을 기초로 명령이나 설득을 통하여 타인을 제어하고자 하는 욕구이다. 권력욕구가 낮은 리더는 조직내 질서와 변화에 대한 대처능력, 부하통솔능력 등이 취약하다. 따라서 강한 권력지향 동기는 효율적인 리더십을 위해 필요하지만 개인적 권력욕구보다는 사회적 권력욕구를 요구한다.

⑦ 중간의 성취지향 동기: 목표로 하고 있는 것을 달성하겠다는 결심을 하게 하는 내적 의욕이다. 효율적인 리더십을 행사하는 데 성취욕구는 너무 높거나 낮지 않는 경우에 효과가 높다. 성취욕구가 너무 높으면 과도한 모험으로 인해 실패할 가능성이 높으며, 너무 낮으면 목적달성을 위한 모험을 하지 않으려 한다.

⑧ 낮은 친화지향 욕구: 구성원들과 친하게 지내며 자신이 원하는 집단에 속하여 소속감을 느끼고 싶어하는 인간의 기본적 욕구이다. 그러나 높은 친화적 욕구의 리더는 인간관계에 대한 높은 관심으로 목표달성을 위한 부하들의 협력이나 통솔력이 부족함을 나타내고 있다.

또한 유클은 성공적인 리더에게서 요구되는 관리역량을 제시하고 있다. 여기에서 역량이란 어떤 일을 해낼 수 있는 기술이나 힘을 의미하며 리더의 특성과 기술이 결합된 개념이다.

① 감성지능

- 자기인식/자각(self-awareness): 타인에 대한 자신의 영향력, 기분, 감정 및 동인

을 인지하고 이해하는 능력으로 자신감, 현실적인 자기평가, 자신의 중요성을 최대화하는 유머감각 등이다.

- 자기규율(self-regulation): 파괴적인 충동이나 기분을 통제하거나 방향을 전환하는 능력으로, 행동하기 전에 판단을 보류하는 성향으로서 신뢰성, 성실성, 변화에 대한 개방성이다.
- 동기(motivation): 경제적 요인이나 지위를 초월하여 자아실현을 위해 일을 하는 열정으로, 열정과 인내로서 목표를 추구하는 성향, 강한 성취욕구, 실패에 대한 낙천적 감정, 조직에 대한 헌신이다.
- 감정이입/공감(empathy): 타인의 감정을 이해하는 능력이다. 타인의 감정적 반응에 따라 적절하게 대응하는 것으로, 지속적으로 개발하거나 보유하고 있는 전문적 지식이나 기술, 상이한 문화에 대한 민감성, 고객에 대한 서비스이다.
- 사회적 스킬(social skill): 인간관계를 원만하게 하고 네트워크를 구축하는 능력으로, 상호 공통점을 발견하고 친근한 관계를 유지하는 것이다. 변화에 대한 선도, 설득력, 팀 구축 및 인간관계에 대한 전문적 지식과 기술이다.

② 사회지능

자신과 관련한 인간관계와 사회생활을 이해하고 관리할 수 있는 능력이다. 사회지능은 특정 상황에서 리더십의 요건을 판단하고 적절한 반응을 선택할 수 있는 능력으로 사회적 지각력과 융통성으로 구성된다. 사회적 지각력은 집단을 보다 효과적으로 만들기 위해 무엇을 해야 하는지를 이해할 수 있도록 하며 전략적 리더십, 대인관계기술, 조직에 대한 지식과 관련한다. 행동의 융통성은 상황요건에 적응하기 위해 개인행동을 변화시킬 수 있는 능력이다.

③ 학습능력

과거의 경험을 통해서 새로운 지식이나 기술을 배워서 익히거나, 기능이나 지식을 의식적으로 습득하는 것으로 자신의 인지과정을 분석하고 개선하기 위한 방법을 알아내는 능력이다. 효율적인 리더십을 행사하기 위해 필요로 하는 역량이며 자신의 강점과 약점을 파악할 줄 아는 자기인식능력을 포함한다.

2 성공적인 리더의 특성과 자질

① 높은 성취욕구: 성공한 리더들은 자신의 직무를 열성적으로 수행하고 성취욕구가 높다. 어려운 목표를 달성했을 때 경제적 보상보다도 성취감에 의해 더 큰 만족감을 지각한다.

② 강한 출세욕구: 성공한 리더들은 사회적 명성이나 지위를 위해 자신의 능력을 발휘하며 새로운 도전을 필요로 한다. 그러나 어떤 리더는 직무를 성공적으로 수행한 결과에 따른 권위와 지위에 목표를 두지만, 어떤 리더는 새로운 도전과 자신의 능력 발휘를 목표로 한다. 이러한 두 가지 유형의 리더가 추구하는 궁극적인 목표는 상이하지만 자신의 직무에 몰두한다는 공통점이 있다.

③ 상사에 대한 긍정적 태도: 성공한 리더는 상사를 갈등관계에 있는 사람이 아니라 자신의 목적달성을 지원하는 사람으로 생각한다. 이들은 상사와의 인간관계를 긍정적으로 유지하며 그 상사의 경험을 자신의 발전과 연결시키려 한다.

④ 강력한 조직능력: 성공한 리더는 애매하거나 불확실한 상황에서 조직활동을 현명하게 전개해 나간다. 그들은 부족한 정보로도 정확한 의사결정을 하며 미래지향적이다.

⑤ 탁월한 판단능력: 성공한 리더는 짧은 시간에 정확하게 문제를 해결하기 위한 의사결정을 한다. 이들은 다양한 문제해결을 위한 대안 가운데 하나를 선택하여 실행한다. 결정적 시기에 결정적인 판단을 내릴 수 있는 능력이 있다.

⑥ 자신에 대한 긍정적 평가: 성공한 리더는 자신이 누구이며, 능력이 어느 정도이며, 어디로 향하고 있는지를 알고 있다. 이들은 자신감과 더불어 융통성과 개방성을 가지고 있으며 자기능력에 대한 믿음이 확고하기 때문에 다른 사람이 반대해도 자신의 결정을 추진한다.

⑦ 활동적이며 적극적인 도전: 성공적인 리더는 열정적이며 적극적이고 성취지향적이다. 육체적인 것은 물론 정신적으로도 매우 활발하고 정서적으로는 매우 예민하다. 그들은 항상 적극적이기 때문에 휴가기간이나 휴식시간에도 열정적으로 활동한다.

⑧ 현실지향적 사고: 성공한 리더들은 매우 현실적이며 현재의 주어진 일에 최선의 노력을 한다.

⑨ 조직에 대한 충성심: 성공한 리더는 자신에 대한 인식이 높지만, 조직에 대한 중요성을 인식하고 있다. 그들은 조직에서 직무를 수행하고 이 과정에서 자아실현의 보람을 지각한다는 것을 알고 있다.

이 외에도 바나드(Barnard)는 효율적인 리더십을 행사하기 위해서는 안정적인 상황에서 냉정함과 침착함이 필요하다고 전제하고, 현대와 같이 급변하고 불확실한 상황에서 요구되는 리더의 특성과 자질을 다음과 같이 제시하였다. 첫째, 기술적인 측면으로 체력, 기술, 지각, 지식, 기억력, 상상력 등, 둘째, 정신적인 측면에서 결단력, 지구력, 인내력, 설득력, 책임감, 용기 등이다.

또한 데이비스(Davis)는 지능, 사회적 성숙 및 관용, 내적 동기부여, 성취동기, 인간관계 등이 성공적인 리더의 특성이라고 하였다.

3 리더십 특성 연구의 평가

특성이론은 효율적으로 리더십을 행사하는 리더에게서 발견되는 특성과 자질을 제시하고 있지만 다양한 문제점들이 발견되고 있다. 핵심적인 문제점은 환경적 요인에 따라 효율적인 리더의 특성과 자질은 상이하다는 것이다. 성공적인 리더로서의 자질을 소유하고 있는 사람이 누구인지는 확인할 수 있어도, 리더가 부하에게 영향력을 행사하기 위한 행동유형은 확인할 수 없다는 것이다. 리더십 특성이론의 구체적인 문제점은 다음과 같다.

첫째, 성공적인 리더의 자질과 특성은 무제한으로 증가할 수 있다. 리더십을 행사하는 범위를 확대할수록 성공적인 리더의 특성도 증가한다.

둘째, 성공적인 리더의 특성을 현실적 상황에서 적용하는 데 일관성이 결여된다. 특정 조직에서 성공적인 리더의 특성으로 작용할 수 있지만, 상황이 상이한 다른 조직에서는 성공적인 리더의 특성으로 작용하지 않는다.

셋째, 리더가 소유하고 있는 독특한 특성만으로는 효율적으로 리더십을 행사할 수 없다. 리더십 효율성은 리더의 개인적 특성과 더불어 부하의 특성, 과업의 성격 등 다양한 상황적 요인에 의해서 결정된다.

넷째, 리더의 역할에 대한 체계적인 설명이 부족하다. 리더십 특성 연구는 리더율적인 리더십을 행사하기 위하여 어떠한 일과 역할을 하여야 하는지에 대한 설 없다. 리더의 개인적 특성만으로 효율적인 리더십에 대한 충분한 이해를 제공하 않는다.

따라서 리더십 특성이론은 오랫동안 성공적인 리더의 특성을 제시하고 있음에도 불구하고 사회적 타당성을 인정받지 못하고 있다. 리더십 특성 연구는 성공적인 리더의 정신적·육체적 특성을 제시하고 있지만, 성공적인 리더십과 관련한 조직환경과 직무조건에 새로운 관심이 강조되었기 때문이다. 이러한 이유로 어떠한 특성을 소유한 리더가 효율적인가 하는 특성중심적 관점으로부터 리더가 어떻게 행동하는 것이 효율적인가 하는 관점으로 변화하였다.

4 리더십 특성 체크리스트

(1) 사회지능

성공한 리더들은 사회적 지능지수(SQ: Social intelligence Quotient)가 높다. 사회적 지능이란 좋은 성품을 가지고 타인과의 관계를 긍정적이고 효과적으로 유지하며, 조직에서의 인간관계도 조화롭게 유지하는 능력을 말한다. 따라서 사회적 지능지수가 높은 리더는 자신에 대해서 긍정적이며, 책임감이 강하고, 타인에 대한 배려심이 높고, 부하들과의 협력을 통해 조직의 성과를 향상시킨다.

〈사회지능 테스트〉

◆ (성격) 각 문항 2점씩(16점)

- 목숨을 걸고 무언가에 도전해 본 적이 있다.
- 큰 꿈을 갖고 그 꿈을 위해 노력한다.
- 뭐든지 쉽게 배우고 빨리 이해한다.
- 주위 사람들로부터 기발하다는 소릴 듣는다.
- 하고 있는 일이 잘못됐다는 것을 깨달으면 포기할 수 있다.
- 마음먹은 일은 끝까지 해낸다.
- 자신과의 약속을 잘 지키는 편이다.

- 향후 몇 십년 간의 인생 계획이 서 있다.

◆ (습관) 각 문항 2점씩(10점)

- 예의 바르다는 말을 자주 듣는 편이다.
- 모르는 것은 꼭 확인하고 넘어간다.
- 메모를 하거나 기록을 남기는 습관이 있다.
- 자주 상대방과 입장을 바꾸어서 생각한다.
- 아침에 일찍 일어나고 5시간 이상 자지 않는다.

◆ (대인관계) 각 문항 2점씩(10점)

- 여러 사람 앞에서 말을 잘 할 수 있다.
- 남의 말을 잘 듣는 편이다.
- 처음 만나는 사람에게는 아랫사람일지라도 존댓말을 쓴다.
- 사소한 약속이라도 철저히 지킨다.
- 신용은 확실하다.

◆ (생활) 각 문항 2점씩 (16점)

- 몰래 담배를 피워 본 적이 있다.
- 하루 3끼는 꼭 챙겨 먹는다.
- 아무거나 가리지 않고 잘 먹는다.
- 일주일에 두 번 이상은 땀을 흘리는 운동을 한다.
- 하루 종일 다녀도 피곤한 줄 모른다.
- 몸이 아프면 병원에 가고, 정기검진을 받는다. ·
- 치과에 정기적으로 간다.
- 바닥에 쓰레기가 떨어져 있으면 주워서 쓰레기통에 버린다.

◆ (특기) 각 문항 2점씩(12점)

- 남들보다 유난히 잘하는 특기가 하나 이상은 있다.
- 의사소통을 할 수 있는 정도의 외국어가 하나 이상은 있다
- 휴대폰에 저장된 번호 중 열 개 이상 단축 다이얼로 건다.
- 웬만한 기계는 설명서를 보고 조작할 수 있다.

- 게임이나 인터넷을 하며 밤을 새워본 일이 있다.
- 사용이 불편한 물건은 나름대로 개량해서 쓴다.

◆ (교양) 각 문항 2점씩 (10점)

- 한 달에 책을 두 권 이상은 읽는다.
- 하루 TV를 한 시간 반 이상 보지 않는다.
- 1년에 한번 이상은 여행을 간다.
- 일 년에 한번 이상 불우이웃 돕기 성금을 한다.
- 경제신문을 포함해서 신문을 매일 3개 이상 읽는다.

◆ (경제관념) 각 문항 2점씩(16점)

- 가격을 잘 깎는 편이다.
- 돈을 꾸면 반드시 갚는다.
- 한 달 핸드폰요금이 5만원 미만이다.
- 도박이나 노름 같은 게임을 하지 않는다.
- 게임아이템 구입을 위해 한 달에 만 원 이상 지출을 한다.
- 메이커 의류를 선호하지 않는다.
- 용돈을 받으면 일부를 은행에 저금한다.
- 친구들에게 짜다는 소리를 가끔 듣는다.

◆ (인맥) 각 문항 2점씩(10점)

- 정말 마음을 줄 수 있는 친구가 둘 이상은 있다.
- 자주 방문하는 홈페이지가 5개 이상이다.
- 지금까지 반장 이상의 임원을 해봤다.
- 회사를 창업한다면 믿고 같이 일할 친구가 3명 이상은 있다.
- 5년 이상 친하게 지내는 친구가 있다.

◆ 분석 결과

- 90점 이상: 당신은 이미 성공인입니다.
- 80~89점: 성공 가능성 80%, 도전하면 성공하실 수 있습니다.
- 70~79점: 성공 가능성 60%, 열심히 노력하면 성공하실 수 있습니다.

- 60~69점: 성공 가능성 40%, 스스로 무엇이 부족한지 인식하고 개선하면 성공하실 수 있습니다.
- 41~59점: 성공 가능성 20%, 많은 부분을 보완하여야 하며. 섣불리 도전하면 실패할 수 있습니다.
- 40점 이하: 스스로를 바꾸기 전에는 성공할 수 없습니다.

(2) 자신감

성공과 실패를 결정하는 가장 중요한 요인은 리더의 자신감이라는 것이 증명되고 있다. 자신감은 바라는 결과에 대한 긍정적 기대들로 구성되며, 성공한 리더들에게서 나타나는 자신감에 대한 공통된 요소들은 높은 책임감, 협력, 주도적인 변화와 혁신이다.

〈자신감 지수 테스트〉

◆ 다음 보기에서 해당 사항을 체크하여 결과를 보세요.

- 자신은 가치가 있는 사람이라 생각한다.
- 자신의 목소리는 좋은 편이라 생각한다.
- 자신의 현재 인생을 변화시키고 싶지 않다.
- 자신에 대한 나쁜 소문은 없는 편이다.
- 자신이 길을 가다 잘 모르면 아무에게나 물어볼 수 있다.
- 자신의 생각을 다른 사람에게 쉽게 설득할 수 있다.
- 자신의 중요한 사항은 자신이 스스로 결정을 내린다.
- 자신의 현재 건강에 특별히 염려되는 곳은 없다.
- 자신에게 어려움이 생기면 거리낌 없이 남에게 부탁할 수 있는 편이다.
- 자신의 애인이 잘 모르는 이성과 단둘이 있는 것을 보아도 질투가 나지 않는다.

◆ 분석 결과

- 3개 이하

  당신은 스스로 자신을 비하하는 정도가 높습니다.

  자신과 타인에 대해 지나치게 비판적입니다.

자신감이 크지 않을 뿐더러 다른 사람에게 종속되는 경우가 많습니다.
타인이나 자신을 바라볼 때 약점보다는 장점을 바라보도록 노력해 보세요.

- 4개와 5개
  당신의 자신감은 약한 편입니다. 그러나 개선의 여지는 있습니다.
  당신은 이기주의와 개인주의를 혼동하고 있습니다.
  자신감이 강한 사람이 자기를 위해서뿐만 아니라 남에게도 용기를 줄 수 있습니다.
- 6개에서 8개 사이
  당신의 자신감은 적절한 수위에 있습니다.
  당신의 자신감으로 인해 남들이 당신을 부정적으로도 보지 않습니다.
- 9개 이상
  당신의 자신감은 충만한 상태이지만 남들이 보기에는 자칫 오만으로도 비추어질 수 있습니다.

(3) 감성지능

감성지능(EQ: emotional intelligence)은 자신과 타인의 감정을 통제하고 다양한 종류의 감정들을 변별하여 이것을 토대로 자신의 사고와 행동을 방향지을 근거를 도출해 내는 능력이다. 따라서 감성지능은 리더에게 상황에 대한 신속한 대처와 의사결정, 의사소통 능력에 관여한다.

〈감성지능 활용법〉 (Martin & Boeck)

① 부정적 감정을 관리하는 방법

- 분노: 자신을 관찰하라, 상황을 긍정적으로 해석하라, 신체를 움직이며 긴장을 완화하고 주의를 다른 곳으로 돌려라.
- 불안과 걱정: 위험을 미리 파악하라, 상황을 새롭게 인식하라, 예민한 신경을 완화시켜라.
- 슬픔과 우울: 충분한 휴식을 취하라, 새로운 시각을 가져라, 관심을 다른 곳으로 돌려라.

② 감정 활용 전략

- 감정을 인식하고 수용하라.
- 감정을 조절하고 통제하라: 마음을 가라앉힌다, 감정을 미리 차단한다, 새로운 에너지로 변화시킨다.
- 잠재력을 일깨우라: 본능적 충동을 자제한다, 낙천적으로 말하고 행동한다, 집중하고 몰두하는 습관을 기른다.
- 감정을 이입한다: 감정을 받아들이고 표현한다, 상대방의 말을 능동적으로 청취한다, 신체가 함께 공감한다.
- 사회적 관계를 형성한다: 감정의 전염성을 활용한다.

③ 건설적인 비판

- 분노를 가라앉힌다.
- 타인을 비난하지 않는다.
- 개인적인 공격을 하지 않는다.
- 자의식을 북돋워 준다.
- 개선방안을 제안한다.

사례

칭기즈칸 리더십

칭기즈칸(成吉思汗, 1162~1227)

유목민 부족들로 분산되어 있던 몽골을 통일하고, 동서양의 거대한 제국을 건설하면서 수많은 전쟁을 일으킨 칭기즈칸은 잔인한 정복자라는 비판을 받는다. 하지만 철저하게 능력을 중시해 이민족도 받아들이고, 여타 다른 문화의 우수한 것은 적극적으로 수용했던 개방적인 리더십의 소유자로 여겨진다. 이러한 그의 리더십은 다음과 같이 설명된다.

첫째, 공동의 목표와 비전이다. 17살에 타타르족의 습격으로 아버지를 잃고 부족은 흩어졌으며 자신은 포로로 잡혀간다. 이때 그의 목표는 '흩어진 부족을 되찾고 원수를 갚는 것'으로 '공동의 목표'는 부족을 뭉치도록 하는 것이었다. 또한 한 가지 공동의 목표가 달성되면 즉시 새로운 목표를 제시하였다. 부족을 일으키는 것, 주변국가의 위협을 없애는 것, 중원을 지배하고 천하를 통일하는 것으로 이것을 하나씩 실현시켰다.

둘째, 명분과 정당성의 확보이다. 부족들은 명예를 중시하고 이름을 더럽히는 것을 싫어했다. 전쟁도 명분을 중시하였다. 금나라의 공격은 불효자가 천자가 되어서는 안 된다는 명분이었다. 백성들에게는 땅을 빼앗거나 명분 없는 약탈을 자제하도록 하였다.

셋째, 부하에 대한 신뢰와 권한의 위양이다. 칭기즈칸은 자신은 거의 본토를 떠나지 않았다. 부하들은 군사를 지휘하고 전략을 구사하는 대장군으로 변신하였다. 부하를 육성하고, 전권으로 현지의 왕을 임명하게 하고, 전쟁 여부까지 결정하도록 위임하였다. 모든 권한은 현지의 상황에 적합하게 행사하도록 하였다.

넷째, 끊임없는 상무정신(尙武精神)의 유지이다. 그는 유언을 통해 흙벽돌집에 살지 말라고 하였다. 정착생활은 말을 포기하는 것으로, 허벅지에 살이 찌고 기름진 맛을 알게 되면, 원정길을 포기하고 편안함을 추구하게 된다. 단신의 군장이 재물보화로 무거워지며, 재물을 차지하려고 싸울 것이다.

다섯째, 신속한 의사결정과 추진력이다. 칭기즈칸은 거의 말을 달리는 속도로 영토를 점령하였다. 신속한 의사결정을 하였으며, 철저한 임장주의(臨場主義)를 선택하였다. 이것이 가능했던 것은 기동력이었다. 빠른 몽고말과 작은 칼, 사냥터에서 훈련된 활솜씨에서 무거운 갑옷으로 무장한 서양의 병정들은 상대가 되지 못했다.

여섯째, 통합적 패러다임이다. 전쟁에 패배했더라도 제국에 충성을 맹세하면 재산은 물론, 왕권, 종교에까지 자율권을 부여했다.

일곱째, 개방적 의식이다. 적의 장수에게 자신의 아내가 납치되었고, 그가 아내를 찾았을 때는 적국의 아이가 있었지만, 그는 모두에게 사실을 알리고 자신의 아이임을 인정했다.

여덟째, 조직력이다. 칭기즈칸은 일렬횡대로 진격하여 순식간에 포위하는 전법을 썼는데 이는 조직을 일사분란하게 지휘하여야 하는 전법이다. 이러한 조직력은 엄격한 군율을 바탕으로 하며, 뛰어난 장수라도 군율을 어기면 엄격하게 벌을 주었다.

아홉째, 과학과 기술, 그리고 교역의 장려였다. 칭기즈칸은 자신의 국가를 더욱 강력하게 만들기 위해 위구르인들의 교역활동을 지원하였다. 유럽에서 동방에 이르는 길목에는 각종 소국이 있어 통행이 곤란하였고, 도적들이 동서교류를 곤란하게 하였으나 칭기즈칸의 무력에 의해 교역의 안전을 보장받았다.

열째, 유능한 인재의 활용이다. 칭기즈칸은 많은 인재를 두고 다양한 문제에 대해 자문을 하였다. 야율초재(耶律楚材)는 거란족 요나라의 귀족으로 유·불·선 3교에 통달하고 학문에 정통한 사람으로서, 항상 곁에 두고 정치적 자문을 구하였다.

제5장 리더십 행동이론

1 리더십 행동연구

(1) 화이트와 리피트의 연구

리더십에 대한 초기의 관심은 독재형 리더와 민주형 리더의 행동에 있었다. 독재형 리더십은 X-이론에 기초하며 조직의 모든 정책에 대한 의사결정과 상벌이 리더에 의해 결정된다. 민주형 리더십은 Y-이론에 기초하며 모든 정책에 대한 의사결정이 의견수렴이나 합의에 의해 결정된다. 이와 관련하여 화이트와 리피트(White & Lippit)는 리더십 유형을 독재형, 민주형, 방임형으로 구분하였다.

① 독재형(authocratic) 리더십: 과업지향적 리더로서 부여된 과업을 달성하는 데에만 관심을 두고 부하들에게 지시나 명령하는 리더십 유형이다. 인간의 본성은 수동적이고 신뢰할 수 없는 것이라는 관점과 부합한다. 따라서 독재형 리더는 부하에게 일방적으로 권한을 행사하며, 행동을 엄격히 감독하고 통제한다. 또한 직무수행 과정에서 요구되는 정보를 독점하고, 부하들이 의사결정에 참여하는 것을 거부하며, 의사소통은 하향적으로 이루어진다.

② 민주형(democratic) 리더십: 인간배려적 리더로서 부하들에게 만족을 주는 데에 관심을 두고, 부하들의 참여와 자율성을 존중하는 리더십 유형이다. 인간의 본성은 능동적이고 자기규제적이며 창의적인 존재라는 관점과 부합한다. 따라서 민주적 리더는 권한과 책임을 부하들에게 적절히 위양하며, 엄격한 감독과 통제는 최소화하고, 의견수렴과 토론을 통하여 정책적 의사결정을 진행한다. 또한 자신과 부하 사이에, 부하들 상호간에 의사소통이 활발히 이루어지도록 하며 부하들이 의사결정에 참여하도록 한다. 따라서 의사소통은 하향적, 상향적, 수평적으로 이루어진다.

③ 방임형(laissez-faire) 리더십: 부하들이 자유롭게 행동하는 것을 허용하는 리더십 유형이다. 부하와 리더가 자신의 역할을 포기한 상태이다. 조직을 위한 의사결정에 대해 모두 방임하며, 리더는 부하들을 통제하지 않고 목표는 개인이 임의로 설정한다. 그러므로 방임형은 리더십 유형이라고 할 수 없다.

이와 같은 리더십 유형에 따라 조직성과와 부하들의 만족수준은 상이하게 나타나고 있다. 민주형 리더십은 리더와 부하, 부하 상호간의 관계가 신뢰와 존경으로 결합되어 있다. 따라서 협동적이며 자발적으로 직무를 수행하여 성과와 만족도가 높다. 반면에 권위형 리더십은 조직성과와 부하의 만족도가 낮다. 그러나 조직의 위기적 상황에서는 권위형 리더십이 성과와 부하들의 만족도를 높여 주기도 한다.

(2) 리커트의 이론

리커트(Likert)는 관리시스템(management system) 이론을 통해 리더십 유형을 제시하였다. 조직의 행동시스템은 원인변수, 매개변수, 결과변수의 상호관계이다. 원인변수는 감독, 조직구조, 경영정책 등으로 관리적 노력에 의해 변경이 가능한 것이다. 매개변수는 동기부여, 조직몰입, 의사소통 등으로 정서적 내용에 대한 것이다. 결과변수는 생산성, 매출액, 이익 등으로 조직성과에 대한 것이다. 리커트는 이들 변수들의 상호작용에 의해 나타나는 많은 관리시스템 가운데 다음 네 가지 유형을 대표적인 것으로 제시하고 리더십이론을 전개하고 있다.

① 시스템 1 - 착취적 권위형(exploitive-authoritative): 과업지향적이며 권위주의적 리더십 유형이다. 리더는 독재적이며 부하들을 신뢰하지 않고 공포나 처벌에 의해 동기를 유발한다. 조직의 목표설정과 정책적 의사결정은 상위계층으로 제한하며 구조화된 명령계통에 의해서 지시한다. 따라서 하향적 의사소통에 의해 정보를 전달한다. 공식조직의 목표와 대립되는 비공식조직이 발생할 수 있다.

② 시스템 2 - 온정적 착취형(benevolent-authoritative): 리더는 부하를 약간 신뢰하고, 약간의 공포와 처벌에 의해 동기를 부여한다. 약간의 상향적 의사소통을 허용하며, 부하들로부터 약간의 아이디어나 의견을 수렴하고, 의사결정 권한을 약간 위양하지만 통제는 엄격히 한다. 비공식조직이 발생하나 공식조직의 목표와 모순되지는 않는다.

③ 시스템 3 - 협의형(consultative): 리더는 부하들을 완전히는 아니지만 상당히 신뢰한다. 부하들의 아이디어와 의견은 건설적으로 이용하며, 참여와 보상을 통하여 동기부여 하지만 간헐적으로 처벌을 이용한다. 상향적 및 하향적 의사소통을 허용하고, 전반적인 정책에 대한 의사결정은 상위계층에서 이루어지지만 구체적인 의사결정은 하위계층에서 하도록 한다. 비공식 조직은 발생하나 조직목표와 일치하거나 모순되기도 한다.

④ 시스템 4 - 참여집단형(particpative group): 관계지향형 리더십 유형이다. 리더는 부하들을 완전히 신뢰한다. 부하들에게서 아이디어나 의견을 수렴하고 이를 건설적으로 사용한다. 의사결정 과정에 부하들을 참여시켜 동기를 부여한다. 상향적, 하향적, 수평적 의사소통을 허용한다. 조직 활동은 리더와 부하들이 하나의 집단이 되어 이루어진다. 공식조직과 비공식조직은 하나로 통합되어 대립하는 경우는 거의 없다.

이와 같이 시스템 1은 과업지향적이며 권위주의적 리더십인데 비해, 시스템 4는 팀워크, 상호신뢰, 상호작용에 바탕한 집단참여형 리더십이다. 그리고 시스템 2와 시스템 3은 X-이론과 Y-이론에 대응한 중간적 단계라고 할 수 있다.

리더십 유형과 조직성과의 관계에서, 시스템 4의 접근방법을 사용하는 리더가 조직의 성과를 향상시킴으로써 효율적인 리더십을 행사한다. 시스템 1에서 4로 이동함에 따라 리더십의 효율성은 높아진다는 것이다. 따라서 효율적 리더십은 부하의 참여정도와 의사소통의 정도에 의존한다.

(3) 미시건 대학의 연구

미시건 대학의 리더십 이론은 작업집단의 성과와 만족을 증가시키는 리더의 행동을 규명하는 것이다. 이를 위해 두 가지 형태의 리더십 유형으로 구분하였다. 효율적인 리더는 부하에 대한 인간적인 측면에 관심을 갖고, 상위의 목표를 수행하고자 하는 작업집단을 만드는 데 주력하고 있으며 이러한 리더를 종업원 중심적 유형이라고 하였다. 반면 과업달성을 위해 끊임없이 압력을 가하는 리더를 과업중심적 유형이라고 하였다.

① 과업중심적(job-centered) 리더십: 계획을 수립하고 직무수행 결과를 평가하는 데 있어서 합법적이며 강제적인 권한을 행사하는 리더십 유형으로 과업지향적 유형

과 관련이 있다.

② 종업원 중심적(employee centered) 리더십: 인간중심적이며 부하들의 복지, 욕구, 개인적 성장에 관심을 갖는 리더십 유형으로 배려중심적 유형과 유사하며, 관계지향적 유형과 관련이 있다. 따라서 종업원 중심적 리더십은 성과향상은 부하들의 동기부여와 직무만족에 의해 이루어진다고 보고 있으며, 과업중심적 리더십은 엄격한 통제와 관리·감독을 통해서 이루어진다고 본다.

미시건 대학의 리더십에서는 종업원 중심적 리더십이 과업중심적 리더십보다 높은 성과를 나타내고 있다. 그러나 상황에 따라 효율적인 리더십 유형은 달라져야 하며, 특히 단결력, 부하들의 개인적 특성, 과업의 성격 등의 상황변수가 고려되어야 한다. 이러한 사실에 대하여 주목하여야 할 부분은 다음과 같다.

첫째, 경우에 따라 과업지향형 리더십 유형이 성과를 향상시킬 수 있다.

둘째, 일반적으로 효율적인 리더는 부하들을 수단보다는 목적으로 접근하며, 부하 개개인을 하나의 인격체로 인정하고 있다.

셋째, 부하들에 대해 배려적이고 지원적인 것보다는 명확하고 높은 직무수행 목표를 갖도록 하여야 한다.

넷째, 과업지향형 리더는 부하를 목적을 달성하기 위한 수단으로 생각한다. 이들은 대부분의 부하들이 원하는 인간의 존엄성과 개성을 인정하지 않는다.

(4) 오하이오 대학의 연구

오하이오 대학의 리더십 이론은 리더 행동의 결정요인과 작업집단의 성과 및 만족에 대한 리더십 유효성을 규명하려는 것이다. 이 과정에서 리더의 행동은 설문지를 통해 평가하였으며, 평가 결과 리더의 행동은 두 가지 차원에서 조직의 구조화와 구성원에 대한 배려가 있다는 것을 확인하였으며 이를 기초로 다음과 같이 리더의 행동을 제시하였다.

① 리더의 행동

- 배려적(consideration) 행동: 부하들을 친근하고 따뜻하게 대하며, 높은 관심을 보이고, 복지에 신경을 쓰는 리더의 행동이다. 설문문항으로는 부하들의 문제에 관심을 보인다, 부하들의 제안을 수용한다, 의사결정을 위하여 부하와 상의한

다, 부하들의 개인적인 부탁을 들어 준다 등이다.

- 과업주도적(initiating structure) 행동: 집단의 목표를 달성하기 위하여 자신의 역할과 부하의 역할을 명확히 하고 구조화하는 리더의 행동이다. 설문문항으로는 실수를 하면 꾸짖는다, 직무수행 기간을 강조한다, 문제해결을 위한 새로운 방법을 제시한다, 구체적인 직무수행 기준을 제시한다, 부하들의 업무를 조정한다 등이다.

이러한 리더의 행동 유형은 독립적이다. 따라서 배려적 행동을 많이 보여주는 리더는 과업주도적 행동을 하지 않는 것은 아니며, 배려적 행동을 하지 않는 리더가 주도적 행동을 많이 보여주는 것도 아니다. 어떤 리더는 부하에게 많은 관심을 보이는 동시에 부하들이 자신의 직무를 완벽하게 진행시키도록 하며, 어떤 리더는 두 가지 행동 모두에 관심이 없어 오로지 자신의 일에만 관심을 보이기도 한다. 또한 어떤 리더는 부하들의 문제에는 많은 관심을 보이지만 부하들이 해야 할 일을 시키지 못할 수도 있으며, 반면에 어떤 리더는 부하들의 문제에는 관심을 보이지 않지만 목표달성에는 높은 관심을 보이기도 한다.

② 연구결과

그림 5-1 리더십 유형과 이직률

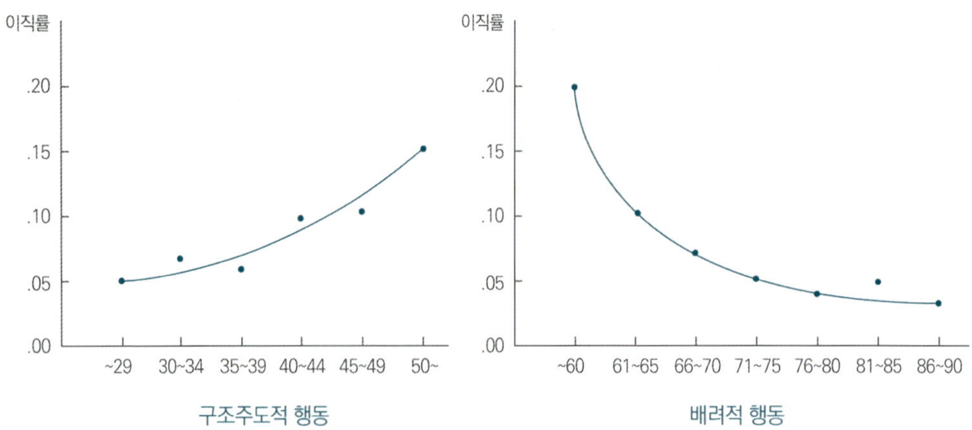

오하이오 대학에서는 트럭제조 기업 생산라인 감독자의 리더십 유형과 부하들의 불만 및 이직 간의 관계를 연구하였다. 이를 위해 부하들에게 감독자의 행동을 리더 행동 질문지를 사용하여 평가하게 하였다. [그림 5-1]은 리더의 행동유형에 따른 점수와 부하들의 이직률과의 관계를 나타내 주고 있다. 감독자들이 배려적 행동을 많이 보일수록 부하들의 이직률은 감소하며, 과업주도적 행동을 많이 보일수록 이직률은 높아지고 있다. 이것은 감독자의 행동유형과 부하들의 불만율과의 관계에서도 동일하다.

다음으로 두 가지 리더의 행동유형이 상호작용하여 부하들의 불만율에 미치는 영향은 [그림 5-2]에서와 같다. 감독자가 과업주도적 행동을 많이 보인다고 해서 불만율이 높아지는 것은 아니다. 동시에 감독자가 배려적 행동을 별로 보이지 않으면(배려적 행동이 낮거나 중간인 경우) 불만율이 높아지지만, 리더가 높은 배려적 행동을 보이면 부하들의 불만율은 감소한다. 따라서 리더의 과업주도적 행동보다는 배려적 행동이 부하들의 불만율을 감소시키는 데 결정적인 영향을 미치고 있다. 이직률과의 관계에서도 이와 유사한 결과를 나타나고 있다.

그러나 이와 관련된 많은 연구들은 타당성 있는 결과를 제시하지 않고 있다. 어떤 연구에서는 부하들은 과업주도적 리더의 행동에 대하여 만족하고 성과도 높았으나, 어떤 연구에서는 반대의 결과를 나타내고 있다. 리더의 배려적 행동과 부하들의

그림 5-2 리더의 행동유형과 불만율

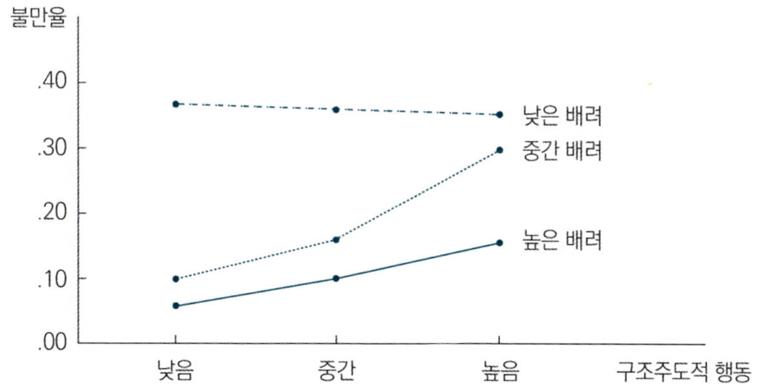

만족과의 관계에서도 유사한 결과가 나타났다. 그러나 비교적 일관성 있는 연구결과는 리더의 높은 배려적 행동이 조직의 성과와 부하들이 만족수준을 높인다는 것이다.

③ 연구의 평가

오하이오 대학 연구의 주요 가치는 2차원적 리더의 행동유형을 관찰하는 것이다. 부하들의 직무수행과 만족을 결정하는 데 있어서 인간적 배려와 조직구조의 영향력을 규명하였다. 또한 타당성이 확보된 설문지를 이용하여 리더의 행동을 분류하고 있다. 오하이오 대학 리더십 이론이 제시하는 시사점은 다음과 같다.

첫째, 리더의 행동기술설문지에 의해 측정된 구조주도와 배려적 리더 행동의 기본적 차원이다.

둘째, 두 차원으로 분류된 리더의 행동은 성과와 높은 관계를 가지고 있다.

셋째, 리더는 구조주도적 행동을 강조하는 경향이 있으며, 부하는 리더의 배려적 행동에 관심이 있다.

넷째, 두 차원에서 모두 높은 리더의 행동은 조화, 친밀감, 절차상의 명확성 등의 조직특성과 부하에 대한 태도의 호의적인 변화와 관계가 있다

그러나 오하이오 대학 리더십 이론은 질문지에 의해서 측정하고 있기 때문에 현실적으로 문제점이 있음을 보이고 있다. 첫째, 과거 리더의 행동에 대해 부하들이 평가할 것을 요구하기 때문에 기억력 등의 한계로 정확하게 측정되지 않을 수 있다. 둘째, 자신들이 호의적으로 생각하는 리더에 대해서는 긍정적인 평가를, 반대의 경우에 부정적인 평가를 할 수 있다. 셋째, 실험연구가 아니기 때문에 연구결과에 대한 타당성이 결여될 수 있다. 넷째, 두 가지 차원의 리더십 유형은 상황적 요인을 고려하지 않았다.

(5) 블레이크와 모우튼의 연구

블레이크와 모우튼(Blake & Mouton)은 과업중심과 인간중심의 리더십 유형을 융통성 있게 조화시키기 위한 관리격자 이론(managerial grid theory)을 제시하였다. 두 차원의 리더십 유형이란 업적에 대한 관심(concern for production)과 인간에 대한 관심(concern for people)이다.

리더의 업적에 대한 관심이란 매출액이나 생산량에 대한 배려로서, 수량과 더불어 정책결정의 질이나 신제품 개발에 대한 독창적 아이디어 등을 포함한다. 반면에

인간에 대한 관심이란 부여된 직무수행을 위하여 부하들이 얼마나 노력하고 있는지에 대한 관심, 신뢰에 의해 주어진 직무의 책임감에 대한 관심, 직무의 안정에 대한 관심 등을 포함한다. 또한 관심이란 리더의 기본적 태도로서 업적과 인간에 대한 배려적 행동을 어느 정도 나타내고 있는지를 의미한다. 따라서 리더의 행동은 퍼스낼리티, 가치관, 조직의 규범과 요구, 직무수행 상황, 경험과 학습기회 등의 요인에 따라 결정된다.

그들은 그리드(grid)로서 수직축은 업적에 대한 리더의 관심, 수평축은 인간에 대한 리더의 관심 정도를 표시하였다. 각 축은 1에서 9까지의 그리드로 구분하였다. 그리드 상의 1은 가장 낮은 관심 상태를, 9는 최고의 관심 상태로 정하고 그리드를 직선으로 이어 81개의 격자도(格子圖)를 만들었다. 그리고 전형적인 리더십 유형을 다음과 같이 5가지 관점으로 분류하여 설명하였다.

그림 5-3 매니지리얼 그리드

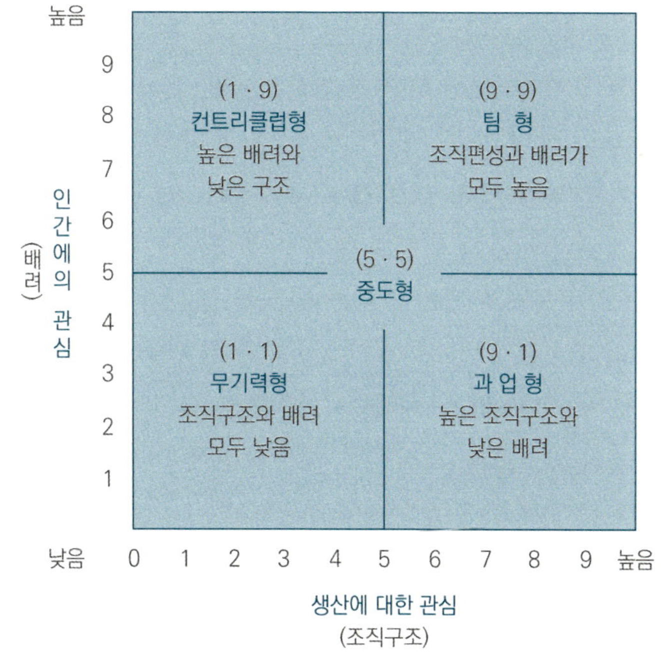

자료: F. Luthans, *Organizational Behavior*, McGraw–Hill, 1981, p.435.

① 무기력형(impoverished): (1.1)형으로 업적달성에 대한 관심과 인간에 대한 배려적 관심이 가장 낮은 리더십 유형이다. 리더는 아무것도 하지 않는 방임형 리더로서 자신의 지위를 유지하기 위한 최소의 노력을 한다. 직무에 대한 지시만 하고 방치하며, 문제가 발생하면 피하거나 적당히 처리하여 환경에 대한 변화를 원하지 않는다. 이러한 리더의 부하들은 직무수행에 대한 의욕이나 결속력이 결여되어 있다.

② 컨트리클럽형(country club): (1.9)형으로 업적에 대한 관심은 낮으나 인간에 대한 배려적 관심은 높은 리더십 유형이다. 리더는 부하의 욕구나 동기를 충족시켜 주면 자신의 직무를 원활하게 수행할 것이라는 가정 하에 이루어지는 리더십 유형이다. 리더는 부하의 만족과 친밀한 관계의 유지를 위해 노력한다. 부하들의 만족도는 높지만 업적달성에 대한 노력이 이루어지지 않아 자아의 성취 수준이 낮다.

③ 과업형(task): (9.1)형으로 인간적 배려에 대한 관심이 낮으나 업적달성에 대해서는 높은 관심을 보이는 리더십 유형이다. 의사결정은 리더의 독단에 의해 이루어지며, 모든 의사결정은 목표달성에 두고 있음으로 부하는 이를 위한 수단으로 취급한다. 이러한 리더십 유형은 단기적으로 목표의 달성이 가능하지만, 장기적으로는 부하의 부정적 조직행동으로 나타난다.

④ 중도형(middle of the road): (5.5)형으로 업적에 대한 관심과 인간에 대한 배려적 관심이 중간 정도인 리더십 유형이다. 리더들은 부하의 욕구를 고려해서 합리적인 목표를 설정하고 원만한 방법으로 업무를 수행시킨다. 이러한 리더는 자신의 특성이나 주관을 명확하게 부각시키지 못하는 특성이 있다.

⑤ 팀형(team): (9.9)형으로 업적에 대한 관심과 인간에 대한 배려적 관심이 높은 리더십 유형이다. 리더는 부하의 자아실현욕구를 충족시키고 신뢰와 지원의 분위기를 조성하며, 한편으로는 과업달성을 위하여 노력한다. 부하들의 참여의식을 조성하고 의견을 수렴하여 조직의 목표를 성취하려 하기 때문에 이상적인 리더십 유형이다.

그러나 이 이론은 첫째, (9.9)형의 이상적인 리더는 이론적으로만 존재하고 현실적으로 존재하기 어려우며, 둘째, 조직의 상황, 부하들의 의식수준에 따라 이상적인 리더십 유형은 상이하다는 문제점이 제기되고 있다.

2 리더십 행동 연구의 평가

리더십 행동이론에 의하면 대부분 종업원 중심적이며 인간의 배려적 행동이 조직의 성과와 부하의 만족도를 향상시킨다고 하였다. 리더십 행동이론은 모든 조직적 상황에서 효율적인 최상의 리더십 유형을 제시하려는 것이다. 그러나 이들 이론들은 어느 상황에서나 효율적인 리더십 유형을 구체적으로 제시하지 못하고 있으며 구체적인 내용은 다음과 같다.

첫째, 리더십 행동이론은 대부분 배려적이며 부하중심적인 리더십 유형이 부하의 사기와 성과를 향상시킨다고 하였다. 그러나 부하의 직무수행에 대한 목표가 명확하게 설정되지 않는다면 그렇지 않은 결과가 나타날 수 있다. 리더의 배려적 행동에 대하여 부하가 자신의 목표를 정확하게 인식하지 못하고 있다면 원활하게 직무를 수행하지 못할 것이다. 이로 인해 부하들은 직무에 대한 만족과 사기가 감소하여 조직성과는 낮아질 것이다. 리더의 배려적 행동은 부하가 명확하고 달성 가능한 목표를 가지고 있는 경우에 리더십 효율성이 높아진다.

둘째, 효율적인 리더십 유형은 조직의 상황이나 조직문화, 부하들의 특성이나 의식수준 등에 의해 상이하게 나타난다.

셋째, 과업에 대한 관심이 높은 리더십 유형이 효율적일 수 있다. 엄격한 감독과 통제에 의한 리더십 유형이 조직의 성과를 향상시킬 수 있다. 특히 신입사원이나 직무성숙도나 낮거나 내성적이며 책임지기를 두려워하는 부하의 경우 과업지향적 리더십 유형이 효율적이다.

넷째, 리더십 특성이론과는 상호보완적인 관계이다. 리더의 개인적 특성이 행동으로 나타나기 때문이다.

사례

행동하는 리더십

아산 정주영(1915~2001)

1972년 정주영이 울산 미포만에 세계에서 가장 규모가 큰 조선소를 짓겠다고 했을 때 모두의 비난을 받았다. 자본도 기술력도 경험도 명성도 아무것도 없었다. 그동안 건설이나 소형 차량 생산에는 성공했지만 대형 선박을 건조하는 것은 불가능하다는 것이 국내외의 평가였다. 정주영 회장은 사업 추진력으로 인해 불도저라는 별명으로 불리고 있다. 일단 해보겠다는 생각이 들면 주저하지 않았다.

영국은행에 차관을 빌리러 가면서 그가 가지고 간 것은 거북선이 그려진 500원짜리 지폐와 미포만 백사장 사진 한 장이었다. 정주영을 만난 은행장은 배를 사겠다는 사람이 나타나면 차관을 주겠다고 조건을 걸었다. 정주영은 인근 조선소에서 선박 설계도면을 한 장 빌려 마침 파리에서 휴가 중인 세계적인 선박왕 리바노스를 찾아갔다. 배를 건조한 경험이 있느냐는 질문에 정 회장은 500원짜리 지폐를 보여주며 "대한민국은 1500년대에 철갑선인 거북선을 만든 조선 우수국가"라고 강조했다. 결국 그는 두 척의 배를 수주했다. 그리고 1974년 조선소 완공 때에는 20만톤이 넘는 대형 유조선 12척을 수주하였다.

정주영 회장은 현장을 매우 중요시하여 하루도 거르지 않고 직접 찾아와 상황을 확인하였다. 경영자는 몸소 행동으로 실천해야 기업을 발전시킬 수 있다고 역설하였다. 이론보다는 현장에서 체험하고 익힌 지식과 경험이 기업경영에 절실하다는 것이다. 모든 시간을 현장에 투자했기에 경영자의 위치에서도 현장의 자세한 부분까지 파악하고 지휘할 수 있었다.

강원도 빈농의 아들로 태어나 소학교를 겨우 마친 정주영 회장이 현대그룹이란 거대한 기업체로 성장시키기까지의 과정은 하나의 신화이다. 강인한 승부근성과 대담성을 지닌 정주영 회장은 행동하는 리더십으로 우리나라 경제발전사의 중추적인 역할을 하였다. 그리고 그가 불가능하다고만 생각하는 사람들에게 했던 말은, "이봐 해보기나 했어?"였다.

〈행동하는 리더가 지켜야 할 15가지 원칙〉

1. 명확한 비전을 제시하라.
2. 전략적으로 생각하고 실천하라.
3. 모든 직원을 존중하라.
4. 책임감을 가져라.
5. 결단력 있게 행동하라.
6. 설득하는 말투로 소통하라.
7. 팀에 동기를 부여하라.
8. 최전선에 있는 직원들을 끌어안아라.
9. 다른 사람들의 리더십도 키워라.
10. 관계를 관리하라.
11. 개인적인 의미를 찾아줘라.
12. 당신의 성격을 설명하라.

13. 지나친 낙관주의 기세를 꺾어라.
14. 다양성을 갖춘 최고의 팀을 만들어라.
15. 먼저 공통 관심사를 제시하라.

(마이클 유심, 『행동하는 리더의 체크리스트』 중에서)

제 6 장 리더십 상황적합이론

1 피들러의 상황적합이론

피들러(C. Fiedler)의 상황적합이론은 리더의 특성과 조직상황을 결합한 것으로서, 조직상황이 리더에게 어느 정도 호의적인가에 따라 리더십 효율성은 결정된다고 하였다. 리더십 효율성은 리더의 특성과 조직상황에 따라 결정된다는 것이다. 이를 위해 상황변수로서 리더-구성원관계(leader-member relation), 과업구조(task structure), 지위권력(position power)을 측정하여 리더의 행동유형과 적절히 결합시킴으로써 리더십 효율성을 증대시킬 수 있다.

(1) 리더십 유형

부하들이 지각하는 리더와의 심리적 거리(psychological distance)를 기준으로 리더십 유형을 분류하고, 효율적인 리더십 유형에 적합한 상황을 제시하였다. 심리적 거리가 먼 리더는 과업지향적 유형으로 직무수행에 대해 높은 관심을 보이지만 부하들에게는 거부적인 태도를 보인다. 반면에 심리적 거리가 가까운 리더는 관계지향형 유형으로 부하들에게 관용적인 태도를 보인다. 리더십 유형은 LPC(least preferred coworker) 점수에 의해 분류하였다.

LPC 점수는 리더가 과업달성을 위해 과거 같이 일해 온 동료 중에서 가장 힘들었던 사람을 대상으로 설문지에 의해 평가하도록 하였다. 설문지는 8점 척도로서 구성되어 있으며 전체평균은 60점 정도이다. 64점 이상일 때 LPC는 높으며, 57점 이하일 때는 낮다고 평가한다.

높은 LPC 점수의 리더는 대인관계에 관심이 높으며, 낮은 LPC 점수의 리더는 과업달성에 관심을 보이는 경향이 있다. LPC 점수가 높다는 것은 과거 힘들게 했던 동료를 매우 호의적으로 평가하고 있다는 것으로 대인관계를 중시하는 리더이며, LPC 점수가 낮다는 것은 대인관계보다 과업달성을 중시하는 리더이다.

LPC 평가표

• 쾌활한 사람	• 쾌활하지 않은 사람
• 친절하고 다정한 사람	• 불친절하고 다정하지 않은 사람
• 거부하는 사람	• 수용하는 사람
• 긴장하고 있는 사람	• 여유로운 사람
• 거리를 두는 사람	• 친절한 사람
• 냉담한 사람	• 다정한 사람
• 지원적인 사람	• 적대적인 사람
• 따분해 하는 사람	• 흥미를 잘 느끼는 사람
• 싸우기 좋아하는 사람	• 화목하고 조화로운 사람
• 우울한 사람	• 즐거워하는 사람
• 서슴지 않고 개방적인 사람	• 주저하고 폐쇄적인 사람
• 험담을 잘하는 사람	• 너그럽고 관대한 사람
• 신뢰할 수 없는 사람	• 신뢰할 만한 사람
• 사려 깊은 사람	• 사려 깊지 못한 사람
• 심술궂고 비열한 사람	• 점잖고 신사적인 사람
• 마음에 맞는 사람	• 마음에 맞지 않는 사람
• 성실하지 않은 사람	• 성실한 사람
• 친절한 사람	• 불친절한 사람
* 매우 그러함(8)	* 매우 그렇지 않음(1)

* 64점 이상이면 관계지향형, 57점 이하이면 과업지향형

(2) 상황적 요인

리더가 처한 상황이란 리더가 집단에 대하여 영향력의 행사를 가능하게 하는 정도로서 세 가지 요인으로 분류하였다.

① 리더-부하 관계: 리더와 부하가 호의적인 관계를 유지하는 정도를 의미하며, 부하들이 리더의 지시에 기꺼이 따르려는 정도에 의해 리더십의 행사가 용이하다. 리더와 부하 사이의 관계가 긍정적이며 호의적인 상황에서는 리더가 많은 영향력을 행

사할 수 있으며 동시에 양자 간에 호의적인 관계가 유지된다. 리더-부하의 관계는 부하들이 리더를 인정하고 수용하느냐에 따라 소시오메트릭 호감도(sociometric preference ratings)와 집단분위기(group atmosphere scale)로서 나타낼 수 있다.

② 과업구조: 과업이 어느 정도 명확하게 규정되어 있는가의 정도를 의미한다. 과업이 구조화될수록 리더가 부하에게 무엇을 해야 할지를 쉽게 전달할 수 있다. 과업이 구조화되면 부하는 자신이 수행할 직무가 무엇인지를 알 수 있고, 따라서 과업구조화의 수준이 높으면 리더에게는 우호적인 상황이 된다. 과업구조를 평가하기 위해 목표의 명료성, 목표-경로의 다양성, 의사결정의 입증 가능성, 해결책의 구체성을 이용하였다.

③ 지위권력: 지위권력으로서 리더의 지시에 부하들이 순종하는 정도를 의미한다. 공식적인 권한, 부하를 고용할 수 있는 권한, 부하들에 대한 보상과 처벌의 권한을 포함한다. 지위권력은 조직에 의해 공식적으로 부여되기도 하지만, 부하들이 리더의 권한을 기꺼이 수용하려는 자발성이나, 리더의 직무에 대한 전문적 지식이나, 과업을 할당하는 능력에서도 부여된다. 또한 리더가 자신의 상사로부터 어느 정도의 지시나 지원을 받고 있느냐에 따라서도 영향을 받는다. 따라서 지위권력을 많이 가지고 있으면 리더에게 우호적인 상황이다.

리더가 영향력을 행사하기에 가장 우호적인 상황요인은 리더와 부하의 관계이며, 다음으로 과업구조, 지위세력의 순으로 보았다.

(3) 이론의 결과

이와 같이 피들러는 리더의 유형과 상황을 분류하고, 각각의 상황에 적합한 효율적인 리더십 유형을 찾고자 하였다. 리더가 처한 상황적 요인은 옥탄트(8분원)로서 나타내고, 이것을 리더의 특성과 결합해서 다음 [그림 6-1]과 같은 결과를 제시하였다. 상황요인으로 옥탄트 1은 리더에게 유리한 상황을, 옥탄트 8은 가장 불리한 상황을 의미한다. 리더-부하의 관계가 좋다면 두 가지 다른 상황요인이 불리하더라도 평균 4 이상이 되므로 가장 중요하다. 피들러의 연구결과는 다음과 같다.

첫째, 과업지향적 리더는 상황이 가장 유리하거나(옥탄트 1), 가장 불리한 상황(옥탄트 8)에서 리더십 효율성이 높다. 조직의 상황이 극도로 좋거나 최악의 상황에서 과

그림 6-1 피들러의 상황이론

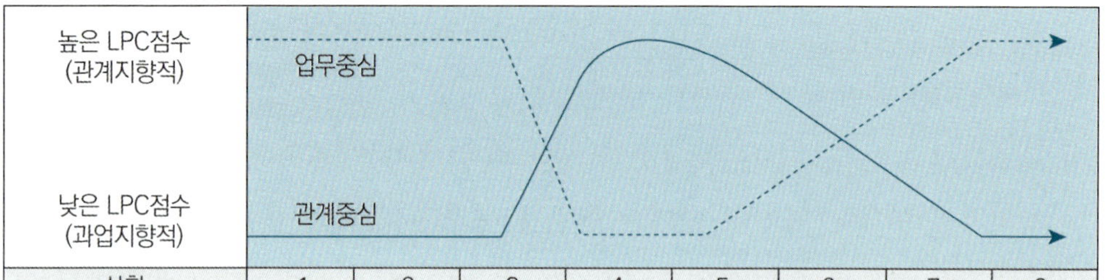

상황	1	2	3	4	5	6	7	8
리더-부하의 관계	좋음	좋음	좋음	좋음	나쁨	나쁨	나쁨	나쁨
과업구조	구조적	구조적	비구조적	비구조적	구조적	구조적	비구조적	비구조적
리더의 지위 권력	강	약	강	약	강	약	강	약
리더의 입장	유리함			중간			불리함	
상황의 확실성	확실함			중간			불확실함	

자료: C.R. Milton, *Human Behavior in Organization*, Prentice-Hall, 1987, p.315.

업지향적 리더십의 효율성이 높아진다.

둘째, 관계지향적 리더는 상황의 유리성이 중간정도(옥탄트 4-5)에서 리더십 효율성이 높다. 조직에 특별한 변화가 없고 평온한 상황에서는 관계지향적 리더십의 효율성이 높다.

효율적인 리더십은 리더의 퍼스낼리티와 상황의 적합에 의해 상이하다. 따라서 리더가 주어진 상황과 리더십 특성을 적응시켜 나가는 상황적합이론을 리더 매치(leader match)라는 개념으로 설명한다. 이러한 경우 리더의 퍼스낼리티의 변경보다는 상황의 변경이 용이하기 때문에 이를 통해서 리더십 효율성을 향상시켜야 한다. 리더의 성격은 지속적이고 고정적인 특징을 가지고 있다. 따라서 리더의 성격을 변경하여 상황에 적합화시키는 것은 어렵기 때문에 상황을 리더에게 적합하게 변경하거나, 상황에 적합한 리더로 교체하여야 한다.

(4) 이론의 평가

피들러의 상황적합이론은 이론과 실무적 차원에서 효율적인 리더의 리더십과 관련하여 많은 기여를 하였다. 이론적 측면에서는 처음으로 상황요인을 도입하여 리더십 효율성의 영향요인을 제시하였다. 실무적 측면에서는 리더의 특성과 조직상황의 적합관계가 리더십 효율성에 중요한 요소임을 제시하고 있다. 따라서 리더의 특성과 조직의 상황을 적합화시키는 데 있어 리더의 특성을 변경하는 것은 현실적으로 어렵기 때문에 상황의 변경을 통해 리더십 효율성의 제고가 가능하다는 것을 시사하고 있다. 현실적으로 다양한 교육훈련을 통해 리더가 상황을 변경할 수 있도록 하여 성과를 거두고 있다. 따라서 이 이론은 다음과 같은 문제점이 제기되고 있다.

첫째, LPC 점수와 관련하여 과거 힘들게 했던 동료를 부정적으로 평가한 리더가 과업지향적이고, 호의적으로 평가한 리더가 관계지향적인지에 대한 타당성 있는 설명이 부족하다.

둘째, LPC 점수에 대한 일관성이 결여되어 있다. 리더의 리더십은 변화하지 않는다는 가정에 기초하고 있으나 시간에 따라 리더십 유형은 변화할 수 있다. 과업지향적 리더가 일정시간이 지나 다시 측정하면 관계지향적 리더로 측정될 수 있다.

셋째, LPC 점수를 양 극단으로 분류하여 과업지향과 관계지향 리더십으로 분류하였으나, LPC 점수가 중간인 리더십 유형에 대한 설명이 부족하다.

넷째, 상황변수의 중요성에 대한 기준이 제시되고 있지 않고 있다. 리더와 부하의 관계, 조직구조와 지위권한의 순으로 중요한 상황요인으로 다루고 있으나, 이에 대한 이유를 제시하지 않고 있다.

다섯째, 효율적인 리더십을 위하여 상황에 적합한 새로운 리더로 교체한 결과는 일정기간 이후에 나타난다.

2 하우스의 경로-목표이론

하우스(House)의 경로-목표이론(path-goal theory)은 리더의 행동, 부하의 직무만족과 동기부여의 관계를 제시하고 있다. 모티베이션 이론의 기대이론에 기초하고 있으며, 경로-목표는 기대이론의 노력-성과, 성과-보상의 기대에 해당하는 개념이다. 이 이론은 리더가 목표달성을 위한 경로를 명확히 하여 부하들의 행동에 긍정적인 도움을 줄 수 있다. 부하들을 동기부여하도록 하는 것은 그들을 리드하는 것과 동일하게 간주한다.

이 이론은 첫째, 리더의 행위는 부하가 만족의 근원이나 수단으로 인지하는 정도에 따라 인정되기 때문에 리더십의 기능은 보조적이다. 둘째, 리더의 행위와 부하의 동기화의 관계에서 영향을 미치는 상황적 요인으로 부하의 특성(능력, 통제수준, 욕구와 동기)과 작업환경의 특성(부하의 직무, 작업집단, 조직요소) 등이 제시된다.

(1) 리더의 행동유형

하우스는 리더십 유형을 4가지로 제시하고 이들 리더십 유형과 효과적인 상황조건과의 관계를 설명하고 있다.

① **지시적(directive or instrumental) 리더십**: 리더가 부하의 과업구조를 명확히 해주고 목표를 달성하도록 안내하는 행위이다. 이러한 리더십은 과업이 비구조적이고 모호한 경우, 부하들이 리더가 지시해 줄 것을 기대하는 경우, 리더에게 복종적이며 의존적인 경우, 리더가 강력한 지위권한을 가지고 있는 경우에 효율적이다.

② **지원적(supportive) 리더십**: 우호적이고 접근 가능한 리더십을 행사하여 부하들의 지위와 복지 그리고 부하들의 기대에 많은 관심을 나타내는 리더의 행위이다. 이러한 리더십은 과업이 구조화되어 있는 경우, 부하들이 고도의 사회적 심리적 욕구를 가지고 있는 경우, 구성원들 사이에 상호작용이 필요한 경우에 효과적이다.

③ **참여적(participative) 리더십**: 부하들과 상의하고 그들의 제안을 고려해서 의사결정을 하는 리더의 행위이다. 따라서 리더와 부하가 의사결정과 시행과정에서 정보와 권한을 공유한다. 이러한 리더십은 과업이 내적 동기유발을 부여하는 경우, 부하들이 자발적이며 성취욕구가 높을 경우, 개인과 조직의 목표가 양립되는 경우에 효과적이다.

④ **성취지향적(achievement-oriented) 리더십**: 도전적인 목표를 수립해서 부하에게 위양하고, 부하들은 높은 수준의 성취욕구가 있다고 기대하고, 부하들은 이러한 욕구를 실현할 수 있는 능력이 있다고 신뢰하는 리더의 행동이다. 이러한 리더십은 참여적 리더십 행위가 효과적이었던 상황과 유사하다.

(2) 상황요인

경로-목표이론에서는 리더십 유형과 부하의 행동에 영향을 미치는 상황요인으로 부하의 특성과 작업환경 특성이 있다.

① 부하의 특성

- 능력(ability): 자신에게 부여된 직무를 수행하기 위한 능력이 어느 정도인지에 대한 지각이다. 자신의 직무를 효과적으로 수행할 수 있는 능력이 있다고 지각하는 수준이 높을수록 지시적 리더의 리더십은 불필요하기 때문에 수용하려 하지 않는다.
- 통제의 위치(locus of control): 자신에게 발생한 일들을 통제할 수 있다고 믿는 정도이다. 환경을 통제할 수 있다고 믿거나, 발생한 일들의 원인이 자신에게 있다고 생각하는 사람을 내재적(internal)이라 한다. 반면에 환경을 통제할 수 없으며 발생한 일들이 운이나 시기 등 외부적 원인에 있다고 생각하는 사람을 외재적(external)이라 한다. 일반적으로 내재적인 부하는 참가적 리더십에 만족하고, 외재적인 부하는 지시적 리더십에 만족한다.
- 욕구와 동기화(needs and motives): 부하의 지배적 욕구 수준으로서, 안전성과 비밀의 욕구를 가진 부하는 지시적 리더십에, 귀속이나 존경의 욕구를 가진 부하는 지원적 리더십에 만족한다.

② 작업환경 특성

- 부하의 과업(subordinate's tasks): 과업의 구조화와 비구조화에 관한 것으로 작업환경 특성에서 가장 중요하다. 비구조화된 과업을 수행하는 부하는 지시적 리더십에, 구조화된 과업을 수행하는 부하는 비지시적 리더십에 만족한다.
- 조직적 요인(organizational factors): 규칙, 절차, 방침 등의 작업수행에 대한 환경, 압력이나 긴장을 유발하는 상황, 불확실성의 정도 등과 관련된 요인이다. 기계화, 계약규칙, 표준화로 과업결과가 명확한 직무를 수행하는 부하는 지시적 리더십에 불만족한다. 또한 긴장을 유발하는 직무를 수행하는 부하는 지시적 리더십에 만족하며, 지원적 리더십은 부하의 인간관계적 측면에서 만족한다.
- 작업집단(work group): 리더십 유형은 작업집단의 발전단계에 따라 상이하다. 집단에 대한 초기 적응단계에서는 지시적 리더십에 부하는 만족한다.

그림 6-2 리더십의 경로-목표이론

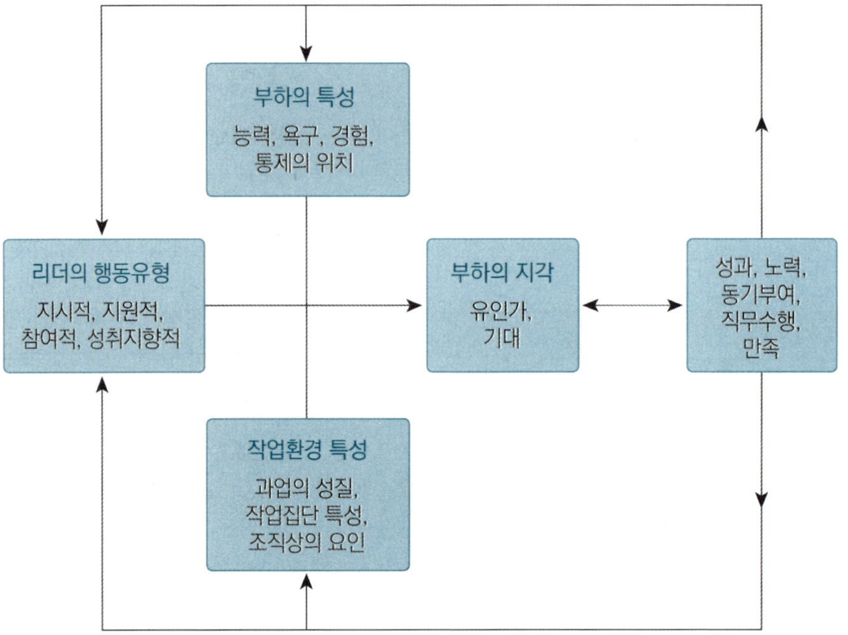

자료: A.D. Szilagyi, Jr. and M.J. Wallance, Jr., *Organizational Behavior and Performance*, 3rd ed., Glenview, Ill.: Scott Foresman and Co., 1983, p.285.

(3) 이론의 평가

경로-목표이론은 기대이론과 상황이론을 결합시킨 리더십 이론이다. 부하들의 노력-성취-보상에 대한 기대과정의 특성은 조직의 상황적 요인에 따라 상이하게 된다. 따라서 이 이론의 기여도는 첫째, 동기부여의 기대이론과 리더십 이론을 통합하여 전개하고 있다. 동기부여의 기대이론에서 가정하고 있는 기대, 수단성, 유의성을 리더십 이론으로 구체화하였으며, 여기에 부하의 특성과 환경특성 요인을 고려함으로써 리더십 이론과 동기부여 이론을 통합하는 데 기여하였다. 둘째, 특정한 성황에서 효율적인 리더십 유형을 제시하고 있으며, 이러한 리더십 유형이 왜 효율적인지에 대해 설명하고 있다.

그러나 이 이론은 다음과 같은 문제점이 제기되고 있다. 첫째, 특정 상황에서 제시하는 효율적인 리더십에 대한 검증이 어렵다. 기대이론에서와 같이 여기에는 복잡한 많은 변수들이 포함되기 때문에 효율적인 리더십에 대한 타당성이 확보되지 않고 있다. 두 번째는 리더들이 다양한 상황에 적합하게 리더십을 전환할 수 있다는 가정이다.

3 허시와 블랜차드의 상황모형

허시(Hersey)와 블랜차드(Blanchard)는 리더의 행위를 일 중심의 과업행위와 인간중심의 관계행위의 2차원을 축으로 한 4분면으로 분류하였다. 그리고 상황요인으로서 부하의 성숙도(maturity)를 추가하였다. 성숙도란 부하의 직무수행 능력, 자신의 행동에 대한 조정능력, 자신의 행위에 대해 책임을 지려고 하는 자발성을 의미한다. 따라서 이 이론은 리더의 과업행위와 관계행위, 부하의 성숙도의 3차원으로 구성된다. 과업행위는 리더에 의한 지도와 지시의 양, 관계행위는 리더에 의한 사회적·정서적 지원, 부하의 성숙도는 특정한 과업이나 기능, 목표수행을 위해 부하들이 보여주는 준비성이다.

상황이론은 다음 [그림 6-3]에서와 같이 3차원적 리더십 유효성 모형의 4분면에 걸쳐 있는 종 모양의 곡선(bell-shaped curve)으로 나타낼 수 있다. 여기에 부하들이 성숙도를 나타내고 있는 연속체상의 한 점(M)으로부터 위로 직선을 그으면 유효성 모형의 곡선상의 한 점(P)과 교차하게 된다. 교차가 일어나고 있는 상한(Q_2)에 표시된 리더십 유형이, 그 정도 성숙수준(M_2)을 가지고 있는 부하들의 상황에 가장 적합한 리더십 유형이 된다.

(1) 리더의 유형

① **지시적 리더(directing leader):** 과업지향성은 높지만 관계지향성은 낮은 리더이다. 일방적인 커뮤니케이션과 리더 중심의 의사결정을 하는 주도적 행동의 리더이다.

② **설득적 리더(coaching leader):** 과업지향성과 관계지향성이 모두 높은 리더이다. 부하와의 쌍방적 커뮤니케이션과 공동적 의사결정을 강조하는 후원적 행동의 리더이다.

③ **참가적 리더(supporting leader):** 관계지향성은 높지만 과업지향성은 낮은 리더이다. 부하들과 원만한 관계를 유지하고 부하의 의사를 결정에 많이 반영시키는 행동

그림 6-3 부하의 성숙도에 따른 리더십 유형

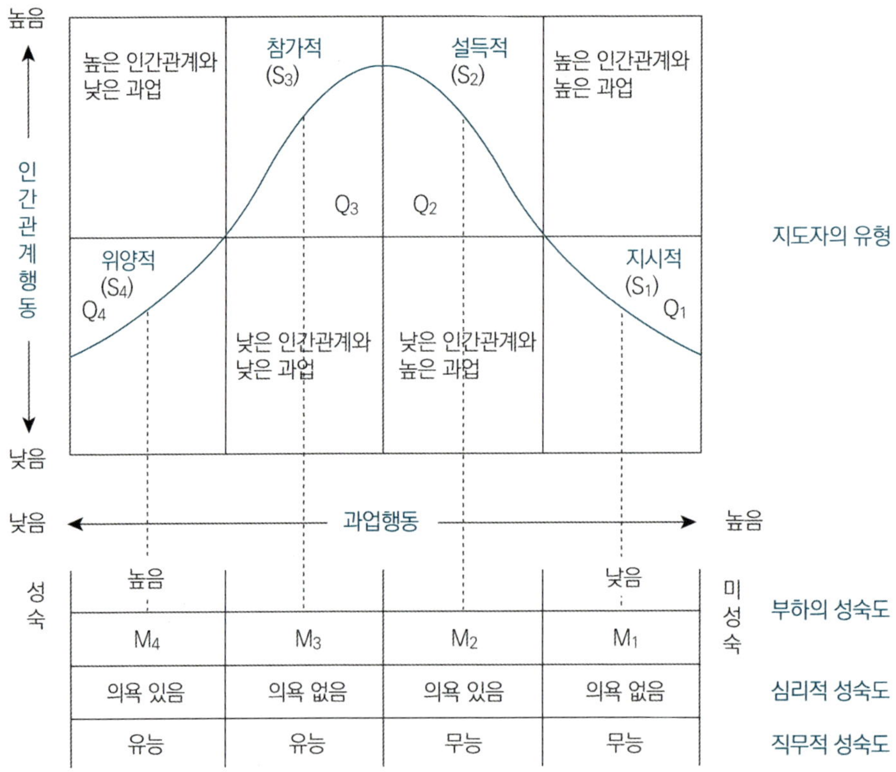

* Q_1: 높은 과업/낮은 관계성 Q_2: 높은 과업/높은 관계성
Q_3: 높은 관계성/낮은 과업 Q_4: 낮은 관계성/낮은 과업

* S_1: 지시적 리더십 S_2: 설득적 리더십 S_3: 참가적 리더십 S_4: 위양적 리더십

자료: P. Hersey and K.H. Blanchard, R.K. Hambleton, "Contracting for Leadership Style", in P. Hersey and J. Stinson ed., *Perceptives in Leader Effectiveness*, Ohio University Press, 1980, p.102 보완.

의 리더이다.

④ **위양적 리더(delegation leader)**: 과업지향성과 관계지향성이 모두 낮은 리더이다. 부하들의 자율적 행동과 자기통제에 의존하는 행동의 리더이다.

(2) 부하의 성숙도

성숙이란 인간의 퍼스낼리티를 포괄적으로 나타내 주며, 환경에 대한 개인의 반응을 예측할 수 있게 해 준다. 따라서 효율적인 리더십은 개인이나 집단의 성숙수준을 측정하여 이에 적합한 리더십 유형을 적용하는 것이다. 성숙도를 구성하고 있는 요인은 동기화된 사람들의 공통적인 특성과 경험, 직무수행 능력과 자발성, 미성숙-성숙의 연속체, 기타 상황요소 등이다. 성숙도는 특정 시점에서 개인이나 집단에 대한 리더십을 선택하는 데 지표가 된다.

이 이론에서 성숙이란 부하들의 직무수행 능력, 행동에 대한 조정능력과 책임감으로서, 성숙도는 부하들이 수행해야 하는 과업과 관련해서만 고려되어야 한다. 성숙도는 직무성숙도(직무수행 속도)와 심리적 성숙도의 두 차원으로 구분하였다. 직무수행 속도가 높은 부하는 타인의 지원 없이 과업을 수행하기 위한 지식, 능력, 경험을 가지고 있다. 심리적 성숙은 직무를 수행하는 과정에서의 지각하는 믿음 및 몰입과 관련이 있으며, 책임을 중요시하고, 긍정적인 감정과 자신감이 있는 것이다.

(3) 성숙수준에 따른 리더십 유형

부하의 성숙수준이 자신의 과업을 계속해서 수행하는 과정에서 증가하게 되면, 리더는 과업지향적 행위를 감소하고 인간관계지향적 행위를 증가시켜 그들이 바람직한 수준의 성숙도에 이르도록 해야 한다. 부하의 성숙도가 높은 수준에 이르면 과업지향적 행위와 인간관계지향적 행위는 감소시켜야 한다. 부하의 성숙도가 최고에 달하면 관계지향적 행위의 일부를 제외하고는 영향력을 행사하지 않아야 한다. 이러한 내용은 [그림 6-3]의 4분면에 걸쳐 종 모양의 곡선으로 표시되고 있다.

[그림 6-3]은 부하의 성숙수준이 미성숙에서 성숙으로 연속선을 따라 증가함에 따라 적합한 리더십 유형도 곡선의 방향을 따라 변화해야 한다는 것을 의미한다. 부하의 성숙수준이 M_1상에 있으면 M_1의 중앙으로부터 종 모양의 곡선과 교차하는 점까지 상향 수직선을 그어보면 교차점이 S_1에 있으므로, 이 부하에게는 낮은 인간관계와 높은 과업행동을 보이는 지시적 리더십이 적합하다. 부하의 성숙수준이 M_2인 경우는 교차점이 S_2로서 높은 인간관계와 높은 과업행동을 보이는 설득적 리더십이 적합하다. 부하의 성숙수준이 M_3인 경우는 교차점이 S_3로서 높은 인간관계와 낮은 과업행동을 보이는 참가적 리더십이 적합하다. 부하의 성숙수준이 M_4인 경우는 교차점이 S_4로서 낮은 인간관계와 낮은 과업행동을 보이는 위양적 리더십이 적합하다.

리더십 상황이론은 부하의 성숙수준에 대응하여 높은 확률의 효율적인 리더십 유형을 제시하고, 또한 적합한 리더십을 행사하는 리더가 없을 경우 다른 리더십을 행사하는 리더를 사용했을 때의 성공확률에 대한 서열을 제시하고 있다. 부하의 성숙수준의 단계에 따른 네 가지 리더십 유형의 성공확률은 곡선상의 상향 수직교차점 리더십 유형에서 어느 정도 떨어져 있는가에 달려 있다. 부하의 성숙수준에 따른 리더십 유형별 성공확률은 다음과 같은 순이다.

$$M_1:\ Q_1 - Q_2 - Q_3 - Q_4$$
$$M_2:\ Q_2 - Q_1 - Q_3 - Q_4$$
$$M_3:\ Q_3 - Q_2 - Q_4 - Q_1$$
$$M_4:\ Q_4 - Q_3 - Q_2 - Q_1$$

또한 부하의 성숙수준을 빠른 시간에 향상시키기 위해서는 현재의 성숙수준에 적합한 리더의 행동보다 한 단계 높은 리더의 행동을 보임으로써 가능하다. 이 경우 단기적으로는 효율성이 감소할 수 있으나 장기적 시각에서는 효용성이 높아지게 된다.

(4) 이론의 평가

이 이론은 리더의 행동이 부하의 성숙수준이 높아지는 것에 따라 유동적으로 변화해야 한다는 것을 강조한다. 부하들의 개인차에 따라 적합한 리더의 행동으로 대처해야 한다. 한 사람의 부하라도 상황, 즉 그들의 성숙수준의 변화에 따라 상이한 리더의 행위가 요구된다는 것을 시사한다. 또한 리더의 행동을 단순히 상황에 적응해 가는 것으로 보지 않고 개입을 통해 상황의 변화를 시도해야 하는 것을 강조한다.

그러나 이 이론은 다음과 같은 문제점이 제기되고 있다. 첫째, 부하의 성숙수준에 따른 적합한 리더의 행동에 대한 타당성이 결여되어 현장에서 적용하는 데에 리스크가 있다. 둘째, 부하의 성숙수준에 대한 개념이 명확하지 않으며, 부하의 성숙수준을 네 단계로 분류하기 위한 기준이 불분명하다. 또한 리더의 행동범위도 구체적이지 못하다. 셋째, 효율적인 리더십에 영향을 미칠 수 있는 상황요인을 부하의 성숙수준으로 단순화하고 있다.

사례

'카멜레온 리더십'의 혁신성공

혁신 단계 / 리더십 유형	아이디어 창출	아이디어 선택	신상품 개발	상업화
최고경영진 주도형		○		○
분산형	○			
사내 네트워크형	○			
공급업체 지향형			○	
제휴사 집중형			○	
경쟁사 지향형		○		○
고객 지향형	○	○		○

아이디어 창출 → 아이디어 선택 → 신상품 개발 → 상업화로 이어지는 혁신단계마다 많은 문제에 직면한다. 초기단계에서 아이디어 빈곤, 후반부에서는 개발역량과 낮은 고객수용도로 어려움을 겪는다. 혁신단계에서 문제점을 해결하기 위해 최고경영자는 7가지의 리더십을 적절하게 활용해야 한다. 혁신 성공을 위해 최고경영자가 카멜

레온과 같이 상황에 적합한 리더십을 행사해야 한다.

① 아이디어 창출 단계: 부하들의 창의력을 극대화하기 위해서는 주도적이며 지시적 리더십보다 분산형 리더십이 효율적이다. 기술이나 노하우 등의 자원에 대해 부하들의 접근을 쉽게 하려면 네트워크형 리더십을 활성화해야 한다.

② 아이디어 선택 단계: 다양한 기획안에서 최상의 아이디어를 선택하기 위해서는 강력한 리더십이 요구된다. 기획안의 경쟁을 공정하게 마무리하고, 선택된 아이디어에 조직의 역량을 집중시키기 위해서는 강력한 리더십이 필요하다.

③ 신상품 개발 단계: 우수한 아이디어를 발굴했어도 기술이 없어 좌절하기도 한다. 이를 극복하기 위해 제휴사나 공급업체 지향형 리더십을 발휘해야 한다. 부족한 개발역량을 제휴사나 공급업체를 통해 해결해야 한다.

④ 상업화 단계: 아이디어를 제품화하는 것까지 성공했지만 시장에서의 미숙한 대응으로 실패할 수 있다. 급변하는 시장상황에 대응하기 위해 시장지향형 조직으로 변화시켜야 한다. 이를 위해 중앙집권형 리더십이 필요하다. 더불어 경쟁사에 대해 신속하게 대응하기 위해 고객지향형 리더십은 혁신의 모든 단계에서 강조된다. 혁신이 성공하기 위해서는 고객의 요구사항을 신속하게 반영해야 하기 때문이다.

(액센츄어, Innovation unbound)

제3부

혁신적 리더십

제7장 변혁적 리더십

1 변혁적 리더십의 개념

거스 히딩크(1946~) 변혁적 리더십은 구성원들이 리더를 신뢰할 수 있게 하는 카리스마를 지니고 있으며, 조직의 변화를 가져올 수 있는 새로운 목표를 제시할 수 있는 리더십

1980년대 이후 급변하는 환경에 적응하고 격화되고 있는 경쟁에서 생존하기 위하여 조직은 변화와 변혁의 필요성을 인식하게 되었다. 이러한 방안의 하나로서 조직을 변화시킬 수 있는 리더의 능력에 관심을 가지게 되었으며, 이것으로부터 변혁적 리더십(transformational leadership)이 등장하게 되었다.

변혁적 리더십은 부하의 신념, 요구, 가치를 변화시킬 수 있어야 하며, 기존의 조직을 변화시켜 새로운 기회를 창출해 내야 한다. 이를 위해 리더는 부하에게 자율, 정의, 형평, 평화, 인본주의 등과 같은 이상과 도덕적 가치에 호소함으로써 이들의 의식수준을 높여야 한다. 변혁을 위한 리더의 능력은 부하에 대한 영향력이 어느 정도 효과를 나타내는지에 따라 측정할 수 있다. 변혁적 리더에 대하여 부하는 신뢰감, 존경심, 충성심을 보이게 된다. 리더는 부하들이 직무수행에 대한 결과의 중요성을 인식하게 하고, 조직을 위해서 자신의 이익(self-interests)을 초월하도록 하며, 그들의 상위 욕구를 충족시켜 주어야 한다.

변혁적 리더십 이론은 기존의 리더십 이론들이 리더와 부하 간의 교환관계에 기초한 거래적 리더십(transactional leadership)에 치중하고 있다는 문제의식으로부터 출발한다. 이러한 거래관계에서는 부하로부터 높은 성과를 위한 동기유발이나, 고차적 욕구의 추구, 조직을 위한 개인의 이익 초월, 조직의 장기적 비전 달성을 위한 열망 등을 기대할 수 없다고 보았다. 이를 대신하기 위한 리더십으로서 변혁적 리더십의 필요성이 강조되고 있다.

변혁적 리더십의 본질은 평범한 부하들을 비범한 수준으로 끌어올리고, 기대 이상으로 행동하고 성과를 달성할 수 있도록 유도하는 것이다. 변혁적 리더는 부하들이 조직에서 지시하는 것 이상으로 성과를 달성할 수 있도록 동기유발하도록 한다.

조직이 추구하고자 하는 방향이 설정되면 현재의 상태에서 바람직한 상태로 가기 위한 방안이 제시되어야 한다. 리더는 역동적 환경변화 속에서 조직의 비전을 달성하기 위한 전략을 수립하고 혁신을 수행해야 한다. 변화와 변혁을 주도하기 위한 리더의 능력이 요구되는 것이다.

따라서 변혁적 리더십이란 조직이 달성해야 하는 목표를 설정하고, 설정된 목표를 달성하기 위하여 부하들이 몰입할 수 있는 여건을 조성하고, 변화를 제도화하는 것이다. 또한 이러한 과정을 관리해 나가는 것이 변혁적 리더의 역할이다. 변혁적 리더십은 거래적 리더십과 대비된다. 변혁적 리더십은 높은 차원의 이상적 가치에 호소하여 부하들이 동기부여하도록 하지만, 거래적 리더십은 임금이나 승진 등 부하들의 이해와 관계된 수단을 이용하여 동조를 유도한다.

따라서 변혁적 리더십은 ① 부하들에게 변화의 필요성을 인식시키고, ② 새로운 비전을 창조하며, ③ 변화를 제도화함으로써 조직의 변혁을 달성하는 것이다. 변화의 필요성을 강조하는 과정에서 부하들의 저항을 최소화하고 과거의 사고를 전환시키는 것이 중요하다. 또한 변화를 제도화하여 조직을 변화시키는 과정에서 부하들이 동기부여하도록 하는 것이 핵심적 내용이다.

2 변혁적 리더의 역할

변화와 변혁을 성공적으로 수행하기 위한 변혁적 리더의 역할은 다음과 같다.

(1) 조직구조의 조정

변혁적 리더는 조직구조의 혁신을 통해서 전략적 유연성을 실현해야 한다. 급변하는 환경에 유연하게 적응해야 하는 조직으로 변화하여야 하며, 또한 조직혁신은 환경변화에 따라 지속적으로 추진해야 한다. 환경의 변화는 과거의 수직적 위계조직이 아니라 다른 형태의 조직을 요구하고 있다. 변혁적 리더는 환경변화에 적응하기 위한 혁신을 수행해야 하며, 조직구조를 수평적이며 유연하게 재설계하여 신속한 전략적 결정이 이루어지도록 하여야 한다. 이를 위해 변혁적 리더가 유념해야 할 내용은 다음과 같다.

① 급변하는 환경에 능동적으로 대처하기 위해 신속한 의사결정이 이루어질 수 있는 조직으로 재설계해야 한다. 조직구조의 슬림화, 근로시간과 근로장소의 유연화 등이 있다.

② 핵심적 사안을 제외한 의사결정 권한을 현장으로 위양한다. 현장에서 정확한 정보를 소유하고 있는 전문가의 의사결정이 합리적이다.

③ 팀 조직이나 프로세스 조직을 활성화한다. 급변하는 환경에 기능별 조직구조는 적합하지 않으므로 프로젝트 조직이나 핵심적 업무 프로세스 중심의 조직으로 전환해야 한다.

④ 발전하고 있는 정보통신 기술을 조직구조에 반영한다. 이를 위해 가상조직, 네트워크 조직 등의 활용영역을 확장해야 한다.

⑤ 정보통신 기술의 발전에 따라 조직의 글로벌화에 선제적으로 대응해야 한다. 이를 위해 정보시스템을 네트워크화하고 새로운 기업문화를 구축해야 한다.

이와 같이 변혁적 리더는 환경변화에 산속하고 유연하게 대응할 수 있는 조직구조로 혁신을 추진하고, 부하들이 설정한 목표를 달성하기 위한 노력을 결집할 수 있도록 하여야 한다.

(2) 조직문화의 개발

조직문화는 개인과 집단, 그리고 조직의 태도와 행동에 영향을 주는 공유된 가치와 규범을 의미한다. 조직의 성공적인 변혁을 위해서 리더는 조직문화가 변화하도록 노력해야 한다. 조직문화가 변화하지 않으면 변혁을 위한 리더의 노력은 의미가 없다. 변혁적 리더에게는 조직문화의 변화와 구축을 위한 문화적 리더십(cultural leadership)을 요구한다. 조직문화는 부하들이 공유하고 있는 가치로서 다른 조직과의 차이를 설명하는 기준이 되기도 한다. 따라서 자연스럽게 오랜 시간에 걸쳐 형성되지만, 리더의 강력한 역할에 의해 형성되기도 한다. 변혁적 리더는 일차적 및 이차적 메커니즘을 통해 조직문화를 창조하고, 유지하며, 변화시키는 역할을 수행한다. 이들 메커니즘의 내용은 다음과 같다.

① 일차적 메커니즘: 주위환기, 위기반응, 역할모델, 보상배분, 선발과 해고의 기준

② 이차적 메커니즘: 조직구조 설계, 관리시스템 설계, 조직설비 설계, 조직의 일화 및 스토리 관리, 공식적 문서

조직의 설립 초기에 리더는 자신의 비전과 핵심적 가치를 부하들에게 적극적으로 전파한다. 자신의 가치에 부합하는 인재를 채용하고, 자신의 가치를 교육을 통해 강조한다. 솔선수범하여 역할모델이 됨으로써 초기 조직문화의 형성에 결정적 역할을 한다. 또한 위기상황에서 해고, 업무시간 단축, 임금삭감 등을 하지 않고 고용보장을 과시하며 개방적 커뮤니케이션을 강조한다.

그러나 리더의 조직문화 유지를 위한 리더십과 변화를 위한 리더십에는 차이가 있다. 문화유지 리더십은 지속적인 조직의 성공을 위해 기존의 가치와 전통을 재확인하고 경영전략을 점진적으로 변화시켜 나간다. 반면에 문화혁신 리더십은 조직의 위기에 대처하기 위해 새로운 가치의 혁신적 전략을 수립하고 수행한다.

문화적 리더십은 조직문화의 구축을 위해 상황에 적절하게 자신의 상징을 활용하고 관리하는 것을 의미한다. 시간배분, 심벌, 의식, 언어, 물리적 공간의 설계 등의 상징적 활동을 통해 자신이 강조하는 가치를 전달한다. 예를 들면 임원진을 갑자기 교체하여 업적중심의 가치를 공개적으로 알리거나, 구성원의 다양성(성별, 인종, 국적, 직종, 채용형태 등)을 추구하여 새로운 조직으로 전환하는 것이다. 따라서 변혁적 리더

는 이러한 다양성을 수용하고, 부하의 가치와 행동을 공통의 방향으로 결집시킬 수 있는 강한 조직문화의 개발자로서 역할을 해야 한다. 조직문화를 개발하고 정착시키기 위해서는 조직의 비전과 전략에 적합하도록 해야 한다.

(3) 권력구조의 재편

변혁적 리더가 자신의 비전을 달성하기 위하여 조직구조와 조직문화의 혁신을 진행하여야 하는데, 이 과정에서 조직 내 정치적 네트워크의 재편을 고려해야 한다. 정치적 네트워크란 구성원 상호간의 영향력의 관계로서 그 핵심은 권력구조이다.

조직에는 다양한 교환관계를 통한 네트워크가 존재한다. 이러한 네트워크는 재화와 서비스, 정보, 영향력, 감정 등의 교환에 따라 공식적, 비공식적으로 형성된다. 특히 인맥으로 형성된 감정교환 네트워크는 공식적 권력구조와 함께 조직변혁에 영향을 미치게 된다. 변혁적 리더는 조직혁신 과정에서 정치적 네트워크의 구축에 노력해야 한다. 직무수행을 위한 공식, 비공식 네트워크의 구축이 리더의 중요한 역할이다.

변혁적 리더는 성공적인 혁신을 위해서 변화를 주도할 수 있도록 조직을 재편해야 한다. 초기 혁신단계에서는 조직변화를 위한 중요한 인물로서 최고경영진, 현장관리자, 여론선도자 등과의 네트워크를 구축해야 하는데 이 때 주의해야 하는 것은 권력구조의 재편에 대한 시기이다. 또한 권력구조의 재편을 위해 구성원들 간의 네트워크를 분석하여야 한다. 그리고 조직혁신을 위한 인재 교체의 폭과 시기를 결정하고, 혁신에 적합한 인재를 전면에 배치하여 용의주도하게 추진해야 한다.

(4) 학습조직의 구축

지식기반사회에서 조직경쟁력의 원천은 노동과 자본이 아니라 지식이다. 따라서 리더는 조직혁신의 방향을 지식창조를 통한 경쟁력 확보에 두어야 한다. 이것은 변혁적 리더의 역할로서 조직구조의 조정과 조직문화의 개발이 최종적으로는 학습조직 구축을 통한 지식창조로 연결된다는 것을 의미한다.

학습조직이란 일상적으로 학습을 계속 진행해 나가며 스스로 발전하여, 환경 변화에 빠르게 적응할 수 있는 조직이다. 구조조정, 업무 재설계 등 기존의 경영혁신 전략들은 일회성이라는 한계를 지니고 있다. 학습조직은 학습을 통해 스스로 진화하는 특성을 가진 집단이며, 조직에서는 이를 업무에 적용함으로써 집단의 역량 제고를 유도할 수 있다. 따라서 조직 차원에서 지식이 창출되고 이에 기초하여 환경 적응력과 경쟁력이 증대한다. 개인, 집단, 조직 차원에서 지식이 축적되고 공유되면서 학습이 활성화 될 때 학습조직이 구축된다.

변혁적 리더는 학습조직을 활성화하기 위해 솔선수범하고, 부하들의 학습능력을 지원하고, 조직의 학습기반 시스템을 개발하여야 한다. 학습조직 활성화를 위한 변혁적 리더의 역할은 다음과 같다.

① 솔선수범하여 학습하여야 한다. 조직에서 필요로 하는 지식을 파악하고, 필요한 지식을 창조하고, 창조된 지식을 공유하여야 한다. 리더는 역할모델이 되어 지식의 자원으로서의 리더십을 행사해야 한다.

② 현장에서 학습조직이 활성화되도록 지원해야 한다. 현장에서의 학습 활성화가 학습조직의 성패를 좌우한다. 따라서 리더는 현장에서 부하들이 새로운 학습능력을 개발하고 지속적으로 실험을 반복하여 성과를 향상하도록 격려하고 지원해야 한다.

③ 학습조직 활성화를 위한 기반시스템을 개발해야 한다. 리더는 조직구조를 수평화하고 조직 내·외의 네트워크를 활성화하여 지식의 전파와 공유를 통한 지식창조에 노력해야 한다. 또한 지식을 측정하여 기여도에 따라 공정하게 평가하고 보상할 수 있는 시스템을 개발해야 한다. 조직에 지식공유와 창조가 확산되려면 구성원 사이에 개방적이며 혁신적인 조직문화가 형성되어야 한다.

조직은 리더가 학습조직을 위해 정보기술을 효율적으로 활용하느냐의 여부에 따라 경쟁력이 결정된다. 따라서 변혁적 리더는 정보시스템의 설계와 운영에 전략적으로 접근해야 한다. 이를 위해 리더는 첫째, 모든 구성원들이 지식을 검색하고 활용할 수 있는 데이터베이스를 구축한다. 둘째, 인터넷을 조직의 내부 네트워크로 활용하고, 외부의 이해관계자에게 내부의 정보를 제한적으로 공개하는 네트워크 시스템을 활용한다. 셋째, 학습조직이 활성화하도록 그룹웨어(group ware)를 지원한다. 이것은 분산된 전문가들이 물리적 공간의 제한을 극복하고, 자유로이 정보를 교환하여 의사결정을 할 수 있도록 지원하는 정보시스템이다.

3 변혁적 리더의 자질

변혁적 리더가 되기 위해서 갖추어야 자질은 다음과 같다.

(1) 비전을 통한 단결능력을 가져야 한다

비전이란 현재보다 나아진 미래의 자신의 모습으로서, 변혁적 리더의 가장 중요한 직무는 부하에게 비전을 제시하는 것이다. 비전은 명확하고 달성 가능하며 호소력이 있어야 한다. 또한 비전을 달성하기 위한 전략을 개발하여 부하들의 노력을 결집시킬 수 있는 능력이 요구된다.

(2) 비전을 전달할 수 있는 능력이 있어야 한다

변혁적 리더는 부하들이 비전을 분명하게 이해하기 위한 전달능력이 있어야 한다. 리더는 부하들이 나아갈 방향을 명확하게 인식하도록 비전을 제시하고, 제시된 비전을 이해하고, 자신의 것으로 만들도록 하여야 한다. 리더만의 비전으로 해서는 안 되며 부하들을 설득시켜 함께 할 수 있도록 하는 능력이 요구된다.

(3) 신뢰를 받을 수 있는 능력이다

변혁적 리더는 부하들로부터 충성과 신뢰를 받을 수 있는 능력이 요구된다. 이것이 위기상황에도 계획을 강력하게 추진할 수 있도록 하고, 리더의 실수에도 부하들의 지지를 받을 수 있도록 한다.

(4) 이미지를 관리해야 하는 능력이다

리더는 지식과 능력은 물론 행동과 처신에도 철저한 자기관리가 요구되며 긍정적인 이미지를 유지하는 데 노력해야 한다.

변혁적 리더십은 조직의 상층부에서만이 아니라, 각 조직계층에서도 요구되고 있다. 부서의 비전과 사명, 부하들이 공유해야 할 목표가 무엇인가를 분석하여 이를 실현하고자 노력하는 것이 변혁적 리더십이다.

4 변혁적 리더십의 특징

변혁적 리더십은 변화와 혁신을 요구하는 시대적 상황에서 많은 관심을 받고 있는 리더십 이론이다. 변혁적 리더는 부하들과 조직의 목적을 공유하고, 창조적인 변화를 위해 권력을 사용한다. 또한 변혁적 리더십은 카리스마적 리더십, 비전적 리더십, 문화적 리더십 등 다른 새로운 경향의 리더십 이론에 비해 포괄적으로 접근하고 있으며, 조직의 모든 계층의 리더에 의해 발휘되는 것으로 볼 수 있다.

전통적 리더십은 리더와 부하 간의 관계를 교환관계로서 가정하는 거래적 리더십으로 접근하고 있다. 그러나 변혁적 리더십은 설정된 목표에 대한 중요성과 의미를 부하에게 인식시키고, 그들이 자신의 이익을 초월하여 조직 전체의 이익을 위하여 노력하도록 한다. 오늘날의 조직환경은 부하에게 고도의 전문성을 요구하고, 조직구조는 간소화-탈계층화-수평화되어가고, 개인의 자율성과 창의성이 중시되고 있다. 따라서 어느 때보다도 부하들의 역량 강화가 요구되며, 변혁적 리더십은 부하의 역량확대(empowerment)에 대한 요구에 부합하는 리더십이다.

리더는 부하들의 인격을 존중하고 신뢰해야 하며, 부하에 대한 격려와 능력개발을 통해 자신감을 향상시켜야 한다. 또한 조직이 지향하는 바람직한 미래상을 제시함으로써 자신들이 나아가야 할 방향을 인식하도록 해주어야 한다. 이를 위해 리더는 부하들이 필요로 하는 정보와 자원을 지원해 주어야 하며, 실패를 통한 학습을 보장해 주어야 한다. 이러한 리더의 행동이 변혁적 리더십이다.

오늘날 급변하는 조직환경에서 부하들에 대한 리더의 직접적인 감독과 통제는 적합하지 않다. 부하들이 전념해야 할 이념을 내면화시키고, 전체적인 방향을 제시하고, 주어진 방향의 범위 내에서는 자율성과 창의성을 발휘하도록 하는 리더십이 필요하다. 변혁적 리더십은 이러한 시대적 요구에 부합하고 있다. 또한 변혁적 리더십은 카리스마적 리더십보다 좀 더 이상적인 리더의 행동이라고 할 수 있다. 변혁적 리더십은 부하들이 개인적인 이해보다는 전체 조직의 이익을 위해서 노력하도록 하며 그들의 고차원적 욕구가 발현되도록 노력한다. 반면에 카리스마적 리더십은 리더와 부하 간의 감정과 정서적 유대만을 중시한다.

5 변혁적 리더십의 구성요소

(1) 카리스마

카리스마는 일반인에게서 볼 수 없는 신이 내린 비범한 재능을 의미한다. 카리스마 리더의 특성은 자기확신적이며 지배적이고 타인에게 영향을 미치려는 욕구가 강하다. 부하에게는 바람직한 행동이나 가치, 신념 등을 제공한다. 높은 목표를 제시하고 자기 효능감과 성공에 대한 확신을 부여한다. 또한 목표를 달성할 수 있을 것이라는 확실한 메시지를 전달한다. 그러나 카리스마가 변혁적 리더십의 구성요소이기는 하지만, 그 자체만으로 성공적인 조직의 변혁과정을 설명하지 못한다. 따라서 카리스마는 리더가 부하에게 자신에 대한 정서와 조직의 목표를 동일시할 수 있도록 영향을 미치는 과정으로 보고 있다.

(2) 개인적 배려

모든 부하들에게 동일한 기준으로 접근하는 것이 아니라 개개인의 감정과 관심, 욕구를 존중함으로써 동기유발시키는 것을 의미한다. 리더가 갖추어야 하는 중요한 기술 중의 하나는 코칭(coaching)이다. 부하들에 대한 개인적인 관심을 통하여 변혁에 대한 의식을 갖도록 하고, 새로운 기술개발에 필요한 훈련을 제공하여 직무수행에 대한 자신감을 부여하는 것이다.

우리 사회는 문화적 가치와 사회적 규범에서 화합을 중요시한다. 따라서 대인관계와 집단의 이익을 우선시하는 집단주의적 성향을 나타내고 있다. 부하들은 자신의 욕구보다는 타인과 집단의 이해를 우선적으로 고려한다. 이것이 리더에 의해 소외되고 있다고 생각하는 부하에게 자신감의 상실과 집단에 대한 부정적 의식을 갖도록 한다. 이러한 측면에서 부하에 대한 리더의 개인적인 관심과 배려는 다른 요인보다 조직의 성과 향상을 위해 중요한 요인이다.

임파워먼트(empowerment)의 영향요인으로는 동료·리더·부하 간의 관심과 지원을 포함하는 조직 내 네트워크이다. 이것이 부하들에게 자심감을 부여하고 소외감을 극복할 수 있는 효과적인 방안이기 때문이다. 부하에 대한 리더의 개인적 관심과 배려는 조직에서 그의 영향력과 미래의 경력에 대해 자신감을 갖도록 하며 조직 내 임파워먼트를 향상시킨다.

(3) 지적 자극

부하들로 하여금 일상적인 사고와 직무수행 방법에 대해 새로운 방식으로 접근하도록 하여 동기부여시키는 것이다. 새로운 아이디어를 통해 문제를 개념화하고 이해하는 능력을 증대시키며 새로운 문제해결 방법에 대한 인식의 전환을 유도한다. 부하들의 적극적이며 창의력 있는 의사결정에 대한 참여를 지원하며, 현실의 문제를 인식하고 이를 합리적으로 해결할 수 있는 방안을 자발적으로 제안하도록 격려한다. 따라서 지적 자극은 부하로 하여금 과거의 업무수행 방식에 대해 의문을 제기하고 새로운 방식을 사용하도록 도와주며 그들의 가치관, 믿음, 기대를 존중하고 지원해 주는 것이다. 또한 리더는 부하들의 지식과 합리성, 문제해결 능력을 제고시키기 위해 이들에게 새로운 방식으로 문제에 접근할 수 있도록 창의적 분위기를 조성한다.

지식기반사회 하에서 모든 조직은 경쟁력을 확보하기 위해서 부하들의 지식을 축적해야 하지만 지식이란 쉽게 모방하거나 습득될 수 없는 특징이 있다. 경쟁력을 확보하기 위해 조직은 지속적인 변화를 유지해야 하며, 부하들은 지속적으로 새로운 지식과 기술을 학습해야 한다. 이러한 측면에서 지적 동기유발 요인은 리더에게 가장 중요한 능력이다.

(4) 영감적 동기

매력적인 비전을 제시하고, 상징물을 사용하여 부하의 노력을 고무시키며, 이상적인 행동모델이 되어주는 리더의 능력이다. 리더는 부하에게 미래의 모델 상으로 인식되고 그들이 나아가야 할 방향과 성취의 상징으로 여겨지게 만들어야 한다. 이를 위해 리더는 부하들에게 자신의 기대를 명확히 전달하고, 팀 정신을 강조하며, 일에 열정을 갖고 매진하도록 해야 한다.

리더의 영감적 동기는 개별적인 이익추구 이상으로 전체적인 이익을 실현하도록 노력하는 것이며, 부하들의 목표달성을 위한 확신을 심어주고 열심히 일할 수 있도록 격려하고 지원하는 것이다. 이러한 영감적 동기는 카리스마 리더의 능력으로 보기도 하지만, 카리스마적 능력이 없는 리더에게도 영감은 발생하기 때문에 분리하고 있다.

사례

코터의 변화관리와 리더의 역할

〈변화와 혁신을 성공으로 이끄는 8단계 과정〉

1. 위기감을 고조시켜 참여를 유도하고 저항을 감소시킨다.
2. 역량을 총 결집하여 강력한 변화선도 팀을 구성한다.
3. 비전을 새로이 정립한다.
4. 비전을 효과적으로 조직 내에 전파한다.
5. 변화와 혁신의 장애물을 제거한다.
6. 단기적 성과를 달성한다.
7. 단기적 성과에 안주하지 않고 보다 큰 변화를 추구한다.
8. 새로운 조직문화를 구축하여 변화를 정착시킨다.

존 코터(1947~)

변화와 혁신은 파레토의 법칙이 적용된다. 20%의 반대그룹, 20%의 선도그룹, 60%의 중간그룹이 있다. 중간그룹 가운데 30%는 방관그룹, 30%는 추종그룹이다. 따라서 중간그룹에 속한 사람들을 선봉그룹으로 옮기려는 노력이 필요하다.

〈변화와 혁신에 실패하는 8가지 실수〉

1. 자만심을 방치하여 위기감 조성에 실패한다.
2. 혁신을 이끄는 강력한 변화추진 팀이 없다. 혁신을 인지하고 주도할 수 있는 강력한 혁신지도부(guiding coalition)의 역할이 중요하다.
3. 5분 안에 설명할 수 있는 비전이 없다. 직접적인 이유가 되는 비전을 5분 안에 설명해서 이해시키지 못한다면 문제가 있는 리더이다.
4. 비전을 전사적으로 전파하지 못한다. 솔선수범이 가장 강력한 의사전달 방법이다.
5. 비전의 방해물, 특히 무사안일주의를 제거해야 한다.
6. 단기간에 가시적인 성과를 보여주지 못한다. 진정한 혁신은 시간이 걸린다. 그러나 모두가 체감할 수 있는 단기적인 목표도 중요하다.
7. 샴페인을 너무 일찍 터뜨린다. 정상에서 내려가긴 쉬우나 다시 올라가긴 힘들다.
8. 새로운 제도를 조직문화로 승화시키지 못한다. 경영혁신에 대한 의식, 태도, 행동 등을 조직문화로 정착시켜야 한다.

(John P. Kotter, *Leading Change*)

제 8 장 서번트 리더십

1 서번트 리더십의 개념

테레사 수녀(1910~1997): 서번트 리더십은 인간 존중을 바탕으로 섬기고 봉사하는 자세로 부하를 후원하고 지지함으로써 잠재력을 이끌어 내는 지도력이다.

현대사회는 급속하게 변화가 진행되고 있으며 이에 대응하는 과정에서 조직에는 지속적인 혁신과 변화가 요구된다. 이러한 시대적 상황에 적응하고 경쟁력을 확보하기 위해서는 조직구조의 개편과 구성원의 결집된 협동심도 중요하지만 새로운 패러다임의 리더의 역할이 강조되고 있다. 전통적 관점에서 리더가 부하와의 이해관계에 기초하여 영향력을 행사하는 것이 아니라, 조직의 목표달성을 위해 함께 성장해 가는 동반자로 인식해야 한다. 이러한 시대적 변화에 따라 인간에 대한 존중을 바탕으로 부하들이 자신의 잠재력를 충분히 발휘할 수 있도록 이끌어 주는 새로운 리더의 행동으로서 서번트 리더십이 주목받고 있다.

서번트 리더십(Servant Leadership)이란 리더가 권위에 의해 복종을 유도하거나 군림하지 않고 부하들을 섬기며, 그들이 자신의 직무를 원활히 수행할 수 있도록 적극적인 동기부여를 하면서 지도력을 발휘하는 것이다. 리더가 부하들을 섬기고 봉사함으로써 그들이 자신의 욕구를 자발적으로 해결하고, 자유롭고 정신적으로 건강해지며, 자율적인 의사결정을 할 수 있는 능력을 습득해 감으로써 공동의 목표를 달성하는 것이 서번트 리더십이 지향하는 것이다.

서번트 리더십은 Greenleaf(1970)에 의해 소개되었다. 그는 헤세(Hesse)의 『동방 순례』에서 서번트인 레오(Leo)의 이야기에 착안해서 서번트 리더십의 개념을 제시하였다. 서번트 리더십은 섬김의 리더십으로서 구성원들의 욕구에 귀를 기울이고, 그 욕구를 충족시켜 주기 위해 노력하던 하인이 결국 전체를 이끌어가는 리더였다는 것이다. 그는 모든 인간은 서번트로서의 천성을 가지고 있다고 가정한다. 그러나 이러한 천성은 후천적으로 사회나 조직환경 등에 의해 영향을 받는다고 보았다. 감독과 지시, 통제중심의 관리적 환경에 적응하다 보면 선천적으로 가지고 있던 서번트의 천성이 퇴색하게 된다. 그 결과 리더란 지시하거나 권위적인 사람으로 잘못 인식되어지는 것이라고 하면서, 서번트로서의 천성의 회복은 인간성 회복이라고 하였다.

오늘날 요구하는 효율적인 리더는 그들이 가지고 있는 서번트에 대한 천성을 회복하여 지시나 명령하는 리더십이 아닌 부하들을 위한 봉사, 헌신, 존중 등을 통한 진정한 공동체를 이끌어 나가는 역할을 하여야 한다. 따라서 서번트 리더십이란 부하를 존중하고 그들이 창의성을 발휘할 수 있는 기회를 제공함으로써, 그들의 성장을 돕고, 조직이나 부서의 진정한 공동체를 형성하도록 조정자로서의 역할을 하는 리더의 행동이다. 위의 레오와 같이 구성원들이 공동의 목표를 달성해 가는 과정에서 정신적으로나 육체적으로 지치지 않도록 환경을 조성해 주고 지원하는 것이다. 결국 인간의 존엄성을 기초로 구성원들이 자신의 잠재력을 발휘할 수 있도록 도와주고 이끌어 주는 것이 서번트 리더십의 내용이다.

전통적이고 위계적 조직 하에서 리더는 부하들에 대해 가부장적인 자세로 모든 권한과 책임을 독점하는 경향이 있다. 리더는 자신이 책임지고 있는 팀에서 해야 할 일이 무엇인지를 확인하고, 부하 개개인이 수행해야 할 직무를 부여하고 감독한다. 자신의 직무를 원활하게 수행하지 못하는 부하는 책임의 대상이 되고, 그의 직무는 다른 부하들이 수행하도록 한다. 그 결과 원활하게 직무를 수행하지 못하는 부하들은 점진적으로 직무를 수행할 수 있는 기회를 상실하고 구성원들로부터 소외된다.

이러한 상황이 지속되면 리더는 자연스럽게 권위적인 자세로 부하들을 대하게 되고, 그들은 지시받은 직무만을 규정과 절차에 따라 수행하는 수동적인 자세를 갖는다. 그 결과 부하들은 직무수행 과정에서 리더에게 의존적이게 되고 다양성이나 창의성은 발휘하기가 어렵게 된다.

전통적인 리더십에서는 계획된 직무들이 리더의 지시에 따라 일사불란하게 진행될 수 있다는 장점이 있다. 그러나 상황에 적합하게 유연성과 창의성이 요구되는 상황에서는 높은 성과를 기대하기 어렵다. 서번트 리더십에서 리더와 구성원은 상하 관계라기보다 수평적인 동료 관계에 가깝다. 서번트 리더는 구성원들이 자율적으로 직무를 수행하도록 권한과 책임을 위임하고 적극적으로 지원한다.

따라서 서번트 리더는 공동의 목표가 원활하게 달성될 수 있도록 지원하고 환경을 조성해 주는 행동을 한다. 또한 이 과정에서 책임과 처벌보다는 격려를 통해 부하들이 직무를 잘 수행할 수 있도록 동기를 부여한다. 그 결과 그들은 자신의 자율성과 창의성을 자유롭게 발휘할 수 있게 되며, 직무에 대해 주인의식과 책임감을 가지고 환경의 변화에 대해 능동적으로 대처하게 된다.

동방으로의 여행(Journey to the East)

헤르만 헤세(1877~1962)

서번트 리더십은 “타인을 위한 봉사에 초점을 두며, 구성원, 고객 및 커뮤니티를 우선으로 여기고 그들의 욕구를 만족시키기 위해 헌신하는 리더십”이다. 소설은 주인공이 순례자 집단의 일원으로 동방을 순례했던 경험을 회상하는 형식이다. 소설의 주인공인 레오는 순례자 집단의 서번트로서 그들과 함께 여행을 한다. 레오는 여행길에서 순례자들의 모든 일을 보살핀다. 하찮은 일을 도맡아 할 뿐만 아니라 순례자들의 지친 영혼을 위로하기도 한다. 그들의 불평이나 하소연을 귀찮게 생각하지 않고 적극적으로 들어주며, 순례자들이 이상을 잃지 않도록 격려해 준다. 레오는 높고 맑은 영혼의 소유자였다. 레오는 순례자들이 여행에 차질이 없도록 헌신적으로 봉사하였으며 동방으로의 여행은 순조로웠다.
어느 날 레오가 순례집단에서 갑자기 사라지게 된다. 그동안 레오는 서번트에 불과했기 때문에 순례자들은 그의 존재를 거의 느끼지 못했다. 레오가 사라진 순간부터 순례자들은 불편함과 혼란에 휩싸이게 되고 결국 여행은 중단되었다. 레오는 여행 중 순례자들의 필요한 욕구를 채워 주었으며, 그들의 영혼이 쉴 수 있는 쉼터가 되어 주었고, 가야 할 방향을 안내하는 역할을 했다. 따라서 레오가 없이 그들은 아무것도 할 수 없었다. 순례자들 중의 한 사람이 몇 년을 헤매던 끝에 레오를 찾았으며, 그들을 후원했던 교단으로 인도된다. 여기에서 그는 순례집단의 서번트였던 레오가 실제로는 교단의 최고 책임자이자 정신적 지도자라는 사실을 알게 된다.
이 소설에서 레오는 실질적인 리더였지만 항상 서번트로 비추어지고 있다. 왜냐하면 레오의 내면에는 본연의 서번트 의식이 확고하여, 타인을 배려하고, 봉사하고, 헌신하는 것을 가능하게 하기 때문이다.

2 서번트 리더의 특성

부하에 대한 존중과 봉사, 헌신을 내용으로 하는 서번트 리더의 특성은 다음과 같다.

(1) 인 내

조직이 위기적 상황일 경우 인간은 자신의 충동을 억제하기 힘들다. 이러한 상황에서 원칙에 따라 대응을 할 수 있는 인내심을 발휘해야 하는 것이 리더십의 본질이다. 특히 서번트 리더는 인간관계와 관련된 문제에 대하여 인내와 자제를 요구하고 있다. 서번트 리더는 부하들의 인격을 존중하면서 감정보다는 원칙과 상식에 적합하게 문제를 해결해야 한다.

(2) 친 절

친절이란 부하에 대한 관심과 이해, 격려의 표현이며 예의를 갖추는 것이다. 원만한 인간관계란 부하를 인정하고 격려하며 예의를 갖추는 데서 출발한다. 부하들의 내면에는 인정받고자 하는 욕구가 있으므로 친절은 이러한 욕구를 충족시킬 수 있는 요인이다.

(3) 겸 손

겸손이란 진실하고 거짓이 없으며 거만하지 않는 것이다. 리더의 겸손은 자신의 가치관과 도덕성에 부합하거나 옳다고 생각되는 경우에는 자신의 임무나 목표에 대해 높은 열정과 추진력을 행사한다. 겸손한 리더는 자신의 부족한 부분을 인정하고 이를 개선하기 위해 노력한다. 따라서 언제나 부하의 의견을 수용한다. 또한 부하의 가치를 인정하고 스스로가 인정받기 위해 노력하지 않는다.

(4) 존 중

서번트 리더는 어떤 경우이든 부하들을 존중한다. 부하에게 존중을 표현하는 효과적인 방법은 어느 정도의 책임을 위양함으로써 그들의 성장과 자기계발을 지원하는 것이다. 책임의 위양은 부하의 능력과 기술을 인정하고 존중한다는 의미이다. 서번트 리더에게 부하는 소중한 존재이지만, 직무와 책임의 차이, 책임의 달성 여부에 따른 보상방식의 차이가 있을 뿐이다.

(5) 정 직

정직은 부하를 속이지 않는 것으로 신뢰를 형성하는 가장 큰 요인이다. 정직한 리더의 부하는 자신의 행동에 대해서 책임의식을 가지고 있다. 부하들이 책임의식을 갖도록 하는 것도 리더의 역할이다.

(6) 헌 신

서번트 리더는 자신의 선택을 충실히 실천하기 위해 노력한다. 서번트 리더십은 부하와 조직의 지속적인 성장을 위한 헌신과 열정을 요구한다. 약속을 준수하며 목표를 달성하려는 열정, 옳은 일을 하고 최선의 존재가 되려는 열정이 필요조건이다. 헌신이란 도덕적 용기가 있을 때 가능하며, 도덕적 용기란 개인적인 위험을 감수하더라도 올바른 일을 하겠다는 의지이다. 여기에는 부하들이 올바른 일을 하는 데 문제가 되는 것을 해결해 주겠다는 결의도 포함된다.

(7) 부하의 욕구충족

서번트 리더는 부하의 욕구를 충족시켜야 한다. 그러나 욕구와 욕망은 구분하여야 한다. 서번트 리더는 봉사자로서 부하의 욕망이 아니라 욕구를 충족시켜야 한다. 욕구는 인간의 진정한 행복을 위해 요구되는 물질적 또는 심리적 요구조건으로서 자아실현, 의미 있는 일, 인정감과 소속감 등으로 정신적 가치에 해당한다. 반면 욕망은 임금, 승진, 휴가 등의 물질적 가치에 해당한다.

(8) 권 위

권력이란 타인의 선택과는 상관없이 자신의 지위나 힘을 이용하여 타인이 자신의 의도대로 행동하도록 강요하거나 강제하는 능력이다. 반면 권위는 자신의 개인적 영향력을 통해 타인이 자신의 의도대로 기꺼이 행동하도록 하는 능력이다. 서번트 리더십은 권위에 기초하여 형성된다. 리더가 권력에 의해 영향력을 행사하는 것은 당연하지만 권위가 결여된 영향력은 오래 지속될 수 없다. 권력에 의한 영향력은 리더와 부하 간의 인간관계를 저해시키기 때문이다. 그러나 권위는 부하의 욕구를 충족시키기 위한 봉사와 희생의 정신으로부터 형성된다. 권위에 의한 리더는 부하의 성장을 위해 노력하고, 그 결과 부하들은 리더에 대한 존경심을 갖게 된다. 따라서 권위에 의한 리더와 부하의 관계는 신뢰를 바탕으로 하며, 이러한 리더십이 부하에 대해 강력하고 광범위한 영향력을 발휘한다.

3 서번트 리더십의 구성요소

서번트 리더는 존중, 정의, 봉사, 정직, 공동체 윤리의 원칙에 기초하여 다음과 같은 자질과 능력을 적극적으로 습득해야 한다.

(1) 공감대 형성

① 경청(listening): 서번트 리더의 가장 기본적인 자질로서 부하에 대한 존중과 수용적인 태도이다. 리더는 부하가 요구하는 욕구를 적극적이고 능동적으로 경청하여

명확하게 파악하여야 하며 이를 통해 부서나 팀이 나아갈 방향을 바르게 설정하여야 한다. 리더가 부하들의 욕구를 경청하지 않으려고 하는 것은 문제가 발생하면 그 책임을 타인에게 전가하려 하기 때문이다. 따라서 경청은 단순히 듣는 것이 아니라 부하들과 충분히 공감하면서 듣는 것을 의미한다. 경청은 부하에 대한 존중과 수용적인 태도를 취하는 것이며, 적극적이며 성의 있는 경청을 통해 그들이 원하는 욕구를 정확히 파악할 수 있다.

② 공감(empathy): 부하의 관점에서 고려해 보는 것으로 차원 높은 이해심이라고 할 수 있다. 리더는 부하의 감정을 이해하고 이를 통해 이들이 요구하는 것이 무엇인가를 알아 내야 한다. 부하가 성과나 노력에 대해 불만족을 표출하더라도 한 인간으로서 존중하고 수용하여야 한다. 공감은 정서를 공유하는 것으로 모든 이해관계에서 중요한 요인이다. 따라서 리더의 입장보다는 부하가 처한 입장에 보다 부합하는 정서적 반응으로, 부하의 정서적 표현이나 상황에 대한 이해와 이에 따른 정서적 상태를 의미한다.

③ 치유(healing): 리더가 부하들을 지도하며 보살피는 것이다. 부하가 처한 상황, 직무나 인간관계로부터 발생하는 신체 및 정신적 건강의 악화로부터, 그들의 감정적 고통과 좌절감이 치유될 수 있도록 지원하는 리더의 행동이다. 이러한 치유는 구성원 간에 친밀한 관계를 통해 공동체 안에서 상호 배려하고 존중함으로써 이루어질 수 있다.

④ 설득(persuasion): 리더의 권력 사용에는 강제적 권력, 조정능력 그리고 설득이 있다. 강압에 의한 영향력 행사는 아무리 정당한 일이라고 해도 부하들에게 거부감을 야기시킨다. 부하들의 동의에 의해서만 계획한 결과나 그 이상의 성과를 달성할 수 있음을 인식하여야 한다. 부하들이 자발적인 의지로 결정했다는 확신이 들도록 노력하는 리더의 행동을 의미한다.

(2) 구체적 방향

⑤ 인지(awareness): 동일한 상황에서도 부하보다 더 많은 것을 인식하고, 이러한 상황이 발생한 원인을 정확하게 파악할 수 있는 능력이다. 리더의 인지는 보다 나은 통찰력이나 비전을 제시하는 전제가 된다. 인지는 환경에 대한 인지, 자신에 대한 이해와 자기인식이 포함된다.

⑥ 통찰(foresight): 과거의 경험이나 직관을 통하여 현재나 미래의 결과를 예측할 수 있는 능력이다. 자기경험만으로는 미래를 예측할 수 없기 때문에 직관력이 필요하다. 리더에게 이러한 통찰력과 직관력이 중요한 이유는 이를 통해 미래의 비전을 제시할 수 있기 때문이다. 통찰은 리더의 도덕성과도 높은 관계가 있다.

⑦ 비전 제시(vision presentation): 미래의 비전을 제시하고, 제시된 비전을 목표와 연결하여 추진하기 위한 방향을 설정하는 리더의 행동이다. 서번트 리더의 행동은 미래에 대한 비전과 방향을 설정하는 것, 부하들이 조직의 발전을 위한 직무에 집중하도록 하는 것이다. 미래에 대한 방향 제시는 리더의 기본적인 의무이며, 이를 통해 비전을 목표와 연결한다.

(3) 도덕성

⑧ 스튜어드십(stewardship): 리더의 역할에 대해 책임을 지려는 정신이다. 리더는 공동체 개발, 프로그램 및 봉사활동을 통해서 조직이 사회에 기여하도록 하여야 한다. 스튜어드십은 조직이 공중의 이익을 위해 해야 할 책임에 대한 윤리나 가치를 말한다. 공동체를 위한 행동이나 정신, 가치 있는 유산, 그리고 이것을 위한 의사결정이나 전략을 확실하게 하는 것이다.

(4) 성 장

⑨ 부하의 성장을 위한 노력(commitment to the growth of people): 한 인간으로서의 성장과정을 통해 부하들은 만족한다. 성장이란 새롭고 도전적인 직무를 통해 성취감을 지각할 때 얻어지는 것이며, 이 과정이 하나의 학습과정이다. 성장은 부하에게 재량권을 부여하고 적극적으로 직무를 수행하도록 지원하는 것을 포함한다. 리더는 부하들의 성장, 정신적 성숙, 전문분야에서의 성장을 위한 기회와 자원을 제공해야 한다.

(5) 협력행동

⑩ 공동체 형성(building community): 리더는 부하들이 상호 존중하며, 봉사하는 진정한 의미의 공동체를 형성해 가야 한다. 공동체 형성이란 부하들이 자신이 수행하는 직무와, 그 직무가 의미하는 것을 인식하고, 이것을 공동으로 공유하는 역동적인

체계를 말한다. 이것은 부하들이 거부감 없는 친밀한 대화로 시작하여, 상호 충분한 이해를 배경으로 밀접한 인간관계를 기초로 형성된다. 그러므로 서번트 리더는 공동체가 형성될 수 있도록 부하들 간의 원활한 의사소통을 확보하고, 협력을 지원하고, 높은 공동체의식을 갖도록 노력해야 한다.

4 서번트 리더의 필수요소

서번트 리더가 갖추어야 할 필수적인 요인은 다음과 같다.

(1) 자기 연마

리더는 스스로를 다스리기 위한 노력을 해야 한다. 리더로서 자기계발을 위한 지속적인 연마는 필수적이다. 급변하는 상황 속에서 신속하고 현명한 의사결정을 내리기 위해서는 훈련과 연습이 필요하다.

(2) 열 정

리더에게서 열정은 어려움을 극복하고 이것을 통해 성장하도록 한다. 또한 이러한 열정은 부하들에게 전염시키는 힘이 있다. 따라서 일을 성취하기 위해서 리더에게 중요한 것은 열정이라고 할 수 있다.

(3) 긍정적인 사고와 태도

자신이 처한 상황에 대한 해석은 상이하다. 주어진 상황을 어떻게 해석하는가에 따라 성과는 달라진다. 상황에 대한 리더의 긍정적인 태도와 해석이 성과를 향상시킨다.

(4) 신 뢰

대인관계를 유지하기 위한 믿음이다. 신뢰를 구축하게 하는 것은 배려하는 마음과 행동이다. 이러한 원리에 기반해서 인간관계를 유지해야 한다.

(5) 겸 손

겸손한 리더는 자신의 실수와 부족함을 인정한다. 또한 겸손한 리더는 부하의 성공을 인정한다.

(6) 경청과 열린 마음

효율적인 리더는 부하의 의견에 귀를 기울인다. 또한 명확하고 설득력이 있으며, 부하에 대한 봉사, 끊임없이 배우려는 열린 마음을 가진 사람이다.

(7) 희 생

리더의 희생은 부하들을 감동시키며, 그들에게 리더의 비전을 공유하도록 한다.

5 서번트 리더십의 평가

전통적 리더십과 서번트 리더십은 많은 차이점을 가지고 있다. 첫째, 두 리더십이 바라보는 조직과 부하에 대한 인식의 차이이다. 전통적 리더는 자신을 우선시하며, 그들의 역할은 조직과 부하들을 관리하고 통제하여 설정된 목표를 달성하려는 것에 초점이 맞추어져 있다. 반면 서번트 리더십은 리더 자신을 서번트로 인식한다. 따라서 목표달성을 우선시하기보다는 조직의 성장과 부하들의 능력개발에 대한 조력자로서의 역할을 중시한다.

둘째, 전통적 리더십에서는 재무적인 성과를 중심으로 평가하지만, 서번트 리더십은 조직과 부하들의 노력의 정도에 대하여 평가한다. 또한 직무수행 결과가 부하들의 성장에 어느 정도 영향을 미치고 있는지에 대해 평가한다. 서번트 리더십이 가지고 있는 장점은 다음과 같다.

① 조직개발에 기여: 서번트 리더십은 부하를 지배하고 복종을 유도하는 리더십 스타일이 아니라 부하를 존중하고 원활한 직무수행을 위한 영감을 부여한다. 또한 자신의 역할을 설정하고 직무를 수행하는 부하를 격려한다. 서번트 리더십은 팀워크와 인간관계의 구축을 중요시한다. 따라서 서번트 리더십은 가치기반 관리를 촉진하여 조

직의 목표달성을 위해 나아갈 수 있는 최상의 상태를 유지한다.

② 개인능력의 극대화: 서번트 리더십은 부하들이 자신의 기술과 경험을 최대한 활용할 수 있도록 지원한다. 또한 부하들이 의사결정 과정에 참여하도록 하여, 그들이 자신만의 핵심적인 수행지표를 설정하도록 한다. 따라서 서번트 리더십은 자신의 임무와 목표를 능력에 적합하게 설정할 수 있어 부하들이 자신의 능력을 최대한 발휘하고 만족하도록 한다.

그러나 서번트 리더십은 다음과 같은 단점이 있다.

① 리더의 권한 부족: 서번트 리더십은 부하에 대한 봉사와 지원을 목표로 하기 때문에 직무수행에 있어서 전반적인 권한을 최소화시킨다. 따라서 지위에 적합한 권한을 발휘하여야 하는 상황에서도 이를 실행하지 못하는 경우가 발생할 수 있다.

② 업무 효율성 감소: 서번트 리더십은 직무를 수직적 관계에서 신속하고 효율적인 방식으로 처리하던 전통적 리더십에 비해 성과를 발휘하기까지는 비교적 많은 시간을 필요로 한다.

사례

울지마 톤즈

이태석 신부(1962~2010)

10남매의 가난한 가정에서 성장한 의사출신 신부가 아프리카 수단의 작은마을 톤즈에서 보여준 헌신적인 사랑의 이야기가 영화로 상영되었다. 그는 신부이자 의사로서, 학교 선생님으로서 그리고 전쟁으로 버려진 아이들의 아버지로서 아낌없는 사랑과 헌신적인 봉사를 하였다. 그가 바로 '수단의 슈바이처'로 불리는 이태석 신부이다. 영화는 한센병과 전쟁으로 고통받고 있는 주민들을 위해 헌신적인 봉사와 인술을 베푸는 신부의 사랑과 헌신을 보여 준다. 이태석 신부는 일찍이 <다미안 신부>의 일대기를 다룬 영화를 보고 그와 같은 삶을 살겠다고 다짐했다. 다미안 신부는 하와이 근처 '몰로카' 섬에서 한센병 환자를 돌보다가 전염되어 48세에 선종한다. 이태석 신부는 톤즈의 한센인 마을을 방문해서 치료를 해 주며 친구처럼 대화하고 그들의 목소리에 진심으로 귀를 기울였다. 그래서 톤즈 사람들은 그를 '영원한 아버지'라고 불렀다.

이태석 신부는 전쟁터로 내몰리는 아이들을 보호하기 위해 학교를 짓겠다고 결심한다. 아이들과 함께 만든 학교가 그곳의 유일한 정규학교였고 기숙사까지 만들었다. 아이들은 이곳에서 안전하게 공부하며, 이태석 신부와 같은 의사가 되어 봉사하려는 꿈을 키워갔다. 특히 청소년들에게 교육을 통해서 희망을 갖게 하려는 이태석 신부의 노력은 '브라스 밴드'라는 악단으로 결실을 맺는다. 이 신부 본인이 어렸을 때 가난하고 힘든 시절을 음악을 통해서 극복했던 것처럼 톤즈의 아이들에게도 음악으로 마음의 상처를 치유할 수 있다고 생각했다. 톤즈의 아이들에게 음악은 자신감을 심어주고, 사랑과 감사함을 깨닫게 해 주었다.

그러나 영상을 통해 이태석 신부가 죽었다는 사실을 알게 되고, 아이들이 부르는 "사랑해 당신을 정말로 사랑해, 당신이 내 곁을 떠나간 뒤에 얼마나 눈물을 흘렸는지 모른다오" 라는 노래와 함께 톤즈의 사람들과 관객들은 감동의 눈물을 흘린다.
영화는 이기적인 삶을 살고 있는 현대인들에게 소중한 성찰의 기회를 제공하고 있다. 특히 사회적 약자에 대한 배려와 헌신적인 봉사로써 이태석 신부가 보여준 조건 없는 행동은 나눔과 헌신이라는 리더십으로 부활하고 있다.

(전북도민일보, 이태석 신부의 나눔과 헌신의 리더십)

제 9 장 리더-부하 교환이론

1 LMX이론의 개념

리더-부하 교환이론(LMX: Leader-Member Exchange theory)은 리더의 개인적 특성이나 행동에 관한 이론이 아니라 리더와 부하 간의 관계에 관한 이론이다. LMX는 역할이론(role making theory)과 사회교환이론(social exchange theory)에 기초하여 리더는 그들의 부하들과 서로 상이한 리더십 관계를 유지시킨다고 하였다. LMX은 리더-부하 간 쌍으로 이루어진 관계의 수직적 양자 연결(VDL: Vertical Dyad Linkage) 이론으로 출발한다. 따라서 리더의 행동에 대한 부하들의 평균적인 인지를 기초로 하는 평균적 리더십 모형(ALS: Average Leadership Style)을 비판하면서 리더와 부하 간의 개인적인 관계에 초점을 맞추고 있다.

따라서 기존의 리더십 이론은 리더는 모든 부하들에게 동일한 태도와 감정을 가지고 있으며, 리더의 리더십 특징에만 주목했으며, 리더와 부하들의 관계는 차별화되어 있지 않다는 것을 전제로 하고 있다. 그러나 리더-부하 교환이론은 리더와 특정 부하 사이의 관계는 일종의 두 개의 집단(dyad)을 형성하며, 이 집단은 부하에 따라 전혀 다른 성격을 갖는다는 것이다.

리더가 부하와 초기에 관계가 형성될 때 개인별로 역할형성 과정(role-making process)을 거치는데 이 과정에서 어떤 부하와는 공식적인 관계만 맺는데 반해(outgroup), 어떤 부하와는 매우 긴밀하고 때로는 개인적인 신뢰가 형성된 관계를 맺게 된다(ingroup). 리더와 부하는 서로 교류하며 LMX를 이루고 이러한 집단들은 크게 두 가지로 분류된다. 첫 번째는 인그룹이다. 이들은 리더와 퍼스낼러티 및 개인적인 특징에서 유사한 부분을 갖고 있거나 직무수행 결과가 특별히 우수하다. 리더와는 높은 수준의 인간관계를 맺으며 리더로부터 많은 권한을 위임받거나 승진, 임금인상, 중요한 부분으로의 인사이동, 의사결정 참여 등의 특혜를 받게 된다. 이에 대한 반대급부로 리더는 부하들로부터 추종과 존경을 받게 되고 그들에게 강력한 영향력을 행사하게 된다.

반면 아웃그룹은 인그룹에 포함되지 못한 부하들로 이루어져 있으며 주로 공식적으로 규정된 권한과 의무만을 이행하는 상태에 머물게 된다. 따라서 리더는 아웃그룹 멤버에 대해서 권한을 부여하지 않을 뿐만 아니라 승진, 인사이동, 임금 및 의사결정 참여 등에서 불이익을 주며, 아웃그룹 멤버 역시 리더에 대해서 형식적인 존경과 공식적 절차에 따른 직무수행 등의 행동을 보이게 된다. 그 결과 인그룹의 부하는 리더와 공식적인 관계만을 맺고 있는 아웃그룹 부하들보다 높은 성과, 낮은 이직률, 높은 직무만족도를 나타내고 있다.

LMX이론은 리더에게만 관심을 보이던 기존의 리더십 이론에서 탈피하여 리더-부하 그리고 양자가 맺는 관계를 통합하는 접근방법을 이용하고 있다. 따라서 다양한 리더십 이론에서 리더-부하 교환이론만이 리더와 부하의 개인적 관계에 관심을 가지고 있으며, 커뮤니케이션이 효율적인 리더십을 발휘하는 데 중요하다는 것을 보여주고 있다.

이러한 이론적 배경을 갖고 있는 LMX이론은 부하의 성격과 능력에 따라 관계의 질에 차이가 있음을 확인하고, 리더가 조직의 목표를 달성하기 위해서 부하들을 원만하게 활용하기 위한 목적을 가지고 있다. 따라서 LMX는 한 조직의 리더는 부하들과 각각 상이한 관계를 형성하고, 부하들 역시 리더와의 관계를 다르게 지각함으로써 집단 내 부하의 수만큼 리더-부하 관계가 차별적으로 형성되어 서로 다른 교환관계가 이루진다는 것이다

2 LMX의 이론적 토대

LMX이론은 역할이론과 사회교환이론을 기초로 하고 있으며, 리더와 부하의 상호교환에 따라 특별한 역할관계가 이루어지고 리더십이 형성되고 있음을 의미한다.

(1) 역할이론

LMX를 설명할 수 있는 이론적 배경으로서 역할형성이론은 다음과 같은 과정으로 구성된다.

① 1단계: 역할획득(role taking)이다. 리더가 공식적인 과업을 부여하여 부하의 동기나 잠재적 능력 등의 정보를 파악한다. 리더가 파악한 잠재적 능력에 따라 부하에게 어떤 역할을 부여할지를 파악한다. 이 단계에서 리더와 부하 간의 교환은 경제적이며 계약적인 교환이다. 리더가 부여한 과업을 부하가 달성하는 경우에만 경제적 보상을 받게 된다.

② 2단계: 역할발전(role development)이다. 역할형성(role making)이라고도 한다. 역할획득 단계에서 수집한 정보에 의해 리더와 부하의 관계가 강화되는 단계이다. 이 단계에서 리더는 특정 부하에게 공식적인 직무를 부여한다. 부하가 부여받은 직무를 성공적으로 수행하면 리더와의 관계에서 신뢰가 높아지게 된다. 그 결과 리더는 부하에게 많은 기회, 정보, 자율을 부여하게 되고 둘 사이의 관계는 더욱 강화된다. 리더와 부하의 믿음에 의한 호혜관계가 구축되며, 이 단계의 상징은 상호간의 신뢰, 충성, 존경이다.

③ 3단계: 몰입(commitment)이다. 역할규칙화(role routinization)로서 일상적인 교환관계를 통해 리더와 부하가 각자의 역할에 대해 인정하게 되며 양자는 더욱 호혜적아며 안정적인 관계로 발전한다. 이 단계에서 리더와 부하는 과업목표와 책임에 대하여 공동으로 몰입하는 관계로 발전한다.

(2) 사회교환이론

① 사회교환이론의 개념

사회교환이론(social exchange theory)은 구성원들 사이에서 이루어지는 상호작용에 관한 이론이다. 개인은 자신이 제공한 노력과 투자에 비해 집단으로부터 받는 사회적, 물질적, 심리적 만족이 높다면 그 집단에 매료된다. 강화학습이론을 배경으로 하고 있는 사회교환이론은 개인이 집단에 참여하는 것은 상대적인 이득과 손해를 평가한 결과이다. 타인과의 관계가 자신에게 어느 정도 보상을 줄 수 있는지에 대한 일반적 기대로서, 비교수준에 의해 순이익(산출-투입)을 평가한다. 이러한 사회교환이론은 인간의 행동을 강조하며 집단의 존재는 집단 내 개인의 참여와 만족에 기반을 두고 있다는 것을 강조한다.

LMX의 이론적 배경이 되는 사회교환이론은 경제적 교환과 사회적 교환으로 분류된다. 경제적 교환은 이해득실에 기초한 교환행위이며, 사회적 교환은 신뢰와 믿음 등에 기초한 교환행위이다. 리더-부하 교환관계의 3단계 발전과정에 따른 특징은 첫째, 초기단계(strange phase)는 리더와 부하의 계약적 관계로서 부하의 동기는 집단보다 자신의 이익에 있다. 둘째, 친숙단계(acquaintance phase)는 리더와 부하의 상호작용을 통한 신뢰와 존경이 구축되는 관계로서, 자신의 이익보다 조직의 목표에 관심이 있다. 셋째, 상호신뢰 단계는 높은 신뢰와 존경, 서로에 대한 의무감을 느끼게 된다.

이러한 사실에 기초하여 리더와 부하의 교환이 두 가지 유형으로 발전될 수 있다. 하나는 리더와 부하 간에 발생하는 경제적·계약적 교환이고, 다른 하나는 리더와 부하 간에 발생하는 고용계약 이외의 사회적 교환이다 이런 사회적 교환관계는 리더와 부하 간의 신뢰와 충성에 기초한다. 사회교환이론은 다음과 같은 네 가지 개념에 기초한다.

- 보상: 이것은 개인을 행복하게 하거나 개인의 욕구 및 소망을 충족시켜 준다. 보상의 개념으로는 지위상승, 권력증가, 인간관계, 임금상승, 목표달성, 지원(정서적 또는 실제적), 상황개선, 불안이나 불확실성의 감소 등이 있다.
- 비용: 이것은 개인을 불행하게 하거나 고통을 가져다주는 것이다. 위협감, 비난이나 멸시받는 느낌, 낮은 자아존중감, 금전적 상실, 실망, 불안이나 스트레스, 친밀한 관계의 상실 등이 있다.
- 성과: 보상에서 비용을 제외한 것이다. 성과는 내재적이며 외재적으로 산출된 것들을 포함한다. 내재적 성과는 자신이 하는 일과 관련되어 있으며, 외재적 성과는 타인에 의한 평가와 관련되어 있다.
- 비교 수준: 하나의 상호작용에서 예상되는 이익을 다른 여러 상호작용에서 얻을 수 있는 이익과 비교하는 것이다.

② 인간관계적 관점의 사회교환이론

사람들은 대인관계 과정에서 특정인에게 높은 관심을 보이거나 반복적으로 호의를 베푸는 행동을 함으로써 인간관계를 형성한다. 사회교환이론에 의하면 사회에서 인간관계는 서로에게 주고(cost) 받는(rewards) 과정에서 이루어지는데, 이러한 과정의 결과 쌍방에게 이익이 된다고 생각하면 상호관계는 지속된다는 것이다. 특정인과의 관계가 형성되고 그 관계를 유지하기 위해서는 어떠한 형태로든 대가(cost)를 지불해야 한다. 대가에는 그 사람과의 시간, 경제적인 요인, 갈등, 불쾌감, 불안감이나 이러한 관계로 인해 발생할 수 있는 타인과의 부정적인 관계 등이 있다. 그러나 그 사람과의 관계를 형성하고 유지하는 과정에서 자신에게 돌아오는 보상(rewards)이 있다. 경제적 요인과 물질적인 이득, 애정, 소속감, 인정감, 존경, 자부심, 정보 및 지식 등이다. 이와 같이 대가와 보상을 교환하는 과정을 사회교환과정(process of social exchange)이라고 한다. 또한 이러한 교환과정의 결과, 얻게 되는 것으로부터 들어가는 비용을 제한 것이 사회교환 과정의 결과(Out-come)이다. 얻게 되는 이익과 들어가는 비용을 비교해서 서로에게 도움이 된다고 인지하게 되면 그 관계는 지속된다.

이러한 교환관계의 지속 여부를 결정하는 기준은 다음과 같은 세 가지 측면에서 살펴볼 수 있다. 첫째, 현재 유지되고 있는 교환관계를 과거의 유사한 경험과 비교한다. 둘째, 현재 자신이 유지하고 있는 사람과의 관계로부터 얻는 결과와 타인이 유사한 관계로부터 얻는 결과를 비교한다. 셋째, 현재 자신이 유지하고 있는 관계를 포기할 경우 그에 대한 대안이 있는지에 대한 것을 살펴본다. 대안이 없을 경우 현재 유지하고 있는 관계가 호의적이지 않더라도 그에 대한 불만은 상대적으로 감소하게 된다.

3 LMX이론의 등장배경과 형성

(1) LMX의 등장배경

LMX는 과거의 평균적 리더십 형태이론과 수직적 양자이론을 배경으로 제기되었다.

① 평균적 리더십 형태(ALS: average leadership style): 과거의 평균적 리더십 이론은 한 사람의 리더가 모든 부하들에게 행사하는 영향력은 동일함을 나타내고 있다. 조직 내 모든 구성원이 하나의 단위로 취급된다. 그러나 LMX는 리더와 부하는 개개인이 상이한 교환관계를 유지하고 있으며 이러한 교환관계에 따라 리더의 영향력도

상이하다는 것을 기초로 한다.

② 수직적 양자 연결(VDL: vertical dyad linkage): 초기의 LMX이론은 수직적 양자 연결이론으로부터 시작된다. VDL이론은 리더와 부하 개개인과의 관계적 특성이 고려되지 않는 기존의 평균적 리더십 형태의 문제점을 제시하고 있는 이론이다. ALS에 의하면 한 사람의 리더가 부하들 개개인에게 행사하는 영향력은 동일하다. 그러나 VDL에서는 리더와 특정 부하 간에 형성되는 개개인의 관계이며, 리더십에 대한 영향력도 이러한 관계가 어떤 특성을 가지느냐에 따라 상이하게 나타난다. 이러한 관점에서 리더와 부하는 각각 상이한 관계를 유지하게 되며, 그 관계의 특이성에 따라 리더십 효과는 달라질 수 있다. 이러한 관계에 의하여 내집단과 외집단이 발생한다.

(2) LMX의 형성

LMX은 리더와 부하 양자 간의 특별한 사회적 교환을 기초로 한다. 따라서 리더의 일방적인 영향력보다는 리더와 부하 간의 쌍방적 영향력과 이들 간의 사회적 교환관계에 차이가 있음을 제시한다. 사회적 교환이론의 특징은 리더와 부하 관계의 특성에 따라 부하들을 내집단과 외집단으로 구분하고, 협상허용범위(negotiation latitude)로서 이들 관계의 질을 평가한다는 것이다.

협상허용범위란 자신의 직무를 수행하는 과정에서 영향력을 행사할 수 있는 권한을 리더가 부하에게 허용하는 정도를 의미한다. 협상허용범위가 많은 부하는 리더로부터 많은 신뢰와 재량권을 부여받고 있으며, 리더와의 의사소통도 원활한 것으로 나타난다. 협상허용범위의 확장에 대한 반대 급부로 LMX의 질적 향상을 위해 부하가 교환의 대상으로 활용할 수 있는 것은 리더와의 정서적 애착, 충성심, 조직을 위한 공헌의욕, 리더에 대한 존경심을 나타내기도 한다. 사회적 교환이 이루어지는 과정은 역할형성이론을 통해서 다음과 같이 구분할 수 있다.

① 1단계 - VDL(vertical dyad linkage): 이 단계에서는 리더가 부하 개개인과 수직적 쌍의 관계를 형성하고 있다는 것을 강조한다. 기존의 ADL과는 다르게 부하들은 한 사람의 리더에 대한 지각이 서로 차이가 있다. 어떤 부하는 특정 리더와의 관계에서 상호 신뢰와 존경, 의무가 높은 수준이라고 지각한다. 이러한 질의 관계는 인간지향적이며 직무지향적 측면에서 높은 것으로 나타난다. 반면에 다른 부하는 신뢰와 존

경, 의무의 측면에서 리더와의 교환관계에서 질이 낮다고 지각한다. 이 단계에서는 이러란 양 극단에서의 교환을 기초로 부하들은 리더와의 관계에서 내집단과 외집단으로 구분되고 있다고 생각한다.

내집단의 부하는 리더에의 접근이 용이하지만, 외집단의 부하는 그렇지 못하다. 내집단의 부하는 상호영향력의 기회가 주어지기 때문에 리더에게 협력적 태도를 보임으로써 리더로부터 신뢰와 지원, 공식 및 비공식적 보상을 받고, 부가적인 직무를 수행할 수 있게 된다. 그러나 외집단의 부하는 리더로부터 낮은 신뢰와 지원, 낮은 보상을 받으며, 일상적이고 공식적인 권한을 행사하는 경향이 있다. 따라서 이 단계에서는 리더와 부하의 관계에 초점을 두고 있으며, 내집단과 외집단 간에 리더의 부하들에 대한 영향력은 차이가 있다.

② 2단계 - LMX(leader-member exchange): 이 단계에서는 의사소통의 빈도, 가치관의 적합성, 개인적 특성, 직무만족, 성과 및 몰입 등과 관련되어 있다. LMX의 질이 높을수록 내집단의 부하가 된다는 것이며 이러한 요인들에 대한 결과도 높다. 또한 부하의 성장욕구가 높을수록 LMX의 질도 높게 나타난다. 따라서 LMX은 조직에서 수직적 양자의 기능과 다양한 현상에 대한 역동성을 이해하는 데 유용하다. 또한 LMX의 조직성과에 대한 관계를 다루고 있으며, 이러한 관계에서 부하들은 역할수락, 역할형성, 역할일상화 등의 역할형성 단계를 거치게 된다.

③ 3단계 - LM(leadership making): 이 단계에서는 리더와 부하간의 관계가 시간이 지남에 따라 어떻게 발전하는지에 대한 것이다. 리더-부하 교환관계의 성장모델은 역할수락, 역할형성, 역할일상화의 단계를 거치는 동안 나타난다. 이 단계에서는 리더와 부하 간의 관계구축, 상호작용의 결과, 기간 그리고 영향력의 증가에 맞추어져 있다. 따라서 이 단계에서는 리더-부하 간의 동반자적 관계형성이 시간이 지남에 따라 어떻게 형성되는가 하는 것이다. 리더가 부하 개개인과 차별적인 관계를 형성하는 것이 아니라 리더와 부하 모두에게 이익이 발생하는 관계의 구축이 중요하다.

④ 4단계 - TCN(team making competence network): 이 단계에서는 작업 팀이나 집단적 네트워크와 같은 집합적이고 집단적인 양자관계를 구축한다. 여기에서 제시된 문제는 차별화된 양자관계(내·외집단)를 어떻게 고도의 기능적인 팀으로 통합하여 형성할 것인가 하는 것이다. 성과수준은 팀 성과나 조직유효성과 같은 집단 및 조직에

초점을 두고 있다. 따라서 이 단계에서는 부하들의 능력 통합의 단계로서 차별화된 이원적 관계를 집단과 조직수준에서 유효성을 극대화시킬 수 있도록 하는 것이다.

이러한 형성과정에 따라 LMX의 질이 결정된다. 리더와 높은 질의 교환관계에 있는 내집단의 부하들은 높은 상호신뢰와 존중, 호감을 갖게 된다. 이 경우 리더는 부하에게 권한위임과 도전적인 과업을 제공하고 지원하며, 부하는 직무몰입과 직무성과의 향상으로 리더와 높은 교환관계를 형성하게 된다.

그러나 낮은 질의 교환관계에 있는 외집단의 부하들은 상호간 신뢰 수준이 낮고 호감을 갖지 못하게 된다. 이 경우 리더는 부하에게 제한적으로 공식적인 업무지시만 하게 되고, 부하는 현상을 유지하는 정도에서 업무를 수행하여 직무몰입과 직무성과가 감소하고 리더와 낮은 교환관계를 형성하게 된다.

4 LMX의 구성요인

리더와 부하 간에 교환되는 유·무형의 요인들에 대한 인식의 가치가 높을수록 LMX 관계의 수준은 높아진다. LMX 관계의 수준이 높은 경우 리더와 부하의 상호신뢰나 상호작용 등의 수준이 높게 나타난다. 또한 리더와 높은 수준의 LMX 관계를 유지하고 있는 부하들은 리더로부터 많은 지원과 지지를 받으며, 조직에 대한 높은 헌신과 정서적 안정을 하게 된다. 또한 리더는 부하와 공식적 관계뿐만 아니라 비공식적 관계를 맺어 중요한 과업을 부여하고 다각적인 지원활동과 직무수행에 대한 유용한 정보와 피드백을 제공한다. 반면에 LMX 관계가 낮은 부하에 대해서 리더는 공식적인 관계만을 유지하고, 정보나 피드백을 제공하지 않으며, 공식적인 역할만을 요구한다. 따라서 LMX의 관계수준에 따라 리더와 부하의 태도나 행동은 많은 차이가 있으며, 리더와 부하 간의 관계에 영향을 미치는 요인은 다음과 같다.

① **부하의 특성**: 능력과 성과, 성격(통제위치, 성장욕구, 내·외향성 퍼스낼리티), 상향적 영향력, 연령, 교육수준, 성별, 인종, 재직기간 등

② **리더의 특성**: 능력과 정서

③ **리더와 부하의 상호작용 특성**: 인구통계학적 유사성, 호감도, 기대감, 성격적 유사성, 상호작용 빈도, 관계형성기간 등

④ 상황특성: 조직규모, 조직문화, 과업특성, 기술, 리더의 권력, 과업부하량, 자원의 특성 등

이러한 요인들이 LMX 관계 결정에 영향을 미치고 있다. 부하의 성과가 높고 능력이 뛰어나며 리더에 대해 많은 호감을 가지고 있는 경우 LMX의 질이 높다. LMX는 리더와 부하의 상호관계에 따른 감독과 역할관계의 정도를 의미하며, LMX의 구성요인들은 다음과 같다.

① 정서적 애착(affect): 리더와 부하 간에 직무나 직업적 가치보다는 인간적 매력에 의해 갖게 되는 유대감으로서 LMX의 구성요인에서 가장 중요하다. 직무와 관련된 측면이 LMX 관계에서 중요한 역할을 차지한다면 정서적 애착에 대한 영향이 없을 수도 있다. 그러나 인간적 측면에서 리더와 부하 간의 관계는 애정에 의해 많은 영향을 받는다. 리더와 부하는 정서적 교류에 의한 관계가 일반적이기 때문이다.

② 충성도(royalty): 리더와 부하는 상호간에 목표를 공유하고, 공개적인 지원으로 다양한 상황 속에서도 서로에 대한 신뢰를 유지한다. 따라서 충성은 리더와 부하 간에 서로의 행동을 지원하는 것으로서 LMX의 핵심적 역할을 한다.

③ 공헌(contribution): 부하들이 자신의 목표를 달성하기 위한 행동의 양과 질 그리고 방향에 대한 인식이다. 리더와 부하가 공동의 목표를 달성하기 위하여 서로 노력하는 활동수준에 대한 인식이다. 이러한 인식수준에 따라 부하는 자신의 책임수준을 초월하여 계약 이외의 일까지 하려 한다. 또한 리더는 부하에게 이러한 활동에 대한 기회와 자원을 제공한다. 따라서 부하의 업무성과는 리더에게 호의적인 인상을 주고, 이로 인해 리더와는 높은 교환관계를 형성하게 된다.

④ 지적 존경(professional respect): 리더와 부하가 과업을 수행하는 과정에서 서로의 능력과 조직 내외에서 형성된 명성, 리더십에 대한 부하들의 인식이다. 리더와 부하의 과거의 자료, 경력, 명성, 업무성패 등에 의해 형성되는 것이다. 이러한 지적 존경은 서로 만나지 않거나 공동으로 일을 하지 않아도 형성된다.

5 LMX이론의 평가

조직 내 부하들의 행동은 리더와의 상호관계의 결과에 의해 결정되며, 실질적인

보상과 이해관계를 통하여 행동을 조정할 수 있다. 리더나 부하는 모두 상이한 가치관, 성격, 태도, 감정 등을 가지며 관계를 유지하기 때문에 이들 간의 쌍방적 상호관계의 결과가 모두 상이하다. 또한 상호관계의 결과에 의해 구축되는 LMX 관계의 질은 부하의 직무태도나 행동에 영향을 미친다.

LMX의 질이 높다면 리더는 부하에게 많은 책임과 권한을 부여하고, 부하에 대해 심리적 안정, 승진, 보상 등의 다양한 특권을 제공하고, 부하에 대해 도전적인 업무를 부여하고 적극적으로 지원한다. 부하는 이러한 리더의 행동에 상응하는 보답을 하기 위해 높은 조직적 헌신과 신뢰성, 긍정적인 직무태도를 보이게 된다.

LMX 관계는 리더와 부하 간의 교환수준에 따라 부하들은 리더와의 관계를 차별적으로 지각하게 된다. 따라서 LMX 관계는 리더 및 조직에 대한 부하의 태도와 행동에 차별적인 영향을 미치며, LMX 관계의 질이 높을수록 부하의 태도와 행동은 긍정적으로 나타난다.

LMX 관계의 차이가 부하들에게 적절한 수준이라고 인식되는 경우에는 집단의 성과에 유리할 수도 있다. 그러나 이러한 차이가 커질수록 낮은 수준의 교환관계에 있는 부하들은 리더가 특정 부하를 편애하면 그들이 받을 만한 가치가 있는 것보다 더 많은 혜택을 누린다고 생각하여 부정적 행동을 하게 된다. 내집단의 부하들에게 자기효능감과 동질감을 높여주기 위한 리더의 행동은 그 부하들에게는 긍정적인 영향을 미치지만 집단의 성과에는 부정적일 수 있다.

또한 내·외집단을 분류하는 과정에서 인식의 차이로 인한 오류가 발생할 수 있다. 예를 들면 내향성의 부하는 특정 리더에 대한 동질성과 신뢰, 충성심을 가지고 있다 하더라도, 이를 표현하지 못함으로써 외집단으로 분류될 수 있다. 반면에 조직에서 자신의 지위와 이익을 확보하기 위하여 특정 리더에 대한 거짓 충성과 신뢰를 보임으로써 내집단으로 분류될 수 있는 오류가 발생할 수 있다.

LMX이론의 시사점은 다음과 같다.

① 부하들은 조직에 대한 LMX 관계가 높을수록 조직몰입과 신뢰가 높아지게 된다. 따라서 조직은 부하들에게 적극적인 지원과 교육훈련을 통해 조직의 목표와 비전을 공유하게 하여야 한다. 또한 조직에 대한 자긍심, 소속감, 심리적 애정을 가질 수

있도록 인간적인 교류를 통해 정신적인 공감대를 형성하여야 한다.

② 리더가 부하 개개인과의 관계에 초점을 두고 차별적인 영향력을 행사할 때 성공적인 결과를 초래할 수 있다.

그러나 LMX이론은 다음과 같은 문제점이 제기된다.

LMX이론의 문제점은 부하와의 관계를 획기적으로 향상시키기 위한 리더의 행동을 제시하지 않고 있다는 것이다. 이 이론에서는 리더가 부하에게 나타내는 행동은 믿음, 존중, 개방성, 자율성, 재량권 등으로만 설명하고 있다. 또한 이 이론은 모든 부하가 동일한 수준의 신뢰, 책임감, 승진 등에 대한 기회를 가지고 있다고 전제한다. 따라서 부하 개개인에 대한 특성을 고려하지 않고 있으며, 리더의 개인적인 성격이나 가치관에 대한 특성도 고려하지 않고 있다.

사례

리더-부하 교환관계 다차원 측정도구 (LMX-MDM)

1. 당신의 의견이 리더와 어느 정도 일치하는가?
   리더가 당신이 하는 일에 얼마나 만족하는지를 알고 있는가?
2. 리더는 당신의 직무상의 문제와 욕구를 얼마나 이해하고 있는가?
3. 리더는 당신의 잠재력을 얼마나 인식하고 있는가?
4. 리더는 당신의 업무상의 문제를 해결하는 데 어느 정도 도움을 주고 있는가?
5. 리더가 자신에게 희생이 따르더라도 당신을 지원해 줄 가능성은 어느 정도인가?
6. 나는 리더를 매우 신뢰하기 때문에 그가 없더라도 그의 결정을 지지하고 정당성을 주장할 것이다.
7. 당신은 리더와의 업무상 관계의 특징을 어떻게 규정하겠는가?

(Sparowe & Wayne, 1997)

- 나는 리더를 인간적으로 좋아한다.
- 나는 리더가 친구처럼 다정하게 느껴진다.
- 나는 리더와 일을 할 때 재미를 느낀다.
- 나의 리더는 나의 업무결과에 문제가 발생했을 때 나를 지지할 것이다.
- 나의 리더는 내가 타인에게 비판받는다면 나를 지지해 줄 것이다.
- 나의 리더는 내가 명백한 실수를 하더라도 나를 지지헤 줄 것이다.
- 나는 리더를 위해 그가 기대했던 것 이상으로 과업을 수행한다.
- 나는 내가 속한 부서의 성과를 높이기 위해 노력한다.

- 나는 리더를 위해 어려운 일을 마다하지 않는다.
- 나의 리더는 업무 관련 지식이 풍부하다.
- 나의 리더는 뛰어난 업무수행 역량으로 인해 부하들의 존경을 받는다.
- 나의 리더는 이 분야에 대해 전문성을 보유하고 있다.

(Liden & Maslyn, 1998)

제10장 카리스마 리더십

1 카리스마 리더십의 개념

기존의 전통적 리더십은 조직의 성과를 향상하기 위하여 리더의 개인적 특성을 발견하고, 그들의 행동을 개발하여 상황에 적합하게 영향력을 행사하는 것이었다. 그러나 현대적 리더십은 시대적 상황에 대응하여 리더의 영향력에 의해 부하들이 자발적으로 노력하여 조직의 성과를 향상시켜야 한다는 것이다. 따라서 리더는 부하들이 열심히 일할 수 있도록 동기부여시켜야 하며, 조직과 자신을 동일시하도록 부하들을 변화시켜야 한다. 이러한 조건을 전제로 등장한 리더십이 카리스마 리더십이며 강한 비전을 제시하여 혁신을 추구하는 리더이다.

카리스마(charisma)란 기적을 이루어 내거나 미래의 일을 예언하는 능력과 같이 하늘이 부여한 재능이라는 의미를 포함하고 있다. 이것에 대해 웨버(Weber)는 집단의 구성원들이 특정한 권위가 정당하다고 믿거나, 정당성에 대한 판단을 유보하고 자발적으로 복종할 때 권위의 기반이 형성된다고 하면서, 권위의 유형을 전통적 권위, 합리적 또는 합법적 권위, 카리스마적 권위로 분류하고 설명한다.

전통적 권위는 전통에 의해 권위를 소유하고 있는 인물들의 정당성에 대한 믿음에 근거한다. 합법적 권위는 제정된 규범과 질서의 합법성에 대한 믿음과, 이러한 규범에 의해 권위를 행사할 수 있는 자격을 갖춘 인물들의 권리에 대한 믿음에 근거한다. 카리스마적 권위는 특정인의 신성함이나 영웅적인 능력, 모범적이며 일상외적인 헌신, 이러한 개인에 의해 제시되거나 창조된 질서에 근거한다. 따라서 카리스마는 일상외적인 특정 인물의 자질을 의미한다. 이 자질로 인해 카리스마 리더는 초자연적이거나 초인적인, 적어도 특별히 일상외적인, 일반인은 소유할 수 없는 역량이나 특성을 신에 의해 소유하고 있는 것으로 접근한다. 따라서 카리스마 리더의 특성을 예외적, 혁명적, 신비적, 영웅적인 것으로 설명하고 있다.

카리스마 리더란 신비스럽고 자아도취적이며, 구성원들을 끌어당기는 흡인력을 가진 사람으로서, 흔히 위기에 출현하여 뛰어난 해결책으로 극복할 수 있도록 구성원들을 선동하는 사람이라고 할 수 있다. 따라서 리더가 구성원들이 갖고 있지 못하는 천부적인 특성을 갖고 있다고 부하들이 인식하게 될 때 카리스마적 리더십을 발휘할 수 있게 된다. 부하들은 리더의 행동이나 태도를 실제보다 신중하게 받아들이며, 그를 신뢰하고 추종하게 된다. 뿐만 아니라 리더를 초인적 영웅이나 지도자로 우상화하고 숭배하는 현상까지 나타나게 된다.

카리스마 리더는 우월감과 자신감, 자기신념에 대한 확신, 강력한 영향력 행사에 대한 욕구 등의 특성을 보이고 있으며, 자신만의 이미지를 구축하고 비전과 목표를 명확히 제시한다. 또한 부하에게는 높은 기대와 신뢰감을 표시하고, 가치체계에 대한 자기역할을 모형화하여 영향력을 행사한다.

부하들에게 카리스마 리더는 매혹적이며 특출나게 비범하다고 믿기 때문에 실천하지 않을 수 없는 초인적인 사명이나 행동을 하는 사람으로 보았다. 따라서 카리스마는 리더와 부하 간의 명확한 사회적 관계이다. 이 관계에서 리더는 당연하거나 이상적인 모습을 뛰어넘는 혁명적인 아이디어, 초월적인 행동이나 이상을 제시한다. 반면에 부하들은 이상적인 성공 가능성 때문이 아니라 리더의 비범한 자질에 대한 믿음 때문에 그의 행동을 수용한다.

카리스마 리더십은 비전의 제시와 근본적인 변화의 추구를 핵심내용으로 하고 있다. 따라서 조직의 목표를 효율적으로 달성할 수 있는 방안으로서 중요한 의미를 갖는다. 특정인이 구성원들로부터 지지를 받고, 구성원들이 자발적으로 목표달성을 위한 행동을 하게 하는 힘을 권한이라고 한다. 이러한 권한은 첫째, 합법적으로 리더에게 주어질 수도 있고, 둘째, 관습이나 전통적으로 이미 당연시되는 권한이 있을 수 있다. 셋째, 어떤 리더는 구성원들이 인정하는 뛰어난 능력과 매력을 소유하고 있어 강제하지 않아도 자발적으로 그에게 복종하고 추종한다. 이러한 리더에게는 카리스마가 있다고 하며, 그 리더를 카리스마적 리더, 그가 행사하는 영향력을 카리스마 리더십이라고 한다. 키리스마 리더십은 다음과 같은 과정으로 진행한다.

① 1단계(비전창출): 리더는 현재의 상태에서 기회와 부족한 것을 확인하고 이해관계자의 욕구를 고려하여 전략적 비전을 수립한다.

② 2단계(비전전달): 리더가 부하에게 설정된 비전을 전파한다. 현재의 불만족스러운 상태에 대한 원인과 제시된 비전이 바람직한 대안이라는 것을 정확하게 전달한다. 또한 리더는 강력하고 효과적인 방법으로 자신의 가치관과 신념을 확대하여 전달한다.

③ 3단계(신뢰구축): 리더는 신뢰를 구축하기 위해서 비전을 달성할 수 있는 능력, 뛰어난 전략적 통찰력 등의 전문성, 인습에 얽매이지 않는 전술의 구사, 부하와의 공통된 가치관·태도·포부를 보유하고 있다는 것을 보여 주어야 한다. 또한 자기희생과 비전의 달성에 전념하는 모습 등을 부하들이 기대하는 것 이상으로 보여 주어야 한다.

④ 4단계(비전달성): 리더는 부하들의 역량강화를 통하여 비전을 달성하는 방법을 제시하여야 한다. 리더가 모범을 보이고 부하들이 비전을 달성하도록 역량을 결집해 주거나, 다른 혁신적 기법을 통하여 비전을 달성할 수 있는 방법을 제시하여야 한다.

- 카리스마 리더: 사람의 마음을 사로잡는 초인간적인 능력을 가지고 대중의 우상적이며 열광적인 지지를 받는 유형의 지도자
- 카리스마적 권위(charismatic authority): 막스 베버에 의해 정의된 리더십 개념이다. 합리적-법적 권위나 전통적 권위의 두 가지 유형의 권한과 대조를 이루며, 세 가지 유형은 막스 베버의 3자 권력 분류 중 일부를 구성한다.

2 카리스마 리더의 행동유형

카리스마 리더의 행동유형은 다양하게 제시되고 있는데, 이것은 카리스마 리더에 대한 통합된 이론적 모델을 제시하지 못하기 때문이다. 일반적으로 카리스마 리더의 행동유형은 3가지 차원, 즉 비전 관련 행동, 개인적 행동, 임파워링 행동으로 접근하고 있다. 카리스마 리더에 대한 개념에도 비전이나 임무, 비범하거나 특별한 자질, 인정의 세 가지 요인이 포함되어 있다.

첫째, 비전이나 임무는 카리스마에 대한 개념을 제시할 때 가장 중요한 요인이다.

둘째, 비범하거나 특별한 자질이 있는 리더는 높은 자신감을 보이며, 위험을 감수하며, 자기희생을 하며, 자신의 신념에 도덕적 정의가 있다고 굳게 믿는다. 셋째, 부하들이 리더를 카리스마로 인정하지 않으면 카리스마 리더가 될 수 없다. 카리스마 리더가 되기 위해서는 부하들의 지지가 있어야 하며, 부하들이 리더의 의지에 추종하기 위한 준비가 되어 있어야 한다. 부하들은 그들이 임파워링 되었다고 생각할 때 그들의 리더를 카리스마 리더라고 인정하고 리더에게 헌신하게 된다. 그러므로 임파워링 행동은 부하들이 카리스마 리더라고 인정하는 본질이 된다.

(1) 비전 관련 행동

비전이나 사명은 카리스마 리더십에서 가장 중요한 요인으로 간주한다. 비전이나 사명은 카리스마에서 가장 핵심적인 요인으로, 이것은 미래에 대한 공유된 비전이다. 카리스마 리더십은 비전적 리더십이라고도 하는데, 카리스마 리더는 전략적 비전을 행사하기 때문이다. 또한 비전은 카리스적 리더와 그렇지 않은 리더를 구별할 수 있는 중요한 요인이다. 리더가 비전 제시적 내용의 언행을 많이 할수록 그는 부하들에게 카리스마 리더로 인식될 가능성이 높다.

비전은 일반적으로 논리와 감정에 호소하면서 현재와 미래에 대한 청사진을 보여주는 것이다. 따라서 비전은 부하들에게 매우 의미 있는 미래지향적인 측면을 포함하고 있으며, 리더에 의해 제시된 미래에 대한 이상적인 목표라고 할 수 있다. 그러므로 비전은 현재의 상태를 정확히 파악하여 강점과 부족한 부분 등이 포함되어야 하고, 동시에 부하들이 추구하고자 하는 욕구를 만족시킬 수 있어야 한다.

이러한 측면에서 비전이란 환경의 변화와 부하들의 욕구를 정확하게 파악할 수 있는 리더의 능력으로, 미래의 목표를 설정하고 그 목표를 달성하기 위한 계획을 수립할 수 있는 리더의 능력을 나타내고 있다. 미래의 목표를 설정하기 위해 리더는 환경적 제약조건이나 자원들을 정확하게 파악해야 한다. 이러한 상태를 정확히 파악할 수 없다면 조직의 미래에 대한 사고나 계획을 수립할 수 없다.

또한 부하들 간에 비전이 공유되기 위해서는 부하들의 욕구가 반영된 비전이어야 한다. 비전이 부하들의 욕구를 반영하지 않는다면 그들은 비전을 수용하지 않을 것이다. 비전이 부하들에 의해 수용되기 위해서 리더는 현재의 상황을 정확히 파악하여 미래의 목표를 설정해야 한다. 또한 미래의 목표가 부하들의 욕구를 어떻게 충족시킬 수 있는지를 검토하고 리더의 계획에 원만하게 부합하고 있는가를 살펴야 한다.

이러한 내용을 고려할 때 리더의 비전 관련 행동은 다음과 같다. 환경의 변화에 민감한 행동, 부하들의 욕구를 충족시키기 위한 비전의 설정, 미래 조직목표의 설정, 이념의 강조, 미래의 목표를 성취할 수 있는 계획의 설정 등이다. 이러한 행동들은 비전과 관련하여 카리스마적 리더와 그렇지 않는 리더를 구별할 수 있는 기준이 된다.

그러나 비전 관련 행동을 한다고 해서 카리스마 리더라고 할 수 없다. 리더가 비전 관련 행동만을 한다면 그는 부분적으로만 카리스마 리더라고 할 수 있다. 비전만으로는 리더가 가진 카리스마적 영향력을 성공적으로 행사하기 어렵기 때문이다. 카리스마 리더는 그가 제시하는 비전을 부하들과 공유할 수 있어야 하고, 이를 통해 그들을 동기부여시켜야 하며, 목표달성을 위한 발전적 전략을 구체화시킬 수 있어야 한다. 이러한 비전의 공유와 변화를 주도하기 위한 필수적인 요소가 리더의 개인적 행동이다.

(2) 리더의 개인적 행동

카리스마 리더의 행동에는 비전 관련 행동 이외에도 자신의 동기를 반영하는 개인적 행동(personal behavior)이 있다. 리더의 개인적 행동에는 비전에 대한 헌신적 행동, 자신감, 자기희생적 행동 또는 역할모범적인 행동 등이 포함된다. 카리스마 리더십은 비전만으로는 카리스마적 효과를 야기시키는 데 충분하지 않으며, 카리스마적 효과를 발생시키기 위해서 리더는 모든 부하들에게 전달될 수 있는 비전을 설정하여야 한다.

카리스마 리더의 개인적 행동은 비전과 관련하여, 비전에 적합한 행동, 비전을 전달하는 행동, 일관성과 신뢰할 만한 가치를 보여주는 행동, 존경을 받을 수 있는 행동, 모험행동 등이다.

비전을 달성하기 위해서 리더는 반드시 자신의 동기를 반영하는 행동을 하여야 한다. 이러한 행동은 비전에 대한 확신감, 비전을 달성할 수 있으리라는 자신감 그리고 비전을 달성하기 위한 자신의 헌신 등이다. 리더가 비전을 달성하는 데 자신의 능력이나 믿음에 대해 자신감이나 확신이 없다면 그는 비전에 대해 헌신할 수 없고 열중할 수 없다. 부하들은 이러한 리더를 예외적인 인물로 생각하지 않으며, 카리스마적 리더라고 할 수 없다.

카리스마 리더는 부하들에게 충분히 신뢰할 만한 가치가 있다는 것을 행동을 통해서 보여 주어야 한다. 개인적으로 위험을 무릅쓰거나 자기희생적인 행동을 보이는 리더에 대해서 부하들은 카리스마 리더라고 생각한다. 이러한 행동은 개인적인 모험행동, 강한 자신감을 보여주는 행동, 역할모범 행동, 혁신적인 행동, 인상관리 행동 등이다.

그럼에도 불구하고 리더가 이상적인 비전을 제시하고 변화를 주도하는 개인적 행동을 통해 부하들을 동기부여를 시킨다고 하여 카리스마 리더라고 하기 어렵다. 명확한 비전과 목표를 부하에게 제시하고, 새로운 동기를 부여하여야 하며, 부하들을 신뢰하고, 이들에게 권한과 책임을 부여하고, 주인의식을 갖고 과업을 주도적으로 수행하도록 하여야 카리스마적 리더십이 효과적으로 발휘될 수 있다. 따라서 카리스마 리더가 되기 위해서는 비전 관련 행동과 개인적 행동 이외에 임파워링 행동이 요구되고 있다.

(3) 리더의 임파워링 행동

카리스마 리더가 부하들에게 높은 성과를 발휘할 수 있을 것이라는 기대감을 전달하고, 부하의 능력에 대해 높은 자신감을 보여줄 때 그들로 하여금 자긍심을 갖도록 할 수 있다. 카리스마 리더의 이러한 임파워링 행동은 부하들이 수용한 목표나 부하들이 자발적으로 설정한 목표에 대해서 적극적인 반응과 긍정적 행동으로 나타나고 있다.

카리스마 리더는 임파워먼트를 통해서 부하들에게 신뢰와 같은 긍정적 효과를 얻을 수 있는데, 이때 임파워먼트는 자신들의 능력이 강화되는 것에 대한 믿음이라고 할 수 있다. 따라서 리더가 부하들에게 그들의 능력을 향상시킬 수 있으리라는 믿음을 제공함으로써 부하들이 임파워링 되었다고 생각하게 한다. 또한 부하들은 리더가 셀프 리더십을 발휘할 때, 리더가 부하들의 능력을 신뢰할 때, 리더가 부하들의 능력을 향상시킬 때 부하들은 리더에 의해 임파워링 되었다고 느끼게 된다. 이러한 리더의 임파워링 행동은 부하가 리더를 카리스마 리더라고 수용할 것인지에 대한 기준이 된다.

3 카리스마 리더의 행동특성

카리스마 리더의 행동에 대한 긍정적이며 부정적인 특성은 다음과 같다.

(1) 긍정적 행동특성

카리스마 리더의 긍정적인 행동특성은 미래지향적이고, 열정적이며, 사교적이고, 배려심이 있고, 솔선수범하며, 효율적으로 직무를 수행하며, 신속한 판단과 통찰력이 있다. 또한 성취지향적이며 긍정적인 사고방식을 보이고 있다. 이러한 행동특성의 리더는 부하들을 위해 자신을 헌신하고 봉사하며, 조직의 목표를 위하여 적극적으로 노력하고자 하는 사고방식을 가지고 있다.

사회화된 권력동기를 소유하고 있는 리더는 정서적으로 성숙한 사람이다. 그들은 자신의 권력을 타인의 도움을 위하여 사용하며, 이기적이거나 물질적 소유 욕구를 충족시키기 위해 사용하지 않으며, 장기적인 안목에서 구성원들로부터의 조언을 기꺼이 수용한다. 이러한 행동의 리더는 조직을 위해 자신의 이익을 희생하고 참여적인 분위기를 중요시한다. 따라서 강압적이고 독단적인 행동보다는 지도적인 행동을 한다. 이러한 리더들은 부하로 하여금 자부심과 책임감을 느끼게 하고, 사소한 규정에 구속되지 않게 하며, 조직구조를 명확하게 하여 조직에 대한 소속감과 사명감을 갖게 한다.

카리스마 리더가 사회화된 권력지향성을 보이게 되면 개인적 동일시보다 가치의 내면화를 강조하여, 부하가 리더에게 헌신하기보다는 이념에 헌신할 것을 강조한다. 또한 상당한 부분의 권한을 부하에게 위임하고, 공개적으로 정보를 공유하고, 의사결정에 참여하도록 격려하며, 조직의 목표에 부합하는 행동을 강화하기 위해 보상을 사용한다.

긍정적인 카리스마 행동에 대한 효과는 매우 크다. 카리스마 리더의 긍정적인 행동에 대하여 부하들은 심리적 성장을 경험하고 자신의 능력을 개발할 것이며, 조직은 역동적이고 격심한 경쟁적 환경에 능동적으로 적응할 수 있다. 또한 성취지향적 조직문화와 높은 성과체계를 구축하고, 참여와 가치지향적 조직을 창조한다. 이러한 조직에는 모두가 이해할 수 있는 사회적 가치가 포함되어 있고, 구성원들은 전략과 직무를 수행하기 위한 의사결정을 할 수 있으며, 개방적인 의사소통으로 정보를 공유하고, 명확한 조직구조는 목표달성을 지원한다. 이와 같이 카리스마 리더의 긍정적인 행동은 부하들의 개인화된 행동이 아니라 사회화된 행동으로 나타난다.

(2) 부정적인 행동특성

카리스마 리더의 부정적인 행동특성은 독선적이고, 강압적이고, 냉정하고, 부정적이고, 엄격하고, 권위주의적이고, 이기적이다. 또한 칭찬에 인색하고, 부하를 무시하고, 정치적인 성향이 강하고, 주변의 평가에 예민하게 반응한다. 부하들을 통제와 권위에 의해 관리한다.

카리스마 리더의 긍정적인 부분은 사회화된 리더의 행동으로, 부정적인 부분은 개인화된 리더의 행동으로 설명할 수 있다. 부정적인 카리스마 리더는 이념보다는 자신에 대한 헌신과 봉사를 강요한다. 그들은 이념을 권력을 쟁취하기 위한 수단으로 사용하며, 이를 무시하거나 임의로 자신의 목적에 적합하도록 변경한다, 리더의 의사결정은 부하들의 이익과 복지보다는 자신의 이익과 권력유지를 위해 이루어진다.

이와 같이 리더의 부정적 행동은 개인화된 권력지향적 경향을 보이고 있으며, 이들은 조직의 이익이나 목표보다는 자신의 이익을 강조한다. 자신의 이익을 위해 부하들의 희생과 헌신을 강요하며, 조직의 이념은 권력을 쟁취하기 위한 개인적 수단으로 사용한다. 권력을 획득하게 되면 조직이념을 무시하거나 자신의 개인적 목표를 위해 변경한다. 또한 이들은 부하들의 능력을 인정하지 않으며, 자신에게 의존하게 한다. 의사결정의 내용은 부하의 복지와 이익보다는 자신의 권력유지를 위한 것이다.

4 카리스마 리더십의 특징

카리스마 리더십의 특징은 리더의 특성, 부하의 특성 및 상황적 특성으로 분류하여 설명할 수 있다.

(1) 리더의 특성

카리스마 리더는 다음과 같은 특성을 나타내고 있다.

첫째, 카리스마 리더는 높은 자신감, 자신의 신념에 대한 확신, 타인에게 영향력을 행사하려는 강한 욕구를 가지고 있다. 이러한 요인은 높은 권력욕을 의미하는 것으로서, 부하들을 설득하고 그들의 행동에 높은 영향을 미치게 한다. 리더의 성공경험과 자신감은 그들의 의사결정을 부하들이 수용하도록 한다.

둘째, 카리스마 리더는 계산된 행동으로서 자신이 유능하고 성공적인 사람이라는 인상을 부하들에게 심어준다. 이러한 행동은 리더의 결정에 대해 부하들의 신뢰를 강화시키고, 자발적인 참여와 수용을 증대시킨다. 리더가 전문성과 신뢰성이 상실하게 되면 리더십을 행사하는 과정에서 부하들에 대한 영향력은 감소한다.

셋째, 카리스마 리더는 부하에게 이데올로기적 목표를 제시한다. 카리스마 리더는 미래에 대한 높은 비전을 제시하여야 한다. 이를 통해 자신들이 수행하고 있는 직무에 대한 의미를 부여하고, 정서적으로 깊게 몰입하여 목표달성을 위해 적극적으로 참여하게 한다.

넷째, 카리스마 리더는 부하들이 자신과 동일시하도록 역할모델로서의 행동을 한다. 여기에는 리더의 행동을 모방하도록 하는 것뿐만 아니라 부하들의 지각, 태도, 가치와 정서적 반응의 변화까지 포함한다. 또한 부하들이 리더를 신뢰하고 자신과 동일시한다면, 역할모델로서 부하들은 리더의 신념과 가치를 수용하고 실천할 가능성이 높다.

다섯째, 카리스마 리더는 부하들의 성과에 높은 기대를 가지고 있음을 주지시키고 동시에 부하들에게 신뢰감을 표현한다. 인격과 성품에서 인정을 받고 전문적인 능력을 갖추어 준거권력을 행사하고 있는 리더는 부하에 대한 영향력이 높아 그들이 목표달성에 집중하도록 높은 참여와 동기부여를 할 수 있다. 만약 부하들이 리더의 기대를 충족시키기 위한 능력이나 자신감이 없다면 리더의 영향력에 저항하거나 무관심하고 형식적인 노력만 할 것이다. 높은 신뢰를 받고 있는 리더는 부하들의 자존심을 높여주며, 성공적인 직무수행이 가능하다는 비전을 제시한다.

여섯째, 카리스마 리더는 부하들이 목표달성에 관한 방향으로 동기를 유발하도록 하는 행동을 한다. 성취동기의 유발은 솔선수범, 위험부담, 개인적 책임감 등이 요구되는 복잡하고 도전적인 과업에 적합하다. 권력동기의 유발은 경쟁적이고, 설득적이며, 공격적인 과업수행에 적합하다. 친화동기의 유발은 협업이 요구되는 과업에 적합하다. 이러한 동기들은 부하들의 가치관과 감정적 호소에 따른 효과에 따라 상이하게 유발한다.

이러한 내용을 요약하면 카리스마 리더의 특성은 ① 부하에게 비전을 제시할 수 있어야 한다. ② 비전을 전달할 수 있는 능력이 있어야 한다. ③ 부하로부터 신뢰를 받아야 한다. ④ 개인적인 매력이 있어야 한다. ⑤ 제스처, 억양, 표정 등의 비언어적 표현으로 부하들에게 감정표현을 할 수 있어야 한다.

(2) 부하의 특성

카리스마 리더의 효율성에 중요한 역할을 하는 것이 부하의 수용이다. 부하들은 카리스마 리더의 영향력에 다양한 반응을 나타낸다. 카리스마 리더의 믿음에 대해 신뢰를 보여주기도 하며, 무조건적으로 리더의 영향력을 수용하기도 한다. 리더에 대해 높은 애정을 보이거나, 자발적으로 추종하기도 하며, 리더와 자신을 동일시하거나, 리더가 제시하는 미션이나 목표에 대해 정서적으로 몰입하기도 한다.

부하들은 리더의 영향력을 어느 정도 수용하는가에 따라서 카리스마의 타당성을 평가할 수 있다. 부하들은 일반적으로 리더의 행동에 대해 관찰하고, 이러한 행동을 해석하여 카리스마적 자질이 있는지 분석하고, 그의 카리스마 리더십을 어느 정도 수용할지에 대한 판단의 과정을 통하여 결정한다. 부하들의 수용은 그들의 태도나 행동에 영향을 미치게 되며, 리더에 대한 만족이나 목표달성을 위한 적극적인 노력으로 나타난다. 부하의 수용에 대한 고려가 없이는 카리스마 리더의 효율성은 기대할 수 없다. 따라서 카리스마 리더의 영향력에 대한 효율성을 향상시키기 위해서는 부하들의 반응이 중요하다. 리더가 아무리 자신은 능력이 있다고 생각하여도 부하들이 인정하지 않으면 카리스마 리더가 될 수 없다. 부하들이 감정적으로 리더와 동일시하려 하고, 높은 신뢰를 가질 때 카리스마 리더가 될 수 있다. 카리스마 리더가 되기 위해서는 부하들이 다음과 같은 반응을 보여주어야 한다.

① 리더에 대한 높은 애정과 리더의 신념을 자신의 것으로 수용하여야 한다.

② 리더의 권위에 순종하여야 한다.

③ 리더의 비전을 따르면 원하는 것을 얻을 수 있다는 높은 기대감을 가져야 한다.

④ 리더의 매력에 정서적으로 몰입해야 한다.

(3) 상황의 특성

리더의 능력보다는 상황적 요인에 따라 카리스마 리더로 인정될 수 있는데 이러한 상황적 요인은 다음과 같다.

① 위기적 상황에 처하게 되면 자신들을 구할 수 있는 강력한 힘의 리더를 요구하게 되는데, 이러한 상황에서 카리스마 리더가 나타날 수 있다.

② 직무수행 과정에서 구성원간 상호의존도가 높을수록 그 집단의 리더는 카리스마 리더가 될 수 있다.

5 카리스마 리더의 역량

카리스마 리더들이 리더십의 효과를 향상시키기 위해 갖추어야 하고 개발해야 할 역량은 다음과 같다.

(1) 비전제시 능력

리더가 제시하는 비전은 부하들의 자발적이고 자기희생적 노력을 위하여 중요하다. 카리스마 리더는 집단적 여론을 조성하기 위한 비전을 분명하게 제시할 수 있어야 한다. 현재보다 훨씬 나은 미래지향적 비전을 명백히 하고 이상화시키는 능력을 갖추어야 한다. 현재의 상황과 변화되어야 하는 방식의 차이를 신속하고 정확하게 인지해야 한다. 비전은 현재보다 나아진 조건과 이것을 달성하는 방법을 상상하는 능력으로, 사람들을 고양시키고 동기부여하도록 한다. 따라서 비전은 미래에 대해 높은 기대를 할 수 있어야 하며 열정적으로 반응하는 내용이 되어야 한다.

(2) 의사소통 능력

리더의 비전을 모든 부하들에게 정확하게 이해시켜야 한다. 비전을 추진하는 과정에서 복잡한 사고와 목표를 분명히 하고 이것을 전달할 수 있어야 한다. 상부계층에서 하위계층에까지 리더의 메시지를 동일하게 이해시켜야 한다. 리더의 창의적이며 열정적인 의사소통 능력은 부하들의 정서적 수준을 향상시키고 비전을 수용하도록 한다.

카리스마 리더는 현재의 상황에 대한 문제점을 부하들에게 분명하게 인식시켜야 한다. 새로운 비전에 대한 지지를 얻어내는 과정에서 부하들이 쉽게 이해하고 높은 영향력을 미치게 하여야 한다. 이를 위해 경험이나 사례 등을 활용하여 메시지의 내용을 적극적으로 전달해야 한다.

(3) 자신감과 도덕적 신념

부하들이 리더를 신뢰하지 않으면 조직의 변화는 불가능하다. 카리스마 리더는 확고한 자신감과 믿음, 강한 도덕적 신념, 낙관주의를 통해 부하들이 자신을 신뢰하도록 해야 한다. 자신의 의견을 수용하고 동참시켜야 하는 리더에게 자신감은 매우 중요하다. 또한 비전의 추진과정에서 문제가 발생하더라도 낙관적인 자세를 유지해야 부하들은 자신감을 갖고 문제를 해결하려 할 것이다. 부하들은 낙관적이며 긍정적인 리더에게 높은 연대감을 느끼기 때문에 이는 카리스마 리더의 필수요인이다.

(4) 신뢰구축 능력

부하들은 리더의 성실성에 대한 믿음이 높으면 리더의 비전을 추구하는 데 자신들의 개인적 희생을 기꺼이 감수한다. 카리스마 리더는 자신의 이익보다는 부하들의 입장을 충분히 배려하고 공정성을 보여주어야 신뢰를 얻을 수 있다. 리더의 이러한 자세는 부하들에게 영감을 불어넣으며, 리더와 부하 간의 높은 협력관계를 구축한다. 부하들이 리더에게서 카리스마를 확인하면 그들은 리더를 역할모델로 결정하고 그의 가치관과 믿음을 모방하려 한다. 따라서 리더는 자신의 가치관 등을 부하들에게 명확하게 인식시켜야 한다.

(5) 위험을 감수하려는 자세

카리스마 리더는 자발적으로 높은 개인적인 위험에 도전함으로써 부하들의 신뢰를 얻는다. 부하들은 높은 위험을 추구하는 리더의 용기를 긍정적으로 평가한다. 카리스마 리더는 부하들로 하여금 자신에게 위험을 지우게 함으로써 리더의 비전에 대한 지지와 존경을 얻는다.

(6) 활력 있는 행동

카리스마 리더는 언제나 활력이 있으며, 정해진 시간에 직무를 완수하여야 한다. 직무를 수행하는 과정에서 활력이 넘치고 열정적이며 매력적으로 보이도록 노력을 하여야 한다. 특히 제스처, 목소리, 아이 컨텍, 얼굴표정 등과 같은 비언어적 수단을 통하여 감성적으로 표현하는 노력도 하여야 한다.

(7) 최소한의 내적 갈등

카리스마 리더는 자신의 비전과 전략이 정확하다고 확신해야 하며, 일시적으로 좌절적 상황이 발생하더라도 일관성 있게 추진해야 한다. 이렇게 하는 것이 비전을 추진하는 과정에서 장애나 위험에 직면하더라도 부하들에게 강력하게 실행하도록 강요할 수 있는 명분과 타당성을 확보할 수 있기 때문이다.

(8) 임파워먼트 부여 능력

조직을 변화시키기 위해서 리더는 부하들의 역량을 개발하고 자발적인 동참과 몰입을 유도하여야 한다. 이를 위해서는 부하 개개인의 자기효능감을 높여야 한다. 자기효능감을 향상시키기 위해서는 권한위임과 더불어 자발적으로 문제를 해결할 수 있는 자신감을 불어넣어야 한다. 이를 통해 부하들의 자기효능감이 향상되고 임파워먼트가 가능하다. 임파워먼트에 의해 동기부여하면 부하들에게 상위의 가치 있는 직무를 계속 부여함으로써 전체조직의 역량을 향상시킬 수 있다. 따라서 카리스마 리더는 부하들을 임파워먼트 시키기 위해 역할모델과 코칭, 피드백과 지원을 통해 그들의 기술과 자신감을 높이도록 하여야 한다.

사 례

현대의 신화

정주영 회장(1915~2001)

정주영 회장은 최선의 노력과 성실로써 근면하면 무엇이든 이루어 낼 수 있다는 신념을 가지고 있었다. 따라서 스스로 사명감을 가지고 일했으며, 적극적이고 진취적인 자세로 직원들을 독려했다. 위기상황에서는 솔선수범으로 문제를 해결하였다. 이러한 카리스마적 리더의 행동은 강력한 사업의 추진력으로 나타났다.

① 도전정신: 불가능을 가능하게 하는 도전정신으로 마지막까지 최선을 다하라, 해 보고 안 된다고 해라. 그의 성공은 지속적인 도전과 노력에서 비롯된다. 경부고속도로 공사는 최저의 공사비로 3년 내에 건설한다는 계획이었다. 그는 사업을 성공시키기 위해 천문학적인 액수의 중장비와 인원을 동원하여 많은 난관에도 불구하고 사업계획대로 준공식을 하였다. 그는 어떤 사업이든 성공을 위해 모든 장비와 투자를 아끼지 않았다.

② 명확한 비전 제시: 항상 새로운 비전을 계획하는 전략가로서, 끊임없이 새로운

변화를 위한 비전을 제시하였다. 그는 미래를 예측할 수 있는 안목이 있었으며, 반도체 사업, 서울올림픽 유치, 금강산 개발사업 등은 미래에 대한 명확한 비전의 제시이다. 이를 위해 많은 시간 생각하고, 구성원들의 태도를 예의주시하였다. 새로운 시각으로 문제를 바라보는 것이 새로운 비전을 위해 아이디어를 얻는 비결이다.

③ 강력한 추진력: 일단 해 보자는 목적의식이 들면 뛰어드는 것을 주저하지 않았다. 사업경험이 전혀 없는 현대가 주베일 산업항 건설공사를 완공한 것은 그의 저돌적인 추진력이었다. 이처럼 모험적인 사업을 추진할 수 있었던 것은 상식에 얽매인 고정관념에 빠져 있지 않았기 때문이다. 그는 하고자 하는 강한 의지에서 비롯되는 인간의 무한한 잠재능력과 창의성을 중요하게 여겼다.

④ 역할 모델로서의 솔선수범: 그는 하루도 거르지 않고 현장을 방문하였다. 리더는 머리만으로 성공할 수 없으며 직접 행동하여야 한다고 하였다. 현장에서 직접 체험한 지식과 경험을 중요시하였다. 그 결과 현장의 모든 부분까지 파악하고 지휘할 수 있는 리더로서의 역할을 수행하였다.

제4부

공감적 리더십

제11장 코칭 리더십

1 코칭 리더십의 개념

성과를 향상시키기 위해 대화를 통한 방향제시, 역량개발, 수행평가, 관계피드백 등의 프로세스로서 진행되는 결과지향적이고 체계적인 리더의 행동

효율적인 리더십을 행사하는 데 있어서 리더에게 요구되는 중요한 요인 중의 하나가 코칭 능력이다. 최근 급변하는 조직 환경의 변화에 유연하게 적응하는 과정에서 새로운 리더십에 대한 필요성이 제기되고 있다. 또한 부하들의 다양한 욕구와 변화하는 가치관을 중요하게 고려하여, 과거 리더의 일방적인 영향력 행사를 중심으로 이루어지던 리더십으로부터 리더와 부하 사이에서 효율적인 영향력의 관계를 정립하기 위한 리더십이 요구되고 있다.

이러한 시대적 요구에 기초하여 조직에서의 수평적 의사소통을 기반으로 부하들의 성과향상은 물론 역량개발, 학습능력에 높은 영향을 미치고 있는 코칭 리더십에 대한 관심이 증가하고 있다. 코칭 리더십은 리더와 부하 간의 파트너십을 중요시하고 있으며, 이를 기반으로 리더가 부하에 대하여 영향력을 행사하는 것이다. 따라서 코칭 리더십은 부하가 직면한 상황을 자발적으로 개선할 수 있도록 코칭을 통해서 자기효능감을 높여주고, 부하가 높은 수준의 욕구를 설정하도록 함으로써 스스로가 동기부여되어 적극적으로 직무를 수행할 수 있도록 하고, 부하의 자발적인 직무수행에 의해 조직이 설정한 목표를 효율적으로 달성할 수 있도록 한다. 따라서 조직에서의 코칭 리더십은 부하들의 역량을 개발하고 향상시킴으로써 조직의 발전에 기여할 수 있다.

조직은 달성해야 할 목표와 비전을 설정하고 있으며, 리더십은 이러한 목표와 비전을 달성하기 위해 부하들의 행동과 태도에 영향을 미치는 중요한 요인이다. 따라서 조직이 경쟁력을 확보하고 지속적인 발전을 위한 수단으로서 리더십은 중요하게 다루어져야 한다. 조직에서 설정한 목표와 가치를 달성하기 위해서 리더는 효율적인 리더십을 행사하여 부하들을 지원하여야 한다. 왜냐하면 부하들의 직무수행의 결과와 조직의 목표달성 수준은 리더십에 따라 상이하기 때문이다. 리더십은 부하들이 조직이 설정한 목표를 달성하는 데 헌신하도록 하는 모든 행동에 영향을 미치고 있다. 이러한 이유로 리더의 리더십에 대한 중요성이 높아지고 있다.

리더의 리더십이란 솔선수범하여 모범을 보이고, 조직이 추구하고자 하는 방향을 정확하게 제시하고, 부하들을 지원하고 격려하여 조직의 목표를 효율적으로 달성하기 위해 영향력을 행사하는 것이다. 이러한 개념에 포함되어 있는 리더십에 대한 공통적인 내용은 원활한 의사소통을 유지하여 부하들에게 호의적이며 긍정적인 영향력을 행사함으로써 조직이 추구하는 목표를 효율적으로 달성하도록 하는 것이다.

과거 조직에서는 일방적인 지시와 명령, 권위중심으로 이루어지는 리더십이었으나, 최근의 시대적 상황에 대응하여 부하들의 적극적인 참여와 자율성을 존중하는 코칭 리더십에 대한 필요성이 제기되고 있다. 코칭 리더십이란 조직이 설정한 목표를 달성하기 위하여 리더가 부하에게 방향을 제시하고 능력을 개발하도록 하며, 리더와의 관계를 촉진하도록 하는 리더의 행동이다. 또한 리더가 부하에게 목표를 달성하기 위한 방법을 제시하고, 원활한 직무수행을 위한 교육과 능력을 개발시키며, 지속적으로 동기부여하도록 하는 것이다. 따라서 코칭 리더십은 부하들의 자신감과 열정을 고무시키기 위하여 리더와 부하 간의 관계에 신뢰를 기초로 상호 영향력을 행사하는 과정이라고 할 수 있다. 리더는 부하에게 지시하고 부하들은 리더의 명령에 따르는 수동적인 역할을 하는 것이 아니다. 코칭 리더십에서는 부하들을 성장 가능성을 가지고 있는 하나의 인간으로서 존엄성을 인정하고 신뢰를 기초로 해야 한다는 것이다.

2 코칭 리더십의 배경

소크라테스(BC 470경~399)

과거 소크라테스(Socrates)의 너 자신을 알라는 명언은 코칭의 정신이다. 소크라테스는 제자들에게 문제가 생기면 직접 답을 주지 않고 질문을 통해 답을 유도했는데 그들은 스스로 정확한 답을 찾아냈다. 이는 모든 문제해결이 자신의 능력에 달려 있다는 것을 보여주는 것이다. 모든 부하들이 자신의 무한한 가능성을 찾게 하는 것이 코칭 리더십의 핵심가치이다.

리더가 부하의 탁월함과 능력에 대한 높은 믿음을 바탕으로 수평적인 관계와 상호신뢰를 구축하여 그들이 주도적으로 목표를 달성할 수 있도록 지원하는 것이 코칭 리더십의 개념이다. 따라서 부하들의 선천적 능력에 대한 믿음과 발전 가능성에 대한 실현을 중요하게 여기는 인본주의 철학을 배경으로 한다.

코칭 리더십을 발휘하기 위해서 리더는 부하들에 대한 믿음과 태도에 대한 변화가 요구된다. 리더는 부하들이 지시와 명령에 의해 통제되는 수동적인 존재가 아니라 성장 가능성을 지닌 인간으로서 믿고 신뢰해야 한다. 또한 리더는 부하들을 개별적이며 능동적인 존재로 보고 코칭을 통해 그들이 성장의 욕구를 실현하도록 한다. 따라서 코칭 리더십은 인본주의(humanism)의 관점에서 접근하고 있다. 인본주의는 신(god)이나 초자연적인 존재가 아닌 인간이 가장 중요하다고 보는 관점으로, 모든 인간의 존엄한 가치를 배경으로 인간중심의 사고에 근간을 두고 있는 사상이다. 이러한 인본주의는 현상학과 실존주의 철학으로 나타나고 있다. 또한 심리학에서는 자극(stimulus)과 반응(response)의 조작된 환경에 의한 행동변화를 강조하는 행동주의와 무의식적 본능을 중시하는 정신분석이론을 비판하면서 인간의 무한한 잠재력을 강조한다.

인본주의 심리학이란 인간의 기본적인 존재성에 관심을 갖는 심리학. 심리학은 단순한 행동과학이 아니라 인간성의 과학이어야 한다는 입장에서, 종전의 과학적인 방법 때문에 경시되었던 사랑, 자아실현, 자아, 가치, 책임감 따위를 중시한다.

(1) 인간중심 인간관

인본주의 심리학에서는 인간의 자유의지와 자기실현에 초점을 두고 있다. 인간은 자신의 운명을 스스로 통제할 수 있다는 믿음을 바탕으로 성장에 대한 무한한 잠재력을 가진 자유롭고 능동적인 존재로 보았다. 인간이란 자신의 잠재 가능성을 실현하기 위한 내적 동기를 가진 존재로서 스스로를 조절 및 통제할 수 있는 자주적인 존재라는 것이다.

인간의 내면에는 선천적으로 성장을 위한 욕구충족의 실현 가능성이 존재한다. 내재적으로 동기부여한 인간은 자율성을 가지고 스스로 자아실현을 할 수 있다고 본다. 또한 인간이란 자신에게서 중요한 것이 무엇이고, 자신의 문제가 무엇인지를 잘 알고 있기 때문에 최적의 기능을 발휘하기 위해 내재적으로 동기화하는 존재로 보았다.

인본주의적 인간관에는 세 가지 특성을 제시하고 있다. 첫째, 인간의 실현화 가능성이다. 인간은 선천적으로 스스로를 유지, 성장, 발전시키려는 잠재력을 가지고 있고, 필요한 역량을 발달시키려는 경향성을 가지고 있는데 이것을 실현화 경향성(actualization tendency)이라고 한다. 또한 실현화 경향성 중에서도 잠재 가능성을 발전시키려는 것을 자아실현 경향성(self-actualization tendency)이라 한다. 둘째, 자아실현을 위한 목표를 충분히 실현할 수 있는 기능적인 인간(fully functioning person)으로 보고 있다. 인간은 언제나 삶의 매 순간에 집중하며 자신의 존재의미를 발견하려는 실존적인 삶을 살아간다. 자신이 처한 현실을 능동적으로 수용하려 하고, 지속적으로 변화 및 발전을 추구하며, 자신의 경험에 대한 신뢰를 바탕으로 타인의 판단에 귀 기울이지 않고, 자신에게 가장 만족스러운 방향으로 행동한다. 셋째, 인간은 타인으로부터 관심과 애정을 받고 싶어하는 강한 동기를 가지고 있다. 이때 존중을 받을 만한 가치가 있는가를 결정하는 기준을 가치의 조건이라고 한다. 이러한 가치의 조건을 충족함으로써 타인에게 존중받고 나아가 스스로를 존중할 수 있게 된다.

맥그리거(기업의 인간적 측면, 1960)

한편 인본주의 인간관에 영향을 받은 조직학에서는 조직관리 이론의 체계화와 과학적 관리론에 반대되는 인간관계 중심의 조직이론이 등장하였다. 맥그리거(McGregor)는 인간의 본성을 수동적인 인간형인 X형과 능동적인 인간형인 Y형으로 동기부여의 관점에서 분류하였다. X형의 인간은 일을 하기 싫어하고, 책임지기 싫어하고, 게으르며, 지시받은 일만 하려고 한다. 따라서 리더는 보상을 유인책으로 사용하고 엄격한 감독과 명령으로 통제를 강화해야 한다. 반면 Y형은 인간에게 일은 재미있고 자연스러운 것으로 본다. 따라서 인간은 일을 통해 능력을 발휘하고, 자아실현을 위해 일을 하기 때문에 리더는 자율적이고 창의적인 업무여건을 제공해야 한다. Y형은 인본주의 사상에 입각하기 때문에 인간은 동기가 적절하게 부여된다면 자율적, 창의적으로 일할 수 있다고 본다. 이러한 인간이 가진 잠재적 가능성을 발휘할 수 있도록 해주는 것이 팀 리더의 역할이다.

(2) 인간의 욕구와 자아실현

매슬로우(Maslow)는 인간은 선천적으로 현재의 상태에 안주하지 않고 더 높은 욕구를 성취하기 위해 스스로를 성장, 발전시키려고 노력하는 존재라고 하였다. 그는 인간의 동기를 단계로서 욕구위계를 제시하였다. 하위의 욕구가 충족되면 단계적으로 상위의 욕구를 충족시키기 위해 동기부여한다는 것이다.

욕구충족을 위한 위계적 단계는 다음과 같다. 첫째, 위계적 욕구단계에서 가장 낮은 생리적 욕구는 생존에 필요한 음식, 의복, 수면 등 일차적 생존에 대한 욕구를 의미한다. 가장 기본적인 욕구로서 이러한 욕구가 충족되어야만 상위의 욕구들에 대한 동기부여가 발생한다. 둘째, 안전과 신체보호의 욕구는 인간의 생존을 위해 스스로를 보호하기 위한 주거 등 신체 및 재산상의 안전과 관련된 욕구이다. 셋째, 소속과 사랑의 욕구는 생리적 욕구와 안전 및 보호의 욕구충족으로 인해 발생한다. 특정 집단이나 공동체에 소속되어 자신이 가치 있다고 여기고 소속감을 느끼기 바라며, 공동체 내에서 타인들과 친밀한 관계를 형성하고 상호작용하기를 바란다. 넷째, 존경의 욕구는 자신에 대한 존경과 타인으로부터 인정받고 싶어하는 욕구이다. 스스로에 대한 존중은 타인에 비해 자신이 뛰어나다는 자신감, 특정 직무를 스스로 해 낼 수 있다는 독립심 등을 통해 자신의 가치와 존재감에 대한 확신을 갖게 된다. 또한 타인으로부터의 인정은 소속과 사랑의 욕구와 관련된 것으로 타인으로부터 단순한 수용을 넘어 인정받고자 하는 욕구이다. 다섯째, 자아실현 욕구는 가장 높은 단계로 자신의 잠재적 역량을 모두 발휘하고 한계를 확장시키려는 욕구이다. 자신에 대한 정확하고도 객관적인 판단을 바탕으로 하위의 모든 욕구들이 충족된 이후에 도달할 수 있다. 자아실현을 성취한 인간은 모든 선입견이나 편견에 좌우되지 않고 스스로를 객관적으로 판단할 수 있으며, 자신과 타인은 물론 조직의 모든 문제에 관심을 두고 적극적으로 대처한다.

인본주의 철학을 배경으로 인간중심 인간관과 인간의 욕구이론에 의하면, 코칭 리더십은 부하들이 소유하고 있는 경험 및 학습을 기반으로 직무를 수행하는 과정에서 나타나는 문제를 스스로 해결하고, 긍정적인 행동의 변화를 지원하고 촉진하는 리더십으로 볼 수 있다. 코칭 리더십의 발휘를 위해 리더는 자신이 의도하는 방향으로 부하들을 이끄는 것이 아니라 부하들의 발전 가능성에 대한 믿음과 신뢰를 바탕으로 스스로 현재의 상황을 지각하고 목표를 달성할 수 있도록 촉진하는 역할수행이 요구된다. 이를 위해 가장 중요한 것은 리더의 부하에 대한 관점의 전환이다. 리더가 신뢰하는 만큼 성장하고 발전한다는 믿음을 가지고 부하를 대우하게 되면, 그들은 내재적으로 동기부여하여 자아실현을 위해 스스로 노력하게 된다.

3 코칭의 필요성과 특징

(1) 코칭의 필요성

코칭은 4륜 마차나 그 밖의 수송기관을 끄는 동물들을 지휘하고 통제하는 기술

코칭이란 개인과 조직의 잠재력을 극대화하여 최상의 가치를 실현할 수 있도록 지원하는 수평적 파트너십이다. 따라서 리더와 부하 간의 코칭에서 지원은 개인적 발전단계에 부합되게 잠재력을 개발하여 능력을 극대화하는 것이다. 코칭은 자신의 능력을 통제할 수 있도록 하며, 자신의 능력을 충분히 발휘할 수 있도록 한다. 코칭은 가르치는 것이 아니라 스스로 학습하고 배울 수 있는 능력을 개발할 수 있도록 하는 것이며, 부하가 자신의 가능성을 인지하고 자신만의 특별한 능력과 의욕을 높일 수

있도록 하는 것이다. 전통적 리더십에서 리더는 부하들의 동기를 야기시키라고 요구한다. 하지만 코칭은 서로 신뢰할 수 있는 분위기를 조성하고, 부하가 적극적이고 자발적으로 의욕을 고취할 수 있는 방안을 요구한다.

급변하는 조직환경 속에서 리더의 역할은 증가하고 있다. 목표를 달성하고 현안을 해결할 수 있는 실무능력뿐만 아니라 부하들의 동기를 부여하고 함께 성장할 수 있도록 지원하며 촉진하는 능력도 요구하고 있다. 부하를 통제하고 지시하는 리더의 역할은 인정받지 않고 있다. 부하의 가능성을 개발할 수 있는 코칭이 요구되고 있다. 조직의 효율성과 성과향성을 위하여 리더는 부하의 직무수행 능력을 향상시키는 코치가 되어야 한다.

오늘날 코칭은 모든 조직이나 집단에서 필요로 하고 있다. 코칭 리더십이 주목받고 있는 이유는 리더가 부하들의 행동이나 태도를 변화시킬 수 있도록 영향력을 발휘하여 그들이 직무수행에 동기부여하여 몰입할 수 있도록 하기 때문이다.

또한 리더는 변화하는 조직환경에 유연하게 대응하면서 부하들의 욕구를 충족하고 그들의 참여와 역량을 끌어내 조직의 발전에 기여할 수 있도록 하여야 한다. 과거의 높은 성과를 기대했던 리더의 개인적인 특성이나 행동, 효율적인 리더십을 발휘하기 위한 환경적 요인에 대한 요구만으로는 충족될 수 없는 부분이 있다.

이러한 상황적 욕구에 부응하여 리더와 부하 간의 상호협력 관계를 바탕으로 리더의 부하에 대한 영향력을 나타낼 수 있는 리더십으로 코칭이 등장하였다. 코칭 리더십이 요구되고 있는 이유는 새로운 구성원이 조직문화에 원만하게 적응하도록 하기 위하여, 임원이나 관리자들의 직무능력을 향상시키기 위해서이다. 또한 코칭 리더십이 필요한 때는 새로운 프로젝트나 제도를 조직에 도입할 때, 기존의 직무시스템을 향상하고자 할 때, 조직에 새로운 변화가 필요할 때, 조직에 동기부여가 요구될 때, 성과가 낮은 리더들의 역량을 향상시키고자 할 때이다.

코칭은 한 사람의 리더가 다수의 부하들을 대상으로 직무수행 능력의 제고와 성과향상을 위해 실시된다. 리더는 다수의 부하들을 조직목표와 연계되는 방향으로 이끌면서 이들에게 코칭을 제공한다. 이러한 특성은 조직에서 리더가 행사하는 리더십과 유사하다.

따라서 코칭을 도입하는 목적은 조직의 성과향상, 리더의 리더십 향상, 새로운 조직문화 형성, 부하의 역량개발 등이다. 리더를 대상으로 하는 코칭은 개개인의 리더십 역량을 증진시키고 더불어 부하들의 동기부여와 능력개발을 통해 조직의 발전을 기대할 수 있다.

> 코칭(Coaching)은 인재개발 기법의 하나로서, 코치와 코칭을 받는 사람이 파트너를 이루어, 스스로 목표를 설정하고 효과적으로 달성하며 성장할 수 있도록 지원하는 과정

(2) 코칭 리더십의 특징

높은 신뢰를 기반으로 하는 코칭은 빠른 환경변화에 적응하기 위하여 리더가 코칭을 주도하는 것이 아니라 부하들이 코칭을 요구하고 있는 상황으로 전개되고 있다. 리더는 자신의 역할과 관점에서 부하에게 어떤 요구와 기대를 하고 있는지 명확히 알려 주어야 하고 이에 관해 토론하고 조정하여야 한다.

코칭 리더십을 발휘하기 위하여 필수적인 것은 쌍방 간의 원활한 커뮤니케이션이며, 리더와의 신뢰와 개방성, 파트너십 그리고 자발적으로 참여할 수 있는 분위기가 조성되어야 한다. 이러한 코칭 리더십은 코칭의 특징과 역할에 따라 구체적으로 실천될 수 있다. 코칭의 특징을 살펴보면 다음과 같다.

① 코칭은 리더가 주도하는 인력개발의 수단이다.

② 코칭은 문제해결 능력을 향상하고 높은 자신감, 책임감, 용기, 의욕 등을 가능하게 한다.

③ 코칭은 업무수행의 지속적인 개선을 목표로 한다.

④ 코칭은 리더와 부하가 상호 신뢰하는 파트너십을 기반으로 발전을 위해 노력하는 과정이다.

⑤ 코칭은 상호 요구하고 지원하는 것이다.

⑥ 코칭은 당면한 문제를 해결하는 과정에서 이루어지는 지원이다.

⑦ 코칭은 리더와 부하의 공동의 목표를 달성하는 것이다.

⑧ 코칭 리더는 사회적 능력, 자아능력, 코칭 대화를 효율적으로 이끌 수 있는 지식과 직무수행 능력을 갖추고 있어야 한다.

⑨ 코칭의 대상인 부하는 적극적인 참여자가 되어 자신감을 키우며 목표달성을

위해 의식적으로 능력을 발휘한다.

⑩ 코칭은 리더와 부하 간의 공동의 발전과정이므로 강요되지 않는다.

4 코칭 리더십의 구성요소

코칭이란 부하들에 대한 내적 동기부여의 촉진행동, 부하들에 대한 권한위임이라는 두 가지 차원으로 분류하여 설명할 수 있다. 이를 위해 리더에게 요구되는 행동지표는 다음과 같다. 먼저 내적 동기부여에 대한 코칭 리더의 행동지표는 부하들과 원활하게 피드백을 유지하는 것, 직무수행 과정에서 야기되는 문제는 의사소통을 통해 해결하는 것, 학습환경을 조성하고 촉진하는 것, 커뮤니케이션을 통해 달성해야 할 목표를 설정하는 것, 부하들의 사고와 인식을 확대하는 것, 적합한 사례를 적절히 활용하는 것, 부하들을 적극적으로 학습에 참여하도록 하는 것 등이다. 다음으로 권한위임에 관한 리더의 코칭 행동지표는 부하들에게 질문을 통해 격려하는 것, 주도권을 전폭적으로 위임하는 것, 자발적으로 문제해결을 위한 능력을 개발하도록 하는 것 등이다.

코칭 리더십의 구성요인은 일반적으로 다음과 같은 4가지 요인으로 제시되고 있다. 첫째, 코칭행동은 직무수행과 관련한 방향을 제시하는 것이다. 부하들이 수행하여야 하는 직무에 대한 목표를 설정하고 어떻게 달성하여야 하는지를 설명한다. 둘째, 코칭행동으로서 능력개발은 부하들이 소유하고 있는 기술과 역량을 개발하기 위해 지원하는 것이다. 셋째, 코칭행동으로서 수행평가는 부하들의 직무수행 결과를 공정하게 평가하고 피드백하는 것이다. 넷째, 코칭행동은 리더와 부하는 수평적인 신뢰관계를 구축하고 상호 관심과 격려를 제공하는 것이다.

(1) 방향제시(direction): 방향, 비전, 목표

리더가 일방적으로 목표를 제시하는 것이 아니라 부하들이 선택 가능한 여러 가지 목표를 제시하고 스스로가 결정한다. 리더는 목표와 방향을 정확히 제시하여야 한다. 목표를 위한 출발과 달성은 목표설정에서 시작되기 때문이다. 또한 코칭 리더십은 목표를 제시하고 마무리되는 것이 아니라 리더와 부하가 합의하여 설정한 목표를 원활하게 수행하기 위한 피드백이 이루어져야 한다.

목표설정은 부하 개개인이나 직무에 대한 비전과도 관계가 있어 과업지향적인 성향을 보인다. 코칭 리더십은 부하들의 기존 사고방식에 대한 변화를 도모하고 스스로 문제를 해결할 수 있도록 촉진한다.

(2) 역량개발(development): 지식, 기술, 성장

부하들을 성장시키고 적절하게 활용하기 위한 조직적 활동이나 과정으로서 역량개발은 코칭에서 중요한 목적 중의 하나이다. 역량개발은 높은 성과를 달성할 수 있도록 부하의 역량, 재능, 기술 등을 성장하도록 지원하는 것이다. 조직의 장·단기적 성과향상을 위해서는 부하의 성장과 잠재능력을 개발하기 위한 계속적인 지원이 요구된다. 부하의 성과향상은 조직의 성장을 의미하는 것으로서 리더는 부하에게 능력개발을 위한 기회와 환경을 제공해야 한다. 또한 필요로 하는 정보나 자료를 적시에 제공하여 직무지식을 습득할 수 있도록 하여야 한다. 따라서 능력개발은 부하들의 육성과 관련이 있다.

(3) 수행평가(accountability): 평가, 피드백, 책임

리더가 부하의 직무수행 결과에 대해 공정하게 평가하고 피드백하는 것이다. 이 과정에서 리더는 충분한 대화를 통해 목표를 달성하기 위한 부하의 적극적인 책임을 요구한다. 리더는 부하에 대해 고유의 가치를 지닌 인격체로 존중하고, 가능성과 능력을 높이 평가하여 적극적으로 지원해 주어야 하며, 부하의 성과수준은 어떠하며 직무를 어떻게 수행하였는지에 대한 평가를 통해 성장할 수 있도록 하여야 한다. 또한 피드백을 통해 개선점을 확인하고 행동실행 과정 및 결과를 부하 스스로 마무리하도록 하여야 한다. 직무수행 개선에 대한 적절한 피드백이 부족하다는 것은 부하들이 리더로부터 도움을 받지 못한다는 것을 의미한다. 피드백이 이루어지지 않으면 부하들은 자신들이 무엇을 하고 있으며, 어떻게 하고 있으며, 만족스러운 결과를 내고 있는지 등을 알지 못한다.

부하에게 강화와 피드백을 제공하는 경우 리더는 다음과 같은 지침을 고려해야 한다. 부하들이 자신이 수행한 것을 올바르게 알 수 있도록 구체적이어야 하고, 의심없이 피드백을 수용할 수 있도록 진실해야 하며, 올바르게 직무를 수행할 수 있도록 즉각적인 피드백이 제공되어야 한다. 리더는 구체적이고 개인적인 피드백을 제공하고, 행동을 강화할 수 있도록 자주 그리고 비규칙적으로 제공하며, 쉽게 이해할 수 있도록 제공하여야 한다.

(4) 관계촉진(relationship): 지지, 격려, 관심, 칭찬

부하와 신뢰적이고 개방적인 인간관계를 구축하여야 리더의 코칭은 효과적이다. 직무수행 과정에서 성과에 영향을 미치는 것은 리더와 부하의 관계이다. 리더의 부하에 대한 신뢰는 리더의 기대에 부합하려는 노력으로 인해 부하들의 발전에 결정적인 도움이 된다. 따라서 부하들을 지지하고 격려해 주며 그들을 인정하고 지속적인 관심을 표현하며 호의적인 관계를 유지할 때 동기부여도 가능해진다.

5 코칭의 유사개념

대부분의 조직은 새로 들어온 구성원의 적응을 돕거나, 직무능력을 향상시키거나, 동기부여가 필요하거나, 조직에 새로운 변화가 필요할 때 코칭을 사용한다. 그러나 조직에서는 코칭과 멘토링(mentoring), 카운슬링(counseling), OJT(on the job training) 등이 혼재되어 사용되고 있다. 이러한 개념들은 중첩되는 부분이 있으며 상황에 따라 실행자가 다양한 역할을 수행하는 경우도 있다. 따라서 유사개념을 명확하게 구분하기보다는 혼재되어 사용하는 것이 일반적이다. 그러나 이들 유사개념에서 코칭의 개념을 명확히 할 필요도 있다.

인적자원을 육성하기 위한 도구로서 코칭과 멘토링은 가장 많이 혼용되어 사용되고 있다. 멘토링은 경험이 많은 연장자인 멘토가 경험이 부족한 멘티(mentee)에게 자신의 지식, 기술 등을 포함한 능력을 습득할 수 있도록 훈련시키는 것이다. 멘티는 멘토를 롤 모델로 하기 때문에 이들의 관계는 수직적이며 일방적이다. 그러나 코칭에서 코치는 부하를 직접적으로 훈련시키는 역할을 하는 것이 아니라 부하가 스스로 긍정적인 성과나 반응을 일으킬 수 있도록 지원해 주는 존재이기 때문에 이들의 관계는 수평적이며 쌍방적이라는 측면에서 차이가 있다.

한편 카운슬링과 코칭에도 차이가 있다. 카운슬링은 전문적 훈련을 받은 전문가가 심리적으로 어려움을 겪고 있는 내담자와 상담을 통해 문제를 해결하는 것이다. 이들은 상담을 통해 과거로부터 현재에 이르기까지 겪고 있는 문제를 해결하고, 사고의 전환으로 정서적 안정을 찾는다. 반면 코칭은 부하의 과거의 문제보다는 현재의 문제에 초점이 맞추어져 있으며, 또한 심리적인 측면보다는 부하의 능력개발과 성과향상을 중요시한다는 점에서 차이가 있다.

또한 OJT는 직무수행과 더불어 이루어지는 교육훈련으로 직장 내 교육훈련을 의미한다. 직무가 이루어지고 있는 현장에서 직속상사가 부하에게 계획적으로 지식, 기술, 태도 등에 대해 교육시키는 훈련방식이다. OJT와 코칭은 직무수행 현장에서 이루어지며 즉시 활용할 수 있다는 공통점이 있으나, OJT는 상사와 부하의 관계가 수직적인 반면, 코칭은 OJT보다 코치와 부하 간의 관계가 수평적이며 쌍방향적이라는 차이가 있다.

마지막으로 컨설팅과 코칭이다. 컨설팅은 전문적 지식을 가진 전문가가 제기된 문제의 상황을 분석하고 해결방안을 제시하는 것이다. 반면 코칭은 부하들이 스스로 문제를 해결하도록 지원하는 것이다. 따라서 코칭은 비교적 단기간 내에 부하들이 직면한 문제를 해결하기 위해 스스로 해결방안을 제시함으로써 성장과 발전을 위해 동기부여하도록 하는 것이다.

표 11-1 코칭과 유사개념

구분	코칭	카운슬링	멘토링	컨설팅
관점	성장과 발전	내면치유	경험과 지식의 전수	문제해결
역할	촉진자	치료자	롤모델	해결자
개입수준	최소의 개입	높은 개입	높은 개입	중간 개입
문제해결 방식	해결안 도출 촉진	해결안 제시	해결안 제시	해결안 제시
임파워먼트 수준	높음	중간	낮음	높음
활동기간	단기간	중 장기간	장기간	단기간
목적	성장과 발전을 위한 동기부여 지원	상처치료	조언, 지도, 잠재력 개발	문제상황분석 및 해결방안 제시

사 례

동기부여를 위한 코칭 리더의 행동

부하들의 지식과 능력, 기술 등을 적절히 활용하지 못한다면 막대한 비용을 낭비하는 것과 같다. 부하들이 자신의 모든 역량을 발휘하도록 하기 위해서는 그들에 대한 존엄성을 인정해야 한다. 리더가 그들에게 스스로의 문제를 해결할 수 있는 권한을 부여한다면 놀라울 정도의 창의력과 능력을 발휘할 것이다. 그러나 이를 위해서는 그들이 필요로 하는 정보를 제공해야 하고, 그들이 직무를 완수할 때까지 기다려 주어야 하며, 그들이 정직한 실수를 저질렀을 경우 이에 대한 처벌이 없어야 한다. 리더가 부하들의 지식과 능력, 기술을 최대한 활용하고, 그들을 동기부여시키기 위한 방법을 다음과 같이 제안한다.

① 부하들이 자신의 능력을 충분히 발휘할 수 있는 기회를 제공한다. 자신이 원하는 직무를 수행할 수 있도록 하여 동기부여하고, 직무수행에 대한 교육과 문제해결을 위한 지원이 이루어져야 한다.

② 제도적으로 대화를 위한 장을 상시 제공한다. 부하들이 타인의 직무수행 결과에 대해 칭찬하도록 한다. 이를 통해 자신들이 수행한 직무에 대해 보다 깊은 이해를 할 수 있다. 또한 부하들은 자신의 성취욕구를 향상시키고 직무수행 과정에서 즐거움을 지각하게 된다.

③ 의사결정을 위한 권한을 부여한다. 단순히 부여받은 직무를 수행하는 것으로 만족하지 않고, 합리적인 의사결정을 위해 자신의 능력과 지식, 경험 등을 최대한 활용하도록 한다. 이를 통해 그들은 소속감과 자부심을 지각하고 동기부여한다.

④ 조직에 대한 그들의 공헌을 인정한다. 보상이 이루어졌기 때문에 그들의 노력에 대해 감사할 필요가 없다고 생각해서는 안 된다. 리더는 항상 부하에게 감사하는 마음을 표현하여야 하며, 그들의 업적과 노력을 인정해 주어야 한다.

이러한 리더의 행동에 대해 부하들은 자신의 가치를 느끼고, 자신이 존중받고 있다고 인식할 것이며, 자발적으로 직무에 참여하고자 할 것이다. 조직구성원들이 성장하면 조직은 발전하게 된다.

(Abrams)

제12장 오센틱 리더십

1 오센틱 리더십의 개념

로저스(1902~1987)

오센틱 리더십의 어원인 오센티서티(authenticity)는 너 자신을 그대로(to thine own self beture)라고 하는 고대 그리스 철학에서 기원하고 있으며, 1950년대 이후 인본주의 심리학자 로저스(C.R. Rogers) 등에 의해 심리학적 개념으로 발전하였다. 인본주의 심리학에서는 자신의 천성과 일치하는 삶을 살며 자신을 정확하게 인지하는 사람은 주위의 시선과 기대에 따라 행동을 하지 않기 때문에 올바른 결정을 할 수 있게 된다고 하였다. 자신을 정확하게 인지하고 진정한 자신의 의지에 따라 의사를 표현하며 행동한다는 것이다.

오센티서티는 순수한(genuine), 믿을 만한(reliable), 신뢰할 만한(trustworthy), 실제의

(real), 진정한(veritable) 등의 의미를 나타낸다. 따라서 오센티서티는 진정한 의미의 자신, 진정한 내면의 사고, 진정한 내면의 감정에 따라 자신을 표현하는 것으로 진실성을 의미하며, 언어와 행동이 일치되어 외형적으로 표현되는 것이다. 오센티서티는 개인이 자신을 파악하고, 내면의 사고와 감정, 가치관 등에 일치하도록 행동하는 것으로서 자기인식과 자기규제의 두 가지 요소로 이루어진다. 자기인식(self-awareness)은 자신의 진정한 자아를 인식하는 것으로서, 현재의 자신의 재능, 감정, 목표, 가치관, 믿음, 욕망 등을 지속적으로 이해하는 과정이며, 자기규제(self-regulation)는 개인이 자신의 가치관과 목표를 행위와 일치시키는 과정이다.

이러한 사실을 기초로 오센틱 리더십(authentic leadership)은 리더의 긍정적 자기인식과 자기조절을 통해 자신의 가치와 내면의 사고에 따라 충실하게 행동하고자 하는 리더십 형태이다. 따라서 오센틱 리더는 자신의 행동과 사고에 대해 정확하게 인식하고 있으며, 부하들로부터 긍정적 가치와 윤리적 관점, 전문성이나 인간성 등을 인정받아야 한다. 또한 높은 수준의 자신감과 긍정적 희망을 가지고 있으며, 현재의 상황을 낙관적 시각으로 접근하고, 환경에 대하여 유연하게 적응할 수 있는 능력을 가지고 있으며, 높은 도덕적 사고를 가지고 있어야 한다.

오센틱 리더십은 진정한 자신의 자아에 의존하는 것으로서, 다음과 같은 두 가지 접근방법으로 설명하고 있다. 첫째는 사회과학적 측면에서 연구결과에 기초한 이론적 접근방법이고, 둘째는 경험이나 훈련 등의 자료에 기초하고 있는 실무적 접근방법이다. 이와 같은 접근방법에 따라 오센틱 리더십의 개념을 설명하면 다음과 같다.

첫째, 오센틱 리더십의 이론적 접근방법으로서, 인간의 내적인 관점, 발달적 관점, 관계적 관점으로 설명할 수 있다. 왜냐하면 이와 같이 세 가지 관점으로 설명하게 되면 오센틱 리더십의 내용과 강조하는 측면이 상이하기 때문이다.

① 오센틱 리더십을 인간의 내적인 관점에서 접근하는 것이다. 오센틱 리더십의 개념에서 자아에 대한 핵심요소는 리더의 역할이고, 리더는 자신의 자아를 정확하게 알고 있으며, 리더는 자아와 일치하는 목적을 가지고 있기 때문에 자기표현적인 행동을 한다. 또한 오센틱 리더는 자신의 내적인 경험을 중요시하고, 부하들 또한 오센틱 리더십에 많은 영향을 미치고 있다.

② 오센틱 리더십을 발달적 관점에서 접근하는 것이다. 오센틱 리더십이란 선천

적으로 형성된 기질이 아니며 교육이나 환경, 경험 등 후천적인 영향에 의해 형성되는 것이다. 따라서 긍정적인 심리적 역량과 윤리적 행동을 기반으로 부하들과 더불어 직무를 수행한다. 이 과정에서 리더는 높은 수준의 자아인식과 내재화된 도덕적 관점, 균형잡힌 정보처리, 관계적 투명성 등을 통하여 부하들의 긍정적인 자아개발을 촉진하도록 유도한다.

③ 오센틱 리더십을 관계적 관점에서 접근하는 것이다. 오센틱 리더십을 리더와 부하 사이에서 발생하는 인간관계적 프로세스로 설명한다. 이러한 관점에 오센틱 리더십은 자아인식과 균형잡힌 정보처리, 진정성 있는 행동, 진정한 관계지향형 리더의 행동이다.

둘째, 오센틱 리더십에 대한 실무적 접근방법이다. 오센틱 리더들은 자신은 물론 조직과 사회에 진실하여야 하고, 정확한 상황판단에 기초하여 행동하여야 한다. 이를 위해 리더는 조직에서 발생하는 문제의 해결을 위하여 정확한 판단과 처리를 해야 한다. 조직의 문제해결을 위해 리더는 진정성 있는 행동을 해야 한다는 것이다.

오센틱 리더십(Authentic Leadership)은 긍정적 자기인식과 자기조절이라는 기반 위에서 특정한 리더십 행동스타일의 강요보다는 오히려 자신의 가치와 내면의 소리에 충실할 것을 강조하는 새로운 리더십 접근방법이다.

2 오센틱 리더십의 중요성

최근 불확실하고 급변하는 환경변화에 적응하고 경쟁력을 확보하기 위하여 조직에서는 다양한 경영기법을 도입하고 운용하고 있다. 그러나 이러한 다양한 경영기법이나 제도가 모두 성공적으로 활용되고 있는 것은 아니다. 이러한 경영기법과 제도가 성공적으로 운용되기 위해서는 다양한 환경적 요인을 고려해야 하지만 가장 중요한 것은 효율적인 리더의 리더십이다. 과거 전통적인 조직환경 하에서는 일방적이고 강압적인 리더의 리더십이 일반적이었다. 그러나 최근의 정보지식기반 사회에서의 리더는 부하들의 인간으로서의 존엄성을 존중하고, 자율성과 창의성을 개발하고, 자신의 직무에 자발적으로 몰입하게 하며, 조직에 대한 헌신과 노력을 할 수 있도록 하여야 한다.

과거의 전통적인 리더십 이론들은 효율적인 리더가 되기 위한 개인적인 특성이나 행동, 능력 등을 규명하는 것이었다. 그러나 최근의 리더십 이론들은 효율적인 리더의 정서나 사고, 가치관 등을 규명하는 것이다. 이러한 시대적 상황에 적합하게 효율적인 리더의 리더십은 내적인 자아와 외적인 자아의 일치, 즉 진정성을 추구하고자 하는 것으로서 오센틱 리더십이 제시되고 있다.

또한 오센틱 리더십은 최근 관리자들의 비윤리적 사건을 계기로 조직이 위기에 직면하게 되면서 관심이 부각되고 있다. 이들의 비윤리적 행동에 대한 사회적 비판과 반성, 조직구조의 변화와 더불어 이것이 리더십 이론과 접목된 형태로서 오센틱 리더십의 중요성이 강조되고 있다.

리더의 특성이나 행동을 중요시하는 위계적 구조에서 부하들과의 상호작용을 중요시하는 수평적 조직구조로 변화함에 따라 리더십 접근방법에 대한 패러다임도 변화하고 있다. 이러한 상황 및 조직구조의 변화에 따라 최근에는 리더의 내면적 정서나 사고, 가치관 등을 중요한 요인으로 취급하는 오센틱 리더십에 대한 관심이 높아지고 있다.

오센틱은 자신을 인식하는 것으로부터 출발하여 진정성 등으로 설명할 수 있으며, 진솔하고 안정적이며 높은 수준의 자아존중감을 유지하는 상태를 의미한다. 따라서 오센틱 리더는 자아개념을 명확하게 인식하고 자아와 일치하는 목표를 스스로 설정하며, 진정성 있게 자신을 표현할 수 있는 사람이다. 오센틱 리더는 자신의 강점과 약점을 정확하게 인식하고 자신은 물론 부하들이 모두 진정한 리더로서 성장할 수 있도록 그들이 소유하고 있는 강점을 통합할 수 있는 리더십을 행사한다.

따라서 오센틱 리더는 모든 부하에 대한 진정성을 인정하고 동기부여하도록 하여 신뢰감을 구축할 수 있다. 또한 진정성을 갖고 조직이 설정한 미션과 사명을 추구하며, 어떠한 상황 하에서도 조직을 발전시키기 위한 역할을 수행한다.

오센틱 리더십은 부하들의 긍정적인 조직행동에 영향을 미친다. 오센틱 리더십을 행사하여 부하들의 직무수행에 대한 참여도가 높아지며, 행동적인 측면에서도 부하들의 원활한 직무수행과 직무에 대한 추가적인 노력, 이직의도 등에 영향을 미친다. 또한 오센틱 리더십이 부하들의 긍정적인 태도와 행동을 변화시키는 데 있어서 그들의 희망과 신뢰, 긍정적 정서 등의 요인이 영향을 미치고 있다. 따라서 오센틱 리더십은 개인의 내적인 특성을 중요시하며, 리더의 내적인 자아인식과 자아규제에 대한 정확한 인지 및 개인적 가치가 매우 중요하다.

리더십은 조직의 현실적 문재해결을 위해 경험적으로 행동하여 가시적인 성과가 있어야 한다. 오센틱 리더십은 개인 및 조직적 관점에서 리더십 능력의 개발뿐만 아니라 조직의 성과향상에 중요하다. 오센틱 리더의 도덕성과 진실성은 부하들의 욕구를 충족시킬 뿐만 아니라 조직의 성과를 향상시킨다. 따라서 부하들의 긍정적인 조직행동은 물론 조직의 유효성과 조직의 성과를 향상시키는 중요한 요인이다. 오센틱 리더의 진솔하고 신뢰할 수 있는 행동은 부하들의 직무에 대한 몰입도를 향상시키며 자신의 직무범위 이외의 역할에 대한 노력과 열의 등을 유도할 수 있기 때문이다.

3 오센틱 리더의 특징

오센틱 리더의 가장 핵심적인 개념은 진정성이다. 오센틱 리더란 부하들에게 봉사하고자 하는 진정성 있는 욕구를 소유하고 있는 사람으로서 다음과 같은 특징을 보이고 있다.

① 자신의 인생을 통하여 추구하고자 하는 정확한 목적을 가지고 있으며 목적달성을 위하여 열정적으로 노력한다.

② 명확한 가치관을 가지고 있으며 그 가치관에 의하여 행동한다.

③ 진정한 마음으로 부하들을 지원하고 보살핀다.

④ 자신을 개방하여 타인과 원활한 의사소통을 하며 호의적인 인간관계를 지속적으로 유지한다.

⑤ 지켜야 할 규율을 반드시 준수하면서 목표달성을 위해 일관성 있는 행동을 한다.

⑥ 자신에게 진실하여 부하에게 거짓으로의 행동을 하지 않는다. 리더로서의 이미지나 가면의 모습을 중요시하기보다는 리더로서의 역할을 강조한다.

⑦ 지위나 명예, 개인적 이익 등에 집착하지 않는다. 자신의 내면의 가치에 의해 진정한 리더로서의 행동을 한다.

⑧ 다른 리더의 행동을 모방하지 않고, 자신의 가치관에 의해 행동한다. 또한 개

인의 성격이나 특성에 의해 차별화하는 것을 의미하기보다는 자신의 경험을 기초로 하여 내면화된 것을 의미한다.

⑨ 개인적 가치와 확신을 기초로 행동한다. 자신의 믿음과 신념에 의해 행동하기 때문에 일관성이 있다. 리더의 행동이 자신의 인기나 정치적 이익을 위한 것이 아님을 강조한다.

오센틱 리더의 행동은 주관적인 현상과 경험, 확신을 기반으로 하고 있다. 그러나 리더가 가지고 있는 가치나 확신이 진실하고 실제적인지, 진실된 자아가 존재하고 있는지에 대한 것을 확인하는 것은 불가능하다. 따라서 이러한 문제점을 해결하기 위해서는 리더의 특성과 더불어 부하와의 관계로까지 그 영역을 확대하여야 한다.

4 오센틱 리더십의 구성요인

오센틱 리더십의 구성요인은 긍정적 심리역량과 도덕관점, 긍정적 조직상황, 심리자본, 자아인식, 자기규제, 균형잡힌 정보처리, 진정성 있는 행동, 진정성 있는 관계지향 등 다양하게 제시되고 있다. 오센틱 리더십을 구성하고 있는 대표적인 요인은 다음과 같다.

(1) 자아인식(self-awareness)

리더가 자신의 정체성을 찾아가는 과정이다. 자신의 정체성과 목적 등을 정확하게 인식하고 리더로서의 사명과 비전, 가치를 인지하여야 한다. 오센틱 리더십은 자신에 대해 정확하게 이해하고 있어야 진정성 있는 자아에 의해 일관성 있게 행동할 수 있다. 따라서 진정성 있는 높은 수준의 자아인식을 요구한다. 자아인식은 지속적으로 자아를 성찰하는 과정에서 완성된다. 정직하고 진정성 있는 자아인식은 긍정적인 자아개념을 소유하고 있어야 하며, 긍정적인 자아개념을 소유한 리더는 높은 수준의 자긍심과 자기효능감을 나타내게 된다. 이러한 리더는 정서적으로 안정되어 있기 때문에 자신의 인생을 통제할 수 있다고 본다.

(2) 관계적 투명성(relational transparency)

정보의 개방과 정직한 커뮤니케이션은 자아의 장점과 약점을 스스로가 판단할 수 있도록 지원하는 것이다. 관계적 투명성이란 인간관계에서 서로간의 개방을 통하여 수용과 신뢰를 구축하기 위해 지속적으로 노력하는 것이다. 오센틱 리더십은 신념이나 가치관 등과 같은 투명성의 범주에 리더의 약점과 한계를 정확하게 표현하는 것이다. 관계적 투명성이 정직한 대화와 자신과 관련된 정보의 개방을 포함하며, 리더가 자신을 정확히 인식하고 수용할수록 타인에 대한 신뢰와 개방성, 감정의 공유수준은 증가한다. 상호간의 개방과 신뢰에 의해 믿음이 발생하고 이것은 의미 있는 긍정적 관계를 구축하는 기초가 된다.

(3) 내재화된 도덕적 관점(internalized moral perspective)

리더가 내재화된 가치에 의해 일관성 있는 의사결정과 행동을 하는 것이다. 내재화된 도덕적 관점을 소유한 리더는 부하들에 대한 윤리적 통제능력을 갖게 된다. 따라서 진정성 리더십과 오센틱 리더십에서 긍정적 도덕관점의 내재화는 핵심적인 요소이다.

(4) 균형잡힌 정보처리(balanced processing of information)

정보를 처리하기 위하여 개인의 특성과 능력 등에 대해 수용성과 객관성을 갖는 것이다. 진정성을 소유한 리더는 자기방어 기제와는 관계없이 객관적으로 정보를 분석한다. 또한 균형잡힌 정보처리는 리더가 의사결정을 위하여 관련된 데이터를 객관적으로 분석하는 행동이다. 리더가 편향적으로 정보를 처리하는 것은 자아존중감의 수준이 낮기 때문으로 볼 수 있다. 따라서 자아존중감이 높은 리더는 객관적으로 정보를 처리할 가능성이 있다고 본다.

긍정심리학을 배경으로 하고 있는 오센틱 리더십은 부하에게 긍정적인 심리현상이나 행동을 유도하여 풍요로운 인생과 행복을 추구하고자 하는 것이다. 이에 오센틱 리더에게서 나타나고 있는 요인으로는 희망, 자신감, 낙천주의, 복원력 등의 긍정적 심리자본이다. 이러한 오센틱 리더의 심리상태는 긍정적 자기개발로서 자아인식과 자기규제를 향상시키게 된다. 이러한 자아인식과 자기규제가 오센틱 리더십의 중요 요인이 된다.

리더의 자아인식은 자신의 정체성과 목적 등을 인식하고 사명감과 비전, 가치를 인지하는 것이다. 리더의 자아규제는 내면의 기준과 현실적 상황에서의 차이를 최소화하기 위하여 자신을 통제하는 과정으로, 리더가 자아인식에 의해 형성된 이상적인 자신의 모습을 실현하려는 과정이다. 따라서 높은 수준의 자아인식과 자기규제는 리더가 자신을 돌아보며, 높은 도덕적 관점에서 신념을 가지고 부하에게 영향력을 행사하는 것이다. 이러한 리더의 영향력은 부하에게 긍정적 조직행동을 유도할 수 있기 때문에 중요한 요인이다. 따라서 리더의 자아인식과 규제는 이러한 과정을 통하여 부하들의 가치와 정체성을 개발하고, 이것이 내면화된 규제적 프로세스와 균형잡힌 정보처리, 투명한 관계, 진정성 있는 행동으로 이어지게 된다.

도덕적 관점에서 오센틱 리더는 윤리적인 문제들에 대하여 고심하고, 계속적인 도덕적 의사결정과 행위를 위하여 도덕적 역량과 자기효능감, 용기, 복원력 등을 겸비하여야 한다. 높은 수준의 리더의 도덕적 관점은 외부의 압력에 굴복하기보다는 스스로의 내적인 도덕적 기준과 가치관에 따라 행동하므로 자신에 대한 통제력을 자기규제의 과정으로 설명할 수 있다.

또한 초기단계에서 오센틱 리더십은 본인은 물론 부하들의 성장에 미치는 영향력에 대한 프로세스가 제시되었다. 오센틱 리더의 영향력에 대한 가치를 부하들이 인식하여 스스로가 개인적 또는 사회적 동일시 과정을 통해 성장하게 되며, 오센틱 리더의 지속적인 자아인식과 자기규제, 긍정적 심리상태와 도덕적 관점 등을 기초로 진정성 있는 리더십에 대한 모델링을 확인하게 된다. 특히 오센틱 리더는 부하들에게 모범적인 모델로서의 역할과 더불어 투명한 의사결정, 높은 자아효능감, 일관성 있는 행위, 낙관주의, 희망, 복원력 등을 보여야 한다.

이와 같은 모델링에 의해 오센틱 리더와 부하는 호의적인 관계로 성장하게 된다. 오센틱 리더십의 중요한 특징은 리더와 부하들이 시간이 지나면서 진정성 있는 관계로 전환하게 된다는 것이다. 이것은 오센틱 리더의 영향력을 부하들이 진정성 있게 수용하여 리더의 가치와 신념을 자신에게 내면화시킴으로써 스스로가 변화하게 되고 성장하게 될 것이라는 기대 때문이다. 따라서 부하들 자신의 성장에 도움을 주는 리더와의 관계가 투명하고 호의적으로 형성하게 된다.

현대사회에서 오센틱 리더십은 다음과 같은 장점을 가지고 있다. 첫째, 현재의 상황에서 필요로 하는 신뢰수준이 높은 리더십을 충족해 주고 있으며, 급변하는 환경변화에 능동적으로 적응할 수 있는 리더십을 제공해 주고 있다. 둘째, 오센틱 리더십을 행사하고자 하는 사람들에게 정확한 행동지침을 제공하는 매뉴얼로서의 역할을 하고 있다. 셋째, 진정성 있는 도덕적 가치를 가지고 있다. 진정성은 오센틱 리더로 하여금 부하들이나 조직을 위해 유익한 일을 찾아서 실행할 것을 요구한다. 넷째, 오센틱 리더의 진정성 있는 가치관과 행동은 장기간의 행동에 의해서만 형성될 수 있다.

5 오센틱 리더십의 특징

오센틱 리더는 타인보다는 자신을 먼저 성찰하기 때문에 진정성을 가지고 리더십을 행사한다. 따라서 리더의 영향력이 부하에게 긍정적으로 미치게 되어 협력적이고 신뢰적인 관계가 형성된다. 오센틱 리더십은 거래적, 참여적 및 변혁적 리더십과 관련이 있다. 왜냐하면 리더십을 유형별로 분류하는 기준이 개인의 리더십 스타일이 아니기 때문이다.

이와 관련하여 변혁적 리더십은 부하에게 긍정적인 영향을 미치게 되어 조직의 성과가 향상된다고 보고 있으나 자신의 내면적 진정성과 진실성을 확인할 수 없다. 리더의 변혁적 능력은 인정되고 있으나, 그가 추구하고 있는 미래에 대한 비전이 리더 자신만의 이익을 위한 것이라면 진정한 변혁적 리더라고 할 수 없다.

이러한 리더를 유사 변혁적 리더라 한다. 이들은 자신을 향한 내면적 자아와 부하를 향한 외면적 자아가 균형을 이루지 않는 리더로서, 자신에 대한 도덕적 성찰은 결여되어 있으면서 외면적 리더십 기능만을 소유하고 행사하는 사람이다. 그들은 변혁적 리더로서의 기능은 소유하고 있지만 조직의 목표를 추구하는 것이 아니라 자신의 목적 달성을 위하여 부하들을 동기부여하게 하고 외부적으로는 전체 조직을 위해 변화할 것을 요구한다. 유사 변혁적 리더는 변혁적 리더십 능력을 소유하고 있음에도 불구하고 내면적으로 진정성이 결여되어 있다는 측면에서 오센틱 리더십과 상이하다.

이러한 측면에서 변혁적 리더는 리더십 능력이나 스타일이 핵심적 요인이지만, 오센틱 리더십은 내면적 진정성이 핵심적 요인으로서 이것이 충족되지 않으면 유사 변혁적 리더라고 할 수 있다. 오센틱 리더는 진실한 성품과 행동을 통하여 긍정적인 영향력을 미치는 과정을 중요시하기 때문에 부하들로부터의 요구와 기대가 증가하고 있다. 또한 변혁적 리더는 희망적이고 낙천적이며 개발지향적이고 높은 수준의 도덕성을 소유하고 있다. 이러한 요인들은 오센틱 리더십이 추구하는 목표와 동일하지만 오센틱 리더십은 깊은 내면적 자아인식에서 출발한다고 하는 차이가 있다.

오센틱 리더는 추구하고자 하는 이슈와 가치를 명확히 하고, 어떠한 사고와 행동을 하여야 하는지를 분명히 알고 있어 부하들에게 행동으로 자신의 의지를 표현한다. 즉 오센틱 리더는 자신의 장점과 단점을 분명하게 인식하고, 규제를 통하여 자신과 부하, 조직의 발전과 변화를 위해 노력한다. 그러나 변혁적 리더는 조직의 비전을 추구하고 부하들의 욕구를 충족시키기며, 조직의 목적달성을 강조하기 위하여 자신을 변화시키려 하기보다는 외적인 요인들의 변화를 도모한다.

효율적인 리더십은 리더가 보이고 있는 카리스마가 아니라 진정한 성품이다. 오센틱 리더십을 비롯한 대부분의 긍정적 리더십은 리더의 도덕성과 성품을 리더의 중요한 핵심요인이라는 특징을 가지고 있다. 그러나 오센틱 리더십과 여타의 긍정적 리더십과의 차이는 오센틱 리더십이 다른 긍정적 리더십의 기초를 이루고 있다는 것이다. 부하들이 자신의 리더가 진정성을 가지고 있다고 인정하면 그의 리더십을 긍정적으로 수용하게 됨으로써 조직의 성과를 향상시킬 수 있다. 오센틱 리더십과 긍정적 리더십으로서 윤리적 리더십의 차이점은 다음과 같다.

윤리적 리더십은 도덕적인 인간과 도덕적인 관리자로 구성되어 있다. 윤리적 리더십이란 윤리적 행동과 인간관계를 통하여 규범적이며 정의로운 행위를 보여주고, 쌍방향적 의사소통을 통해 의사결정을 하는 것이다. 윤리적 리더십의 첫째 요인은 도덕적인 인간이다. 윤리적 리더십은 직업적으로 정당하고 정직하고 공정하며 진실하고 부하에게 개방적인 행동을 보인다. 두 번째 요인은 도덕적 관리자이다. 윤리적 리더의 행동은 언제나 명확한 윤리적 기준에 의한다. 상황이 불리하거나 불확실한 상황에서의 의사결정도 타협하지 않으며, 부하들에게 윤리적 행동을 실천하여 리더가 윤리를 중요시한다는 것을 믿도록 한다.

윤리적 리더십의 구성요인과 오센틱 리더십의 구성요인은 동일하면서 차이가 있는 것도 있다. 동일한 구성요인으로서는 도덕적 리더의 행위로서 리더의 내재화된 도덕적 관점을 중요시한다. 그러나 오센틱 리더십의 자아인식과 관계적 투명성, 균형잡힌 정보처리 등은 윤리적 리더십의 중요한 구성요인이 아니다. 또한 윤리적 리더십은 도덕적 관리자로서 리더는 부하에게 윤리적 행동의 모범이어야 한다고 하지만 이것이 오센틱 리더의 중요한 구성요인은 아니다.

오센틱 리더십과 카리스마적 리더십은 리더의 행동과 사회적 관점에서 다음과 같은 차이가 있다. 카리스마 리더십과 관련한 행동이론에서는 리더의 자아인식과 자아규제가 결여되어 있다. 카리스마 리더십은 리더의 행동과 동기의 메커니즘을 강조하고 있으나 리더의 자아인식과 자아규제에 대한 역할은 강조하지 않는다. 카리스마 리더는 부하들을 설득시키고 동기부여하도록 하는 행동변화에 대한 외부적 요인의 영향력을 강조한다. 그러나 오세틱 리더는 자신과 부하들이 의미 있는 일들을 자발적으로 조성하고, 긍정적이며 사회적인 실체를 구성하기 위하여 서로의 노력과 행동을 중요시한다는 측면에서 차이가 있다.

다음은 오센틱 리더십과 서번트 리더십이다. 오센틱 리더십과 서번트 리더십은 리더의 자아인식과 자아규제의 역할을 강조하고, 리더와 부하 간의 인식적 공감, 비전 등을 중요시하는 측면에서 동일하다. 그러나 서번트 리더십은 오센틱 리더십에 비해 이론적 근거가 미흡하고 경험적 연구에 의해 지지를 받지 못하고 있다. 최근의 조직상황에 의하면 리더와 부하 간의 관계에서 진정성을 요구하며, 균형적인 정보의 프로세스, 리더의 리더십에 의해 부하들의 행동이나 태도의 변화를 목적으로 하고 있어 오센틱 리더십은 기존의 다른 리더십에 비해 중요성이 강조되고 있다.

효율적인 리더십을 행사하는 데 리더의 진정성은 어떠한 요인보다 중요하며, 전통적 관리방식에서 탈피하여 부하들이 진정으로 자아존중감을 인식하게 하는 자아개발을 요구한다. 또한 부하들의 긍정적인 행동변화를 유도하는 것은 거래적 또는 교환적 관계를 유지하는 것이 아니다. 오센틱 리더십은 리더와 부하의 자아인식과 자아규제를 강조하고 긍정심리, 긍정적 조직문화를 조성하고자 한다. 이러한 특징으로 인해 오센틱 리더십은 기존의 리더십 이론에서 추구하고자 하는 핵심요소들의 기본 개념이 된다. 또한 오센틱 리더십은 기존의 리더십에 비해 스스로의 성찰과 반성에 의해 변화와 진정성을 추구하고, 부하와 조직의 공동의 목표달성을 위한 행동과 윤리적 가치관을 실현하고자 하는 측면에서 기존의 리더십과 차이가 있다.

표 12-1 오센틱 리더십의 특징

구분	오센틱 리더십	변혁적 리더십	서번트 리더십
리더의 관점	성과와 부하를 동일시	부하보다 성과를 우선시	성과보다 부하를 우선시
리더십의 초점	자신	조직목표	타인
구성요소	자기인식, 자기규제(내면화, 균형잡힌 과정, 오센틱한 행동, 관계적 투명성)	이상적 영향력, 영감적 동기부여, 지적 자극, 개인적 배려	인간존중, 구성원 개발, 커뮤니티 구축, 인정에 대한 표현
개념적 요인 (핵심요인)	긍정적 심리, 도덕적 역량, 진실성, 내면화, 자기개발	비전, 위험공유, 역할모델, 조직몰입, 열정, 이성, 문제해결, 권한위임	커뮤니케이션, 신뢰성, 적성, 감정, 영향, 설득, 가르침
환경과의 관계	긍정적 조직환경에서 지속적 성과 창출	역동적 환경에서 강한 영향력 발휘	긍정적 환경에서 강한 영향력 발휘
문화적 관점	긍정적 조직문화	혁신적 조직문화, 역동적 조직문화	개인존중 조직문화, 현상보존적 조직문화

6 오센틱 리더십의 개발과 실천

(1) 오센틱 리더십의 개발

리더의 육성과 리더십 개발에 영향을 미치는 환경적 요인은 첫째, 최고경영자의 의지와 적극적인 투자이다. 둘째, 훈련과 더불어 전사적 차원의 전략적 실행이다. 셋째, 더불어 성장하기 위한 학습조직의 구축이다. 넷째, 바람직한 학습조직의 구축과 자기주도형 학습문화의 조성이다.

리더십 개발에 대한 개념이 오센틱 리더십에 포함되어 있다. 오센틱 리더십 개발에 영향을 미치는 주요 요인으로 삶의 과정에서 경험하는 사건, 도덕적 판단능력, 긍정적 심리자본 등을 제시할 수 있다. 또한 리더십 개발과 관련하여 강조하고 있는 것은 오센틱 리더는 육성이 가능하고 삶의 과정에서 개발되어질 수 있으며 인생을 통한 중요한 사건들에 의해 리더십이 발휘될 수 있다는 것이다.

따라서 오세틱 리더십은 개발에 의해 가능하며 다음과 같은 측면에서 이루어진다.

첫째, 인위적인 노력이나 특별한 교육이 없어도 선천적인 개인적 능력과 다양하게 경험한 사건들에 의해 개발되어진다. 오센틱 리더십의 개발에서 자신이 살아온 인생과 그 과정에서 경험하는 중요한 사건들이 영향을 미친다. 리더가 되기 이전에 겪어온 인생은 가족, 역할모델, 인생 초기에서의 도전, 교육, 문화, 직업과 직무경험 등으로 구성되며, 이러한 인생에서의 중요사건들이 오센틱 리더십에 긍정적 성장과 발달을 촉진시킨다. 오센틱 리더십에 영향을 미치는 중요사건들은 일반적으로 부정적인 사건, 역경, 고난 등이지만, 승진이나 경력확대 등의 긍정적 사건들도 영향을 미친다.

둘째, 오센틱 리더십 개발에 영향을 미치는 요인으로 긍정적 심리자본이다. 긍정적 심리자본으로는 희망과 낙천주의, 자기효능감, 회복력을 들고 있다. 이들 구성요인은 오센틱 리더십을 개발하며 리더로서의 능력을 향상시킨다. 또한 이들 요인은 리더의 전체 인생에 걸쳐 지속적으로 나타나는 고정적인 변하지 않는 특징을 가지고 있기 때문에 성격이나 정서상태와 같은 특징을 가지고 있다. 따라서 장기간의 훈련 등을 통해서만 개발하고 변화시킬 수 있다.

셋째, 오센틱 리더십 개발에 영향을 미치는 요인으로 도덕적 판단능력으로서 리더가 올바른 윤리적 의사결정을 할 수 있는 능력이다.

(2) 오센틱 리더십의 실천

오센틱 리더십에 관한 관심은 최근 리더의 반사회적 행위에 대한 윤리문제가 부각되면서부터이다. 이것은 지금까지의 리더십이 리더의 영향력에 따른 조직의 성과향상에 초점이 주어진 것과는 상이하게, 리더의 내면적 진정성에 초점을 두고 정직한 성품과 진실한 가치를 요구하는 경향으로 변화하고 있다는 것을 의미한다. 또한 오센틱 리더십은 조직의 유효성, 조직시민행동, 조직몰입, 리더-부하 만족도 등에 대한 긍정적인 관계가 확인되어지면서 이에 대한 실천이 요구되고 있다. 오센틱 리더십의 실천을 위한 기본적인 조건은 다음과 같다.

① 진정한 자아와 가치: 오센틱 리더십은 자신의 진정한 자아를 발견하는 것으로부터 출발한다. 리더로서의 특성을 타인으로부터 배울 수는 있지만, 모방하거나 닮고자 하는 행동은 지속가능한 성공으로 이끌 수 있는 방법은 아니다. 유년기부터 형성된

가치와 원칙을 실천하는 것이 바람직하다.

② 팀워크의 구축: 자신을 후원하고 지원해 줄 팀을 구축하고 관계를 지속시켜야 한다. 이를 위해 오센틱 리더십을 요구하는 부하들을 발굴하여야 한다. 리더의 확신에 찬 행동이 중요하며, 이는 리더의 명확한 미션과 비전이 부하들과 공유되었을 때 시너지를 발휘한다. 부하들과 공유한다는 것은 투명한 관계를 형성하는 것이며, 리더와 부하의 상호작용을 통해 신뢰를 형성해 나가는 과정으로 볼 수 있다.

③ 자아의 목표와 조직목표의 조화: 커뮤니케이션을 통해 리더의 목표와 조직목표의 조화를 강화하여야 한다. 직업적 삶과 개인적 삶을 통해서 내재적 동기와 외재적 욕구가 조화와 균형을 이루어야 한다. 리더로서의 행동을 자신의 인생의 과정으로 통합하는 것이다.

④ 부하들의 임파워먼트: 부하들의 자율성에 대한 지원과 권한위임을 통해 그들의 내재적 동기를 강화해야 한다. 또한 긍정적인 감정과 행동의 확산에 대한 노력이 필요하다. 자신이 설정한 목표를 추구하는 과정에서 지각하는 만족감과 자신감을 다른 사람들과 공유하여 동기부여하도록 하여야 한다.

사례

유일한 박사의 오센틱 리더십

유일한(1895~1971)

1895년 유일한은 평양에서 태어났으며, 9살이 되던 해에 선교사를 통해 미국으로 갔다. 미국으로 향하는 배에서 독립운동가 박용만의 도움을 받게 되고, 1909년 그가 세운 한인소년병학교에 입학한다. 여기에서 조국에 대한 헌신과 독립에 대한 갈망은 강해졌고, 국가를 위해 노력할 수 있는 진정한 기업가 정신을 배우게 된다.

대학을 졸업하고 숙주나물 통조림을 제조하는 식품회사를 설립한다. 만두에서 숙주나물이 필요하지만 중국계 미국인들이 구하기 어려웠고 상하기 쉬워서 유리병으로 재배하는 방식으로 성공을 거두었다. 많은 돈을 벌어 고국을 돌아왔으나, 일제수탈의 어려움으로 가난과 질병으로 고통받는 사람들이 많았다. 1926년 31세에 미국에서 제약회사 유한양행을 설립하였다. 굶주림과 질병으로 고통받는 사람들에게 시급했던 의

약분야를 통해 도움이 되고자 하였으며, 실력양성과 경제적 자립을 통해 독립을 하고자 하는 뜻을 가지고 있었다.

따라서 이익보다는 국민들의 건강을 우선시하였고, 타인에게 윤리적 행동을 요구하지 않았으며, 스스로가 모범이 되어 타인이 따르도록 하였다. 사택의 관리비는 물론 회사에서 제조하는 약품도 사비로 지불하였다. 1936년 종업원지주제도를 통해 자신이 소유한 52%의 주식을 직원들에게 무상으로 제공하였으며, 1946년 귀국하여 대한상공회의 초대회장을 역임하였다. 1952년 고려공과기술학교를, 1970년 유한재단과 유한공업고등학교를 설립하여 전문경영인에 의해 경영하도록 하였다.

그는 1971년 자신의 전 재산을 사회에 환원한다는 유언장을 남기고 세상을 떠났다. 단지 딸에게는 약간의 땅을 주면서 학생들이 자유롭게 이용하도록 공원을 조성하도록 하였고, 아들은 대학까지 가르쳤으니 자립하라고 하였다. 모든 재산은 교육사업과 사회사업에 쓰라고 하였으며 그의 뜻에 따라 사회에 환원하였다. 또한 유한양행 및 모든 계열사에 자녀 및 친인척이 경영활동을 못하도록 하였다. 기업경영은 공정하게 능력을 인정받은 내부의 전문경영인이 하도록 하였으며 한 번의 임기로 제한하였다.

유일한은 기업의 이익은 사회에 환원하여야 하며 국가와 국민을 위해서 자신이 무엇을 해야 하는지를 정확하게 알고 있었다. 또한 그의 이러한 정신적 이념을 타인에게 강요하지 않았으며 스스로 실천하였다. 혼란스러운 시대적 상황 속에서도 자신의 이념은 확고하였으며, 자신의 이념을 모범적으로 실천하는 진정성을 보여주었다.

제13장 윤리적 리더십

1 윤리적 리더십의 개념

현대사회에서 기업은 개인의 소유물이 아니라 사회적 기관으로서의 책임(social responsibility)을 요구하고 있다. 또한 최근 일부 기업 및 경영자의 비윤리적 행동이 사회적 문제로서 제기되고 있다. 이러한 부정적 이슈로 인해 기업의 사화적 책임과 윤리경영이 강조되면서 전사적 차원의 행동적 실천을 통한 윤리적 역할이 요구되고 있다. 이러한 시대적 요구에 따라 윤리적 리더십의 중요성과 영향력이 새롭게 인식되고 있다.

윤리적 리더십은 부하들이 심각한 윤리적 문제에 직면하는 경우 윤리적 기준을 제시하고 비윤리적 행위와 직무환경의 부정적 특성의 확산을 감소하게 한다.

윤리적 리더는 자신의 행동과 대인간 상호작용을 통해 규범적 행동을 보인다. 또한 윤리적 리더는 의사소통, 강화, 의사결정에 의한 윤리적 행위를 촉진함으로써 부하들의 태도와 행동에 영향을 미치는 역할모델이다. 윤리적 리더는 부하에게 직무에 대한 긍정적 열의를 고무시키고, 직무수행 결과에 중요한 영향을 미칠 수 있다. 이러한 이유로 윤리적 리더십은 다른 리더십과 구분되는 특별한 형태의 리더십이라고 할 수 있다.

윤리적 리더십이란 리더 개인의 행동과 인간관계에 기초한 적절한 행동으로 부하에게 모범을 보이며, 원활한 쌍방향 의사소통을 통하여 부하들에게 적합한 행동을 하도록 하는 것이다. 또한 윤리적 리더는 윤리적 인간이며 윤리적 관리자라는 이중적 지위를 의미한다. 왜냐하면 윤리적 리더십은 단순하게 조직에서의 도덕성만을 강조하는 것이 아니기 때문이다. 사회적 책임을 이행하고자 하는 조직의 윤리의식을 고취시킴과 더불어 혁신을 통한 가치를 창출하여야 한다. 이를 통해 이해관계자들을 만족시키고, 확고한 경쟁력을 확보하여 신뢰를 유지하는 것을 의미한다. 따라서 윤리적 리더는 조직의 발전은 물론 사회적 발전에 기여하는 데 영향력을 미치게 된다.

조직이 지속적으로 경쟁력을 확보하기 위해서는 윤리적 문화를 구축하여야 하며, 이 과정에서 윤리적 리더십이 중요한 역할을 한다. 윤리적 리더십은 부하들의 직무성과에 많은 영향을 미치는 요인으로서, 리더의 신뢰성이 부하들의 긍정적인 조직행동과 태도에 영향을 미치게 된다. 따라서 윤리적 리더십이란 리더가 자신의 이익을 위해서 조직이 설정한 규칙을 위반하지 않는 것이며, 리더의 행동과 부하와의 관계를 통해 적합한 행동을 하는 것이며, 쌍방향 커뮤니케이션을 통한 의사결정으로 부하들에게 윤리적인 행동을 하도록 하는 것이다.

2 윤리적 리더십의 이론적 배경

(1) 윤리적 리더십과 사회교환이론

사회교환이론(social exchange theory)이란 타인이나 조직에 대한 자신의 행동에 대응하여 특정한 결과를 가져올 것이라는 기대에 따라 행동하는 것이다. 이 이론에 의하면 인간관계의 유지 여부는 상호 투자한 노력이 어느 정도의 보상을 받느냐에 달려 있다. 자신이 투자한 시간, 정신적 노력에 대한 보상이 크게 이루어지고 있다고 생각하는 인간관계는 만족하고 지속적으로 유지된다. 그러나 보상이 이뤄지지 않거나 적다고 인식하는 경우에는 인간관계가 약화되거나 해체될 가능성이 있다. 따라서 인간 본능에 대해 사회교환이론이 가정하고 있는 기본적인 가정은 다음과 같다.

① 인간은 보상을 추구하고 처벌을 회피한다.

② 인간은 합리적인 존재이다.

③ 인간이 가격과 보상을 평가하기 위해서 사용하고 있는 기준은 시간에 따라 그리고 인간마다 변화한다.

윤리적 리더로부터 공정하게 인정받고 있다고 생각하는 부하는 리더에 대한 신뢰를 근간으로 사회교환관계를 형성할 가능성이 있다. 윤리적 리더십은 이러한 사회교환과정을 통해 부하들에게 영향을 미치게 된다. 또한 사회교환과정은 상호 교환규범에 기초한다. 교환관계에 있는 한 사람이 자신에게 이익이 되는 무엇인가를 하였다면, 그의 선의의 행동에 보답하여야 하는 의무가 발생한다. 사회교환관계는 금전적 자원과 같은 경제적 교환에 근간을 두고 있는 거래적인 사회교환과 신뢰와 공정성과 같은 상호 호혜적인 교환에 근거를 두고 있는 정서적 사회교환관계로 분류한다. 이러한 분류는 사회교환과정이 윤리적 리더십과 어떻게 관련이 있는지를 설명하는 데 유용하다.

윤리적 리더십은 사회적 정서를 통해 부하들의 행동에 영향을 미치게 된다. 부하들은 자신들의 리더가 공정하다고 생각하기 때문에 윤리적 리더는 부하와의 사이에서 높은 신뢰를 구축하게 된다.

윤리적 리더와 신뢰관계를 형성한 부하는 자신의 리더와 조직에 부정적인 행동은 피하려 하고 자신이 받은 호의로 보답하고자 한다. 윤리적 리더의 공정한 대우에 부하들은 윤리적 행동으로 보답하려 한다.

따라서 부하들은 윤리적 리더를 신뢰할 수 있고, 윤리적 리더가 부하를 공정하게 처우할 것이라는 것을 믿고 있기 때문에, 부하들은 리더와 집단 그리고 조직에 부정적 영향을 줄 수 있는 행동을 자제하고 윤리적인 행동을 함으로써 리더에게 보답할 가능성이 크다.

사회교환이론은 타인에 대한 자신의 행동이 그에 상응하는 결과를 초래할 것이라는 기대에서 사회적 행동이 이루어진다고 하는 이론

(2) 윤리적 리더십과 사회학습이론

밴두라(Bandura)의 사회학습이론(social learning theory)에 의하면 인간의 행동이나 성격을 결정하는 사회적 요인을 중요하게 생각하며, 학습은 타인의 행동을 관찰하고 모방한 결과로 이루어진다고 본다. 스키너(Skinner)의 이론과 다른 점은 인간은 자신의 인지적 능력을 활용하여 사려 깊고 창조적인 사고를 함으로써 합리적 행동을 할 수 있는 능력이 있다고 하는 것이다. 사회학습이론에서 인간의 행동은 성장단계나 고유한 특성에 의해서라기보다 자신이 처해 있는 상황과 그 상황에 대한 해석에 의해 결정된다고 본다. 따라서 확고한 윤리적 원칙을 가지고 있는 사람이라 할지라도 자기멸

시를 회피할 수 있는 다양한 이유를 붙이면서 상황에 따라 도덕적 원칙에서 벗어날 수 있다. 스키너의 행동주의이론에서 도덕성은 보상과 처벌에 의해 이루어진다. 보상은 행동의 반복 가능성을 증가시키는 반면, 처벌은 반복 가능성을 감소시킨다. 밴두라의 사회학습이론은 타인의 행동을 관찰한 결과로써 도덕적 행동을 학습한다.

또한 인간의 습관은 대부분 타인을 관찰하고 모방함으로써 배우는 것이며, 이러한 사회학습의 경험이 성격을 형성한다고 본다. 사회학습이론의 주요 개념인 모델링은 관찰학습이라고도 하며, 타인의 행동을 관찰하고 그 행동을 학습하여 따라하는 것을 의미한다. 이것은 타인의 특정 행동을 관찰만 해도 행동할 수 있다는 것이다. 모델링은 관찰자와 모델이 유사하거나, 관찰자보다 지위나 신분이 높을 때 모방하는 경향이 있다.

사회학습적 관점은 부하들은 리더의 행동을 관찰하고 역할모델링의 과정을 통해 적절한 행동을 학습하는 것으로 가정한다. 윤리적 리더들은 부하에게 매력적이고 합법적인 역할모델이 되어 그들의 목표달성에 대한 잠재력과 자기효능감을 향상시킬 수 있다.

경험을 통해 습득할 수 있는 행동들은 타인의 행동과 결과를 간접적으로 관찰함으로써 학습되어질 수 있다. 이 프로세스는 대상이 되는 행동이 윤리적인 행동인 경

밴두라(1925~)

스키너(1904~1990)

우에 중요하다. 부하들은 리더를 직접적으로 관찰할 수 있고 예상되는 보상과 처벌에 대해 학습한다. 리더는 보상과 처벌에 권한이 있기 때문에 부하들은 리더에 의해 영향을 받는다.

윤리적 리더는 부하의 비윤리적 행동을 제한하고 윤리적 행동을 보상함으로써 이상적인 행동을 하도록 격려한다. 리더가 윤리의 중요성을 강조하고 효과적으로 윤리적 행동을 촉진시키기 위해 보상과 처벌시스템을 사용한다면 이상적인 행동을 위한 규범이 형성되고 비윤리적인 행동의 가능성은 감소한다. 사회학습이론에 의하면 윤리적 리더는 최소한 두 가지 방법으로 부하들에게 윤리적인 행동을 하도록 리더십을 행사한다.

첫째, 리더의 의사결정과 행동은 부하들에게 정확하게 관찰될 수 있기 때문에, 리더는 자신의 지위에서 합법적인 행동모델이 된다. 리더의 행동은 부하들에 의해 관찰되고 정당한 윤리적 행동단서를 제공하기 때문에 윤리적 리더의 행동은 부하에게 모방과 학습동기를 제공한다.

둘째, 타인에게 도움을 주는 행동은 보상하고 피해를 주는 행동은 처벌함으로써 리더는 부하들의 윤리적 또는 비윤리적인 행동에 영향을 미친다. 부하들은 시간이 지나면서 긍정적 행동은 가치가 있고 보상을 받지만, 부정적인 행동은 처벌을 받는다는 것을 학습한다. 또한 그들은 자신의 행동에 관여하거나 할 수 있는 능력이 발생한다.

사회학습 관점에서 부하들은 자신이 직접 처벌받거나 보상받지 않더라도 타인의 행동결과에 대해 듣고 관찰함으로써 적정한 행동을 학습한다. 윤리적 기준을 위반한 구성원이 처벌을 받았다고 하는 사실을 인지하는 것만으로도 윤리적 행동을 할 가능성이 높다. 이러한 측면에서 처벌과 보상과 같은 규범을 제시함으로써 부하들의 비윤리적 일탈행동을 억제할 수 있다.

사회학습이론이란 어떤 사람의 특정 행동에 따른 보상 및 처벌 여부 등에 관한 과정을 학습자가 간접적으로 관찰하거나 경험함으로써 특정 행동을 학습할 수 있다는 것

3 윤리적 리더십의 접근방법

윤리적 리더십은 정직, 배려, 신뢰, 공정을 특징으로 하는 리더의 자질적 측면에서 접근하는 도덕적 인간(moral person)과 의사소통, 강화, 역할모델을 특징으로 하는 관리자의 측면에서 접근하는 도덕적 관리자(moral manager)로 설명할 수 있다.

(1) 도덕적 인간

① 도덕적 인간의 특성: 도덕적 인간이란 일반적으로 이타주의적인 특성을 가지고 있는 리더이다. 타인에게 도움이 되는 행동을 하고, 피해가 되는 행동을 하지 않는 사람이다. 부하의 권리와 존엄성을 존중하는 리더, 자신의 권리와 의무를 사회적 발전을 위해 사용하는 리더, 정의에 관심을 갖고 정직하며 공동체를 형성하는 리더, 용기·정의·지혜 등의 덕목을 지닌 리더를 의미한다. 따라서 도덕적 인간은 첫째, 정직·신뢰감·진실성 등을 보이며, 둘째, 누가 보지 않아도 신중하게 행동하고 정당한 일을 하며, 타인에 대한 관심과 도덕적 행동을 보인다. 셋째, 윤리적 가치와 원칙에 입각한 의사결정을 내린다.

이것이 윤리적 리더십의 본질이며, 윤리적 리더십 인식 확립에 중요한 조건이다. 윤리적 리더십이 올바르게 실천될 때 윤리와 가치로써 조직에 실질적인 영향력을 발휘하게 된다.

② 도덕적 인간의 행동: 윤리적 리더십에서 리더의 행동은 리더의 특성보다 더욱 중요한 요소이다. 부하들은 리더의 언어보다 행동으로 판단하는데, 부하들은 리더의 리더십을 오랜 관찰을 통해 이해하기 때문이다. 리더의 윤리적인 행동이란 부하들에게 관심이 있고, 부하들을 공정하게 대하며, 개방과 소통으로 개인적인 생활에서 도덕성을 보여주는 것들을 포함한다. 윤리적 리더는 다음과 같은 윤리적 행동을 한다.

첫째, 윤리적 리더는 공정한 일을 한다. 둘째, 윤리적 리더는 행동을 통해 부하에게 관심을 보인다. 리더가 부하들을 존중하고 신뢰하면 부하들도 리더를 존중하고 신뢰한다. 셋째, 윤리적 리더는 개방적이다. 리더가 개방적이면 리더와의 의사소통이 원활하다. 부하들은 리더와 긍정적이거나 부정적인 정보를 편안하게 공유하게 된다. 넷째, 윤리적 리더는 개인적 도덕성에 대해 부하들로부터 호의적인 평가를 받는다. 부하들이 리더의 도덕성에 대한 의구심을 가지고 있다면 윤리적 리더가 될 수 없다. 윤리적 리더의 개인적인 행동은 조직을 대변하기 때문이다. 따라서 윤리적 리더는 일반인들보다 높은 수준의 윤리적 기준과 책임감으로 부응해야 한다.

③ 도덕적 인간의 의사결정: 의사결정과 관련하여 윤리적 리더는 확고한 윤리적 가치와 원칙을 유지하며 객관적이고 공정하다. 또한 그들은 기본적인 범위를 초월하여 광범위한 사회적 커뮤니티에 관심을 가지고 있다. 윤리적 리더는 의사결정을 할 때 사회적 기여도 및 평가에 대해 심사숙고한다.

도덕적 인간 측면은 윤리적 리더십의 실체적인 면을 나타낸다. 또한 윤리적 리더십의 명성을 위한 전제조건이다. 리더의 특성과 행동, 의사결정 등에 대해 부하들이 정확하게 알고 있는가와 관련이 있기 때문이다.

도덕적 인간으로 명성을 얻는다는 것은 리더가 추구하고자 하는 것을 부하들에게 전달하는 것으로서 부하들이 무엇을 추구해야 하는지를 제시하는 것이 아니다. 도덕적 인간이 된다는 것은 윤리적 리더십으로 충분하지 않을 수 있다. 윤리적 리더십의 명성을 얻기 위해 리더는 그들의 리더십을 윤리화하고 가치화시켜야 하며, 이를 통해 메시지가 부하들에게 전달되어야 하기 때문이다.

(2) 도덕적 관리자

① 도덕적 관리자의 특징: 도덕적 관리자는 자신의 지위를 활용하여 부하에게 영향력을 행사하여, 이들이 윤리적 행동을 유발하도록 노력하는 리더이다. 따라서 도덕적 관리자는 그들의 리더십에서 윤리를 가장 중요한 요인으로 보고, 부하들에게 역할모델이 되어야 하고, 윤리적 가치로서 의사소통하여 자신의 중요한 가치를 공유하여야 한다. 또한 보상과 처벌을 효율적으로 사용하야야 한다는 것을 강조한다. 이것은 바람직한 행동과 그렇지 않은 행동을 구분해 주는 것으로 조직이 책임을 가지고 가치를 준수하고 있다는 것과 지속적인 윤리적 행위의 가능성을 보여주는 것이다.

② 도덕적 관리자의 역할모델: 역할모델링은 정당한 일을 하는 것과 유사한 범위로 보일 수 있다. 그러나 역할모델링은 가시적인 행동과 윤리적 리더십의 지각적이고 평판적인 측면을 강조한다. 뛰어난 도덕적 관리자들은 부하들이 자신들을 관찰하여 무엇이 중요한지에 대한 단서를 찾는다고 생각한다. 이것이 의미하는 바는 도덕적 관리

자들은 그들의 업무와 업무 외적인 부분에서 윤리적 행동에 의해 증명하고 있다는 것이다. 그들이 믿고 있는 가치 있다고 생각하는 것에 대한 모델인 것이다.

도덕적 관리자는 자신의 말과 행동이 부하들에 의해 어떻게 이해되고 해석되는지를 이해한다. 부하들은 리더의 의도를 인식하지 않고 리더의 행동에 기반하여 추론한다. 따라서 역할모델은 리더에 대한 부하의 믿음과 부하들의 윤리를 향상시키려는 리더의 노력을 확인할 수 있는 기회가 된다.

③ 도덕적 관리자의 의사소통: 도덕적 관리자는 중요한 의사결정과 행동의 기준이 되는 가치에 대해 부하들에게 이해시켜야 한다. 이것은 조직이 중요하게 생각하는 가치에 대해 리더와 부하가 원활하게 의사소통을 하는 것을 의미한다. 부하들이 윤리와 가치에 대해 리더와 원활한 의사소통이 이루어지지 않는다면 이에 대한 중요성을 이해하지 못한다. 의사소통을 통해 리더와 조직의 윤리 및 가치에 대해 개방적인 대화와 토론을 하며, 윤리적 기준과 규범을 명확히 제시함으로써 부하들의 고민과 갈등을 해결하고, 그들의 윤리적 행위에 대해 정확하게 평가해 주어야 한다.

④ 도덕적 관리자의 강화행동: 강화란 보상과 처벌을 통해 윤리기준의 준수를 강화시키는 것이다. 강화는 경험을 통한 학습으로서 윤리적 행위에 대해 적절한 보상을 제공하고, 비윤리적 행위에 대해 처벌을 하는 것을 의미하다. 윤리적 리더는 공정하고 균형잡힌 행동으로 조직으로부터의 메시지를 부하들에게 제공하여야 한다. 보상과 처벌시스템은 부하들이 어떻게 윤리적인 기준을 준수하여야 하는지를 인식시키는 것이다.

부하들의 윤리적 행동을 향상시키고 윤리적 리더십을 개발시키기 위해서는 리더가 윤리와 가치를 리더십의 최우선 과제로 부각시켜 중요성을 인식시켜야 한다. 리더는 이를 통해 전달하고자 하는 메시지를 부하들이 수용하도록 해야 한다. 이를 위해 리더는 도덕적 인간은 물론 도덕적 관리자가 되어야 한다.

4 윤리적 리더십의 상황적 영향

윤리적 리더에 대한 부하의 지각에 영향을 미칠 수 있는 상황적 요인들은 사회학습 차원에서 윤리적 리더십의 발전을 위한 학습기회를 제공한다.

(1) 윤리적 역할모델

사회학습이론은 윤리적 리더가 될 가능성이 있는 사람을 설명하는 데 도움이 된다. 부하들만 롤 모델을 대상으로 학습하는 것만이 아니라 리더들도 롤 모델을 대상으로 학습한다. 리더들은 자신들의 윤리적 역할모델들의 행위를 관찰하면서 그들과 동일시하고, 그들의 가치관과 태도를 자신의 것으로 내재화하며, 그들의 행위를 모방한다. 따라서 리더가 자신의 삶 속에서 윤리적 역할모델이 있다고 하는 것은 윤리적 리더십 개발에 기여하는 것이다. 또한 배려, 정직, 공정성, 높은 윤리적 기준, 부하에 대한 책임의식 등이 역할모델들에게서 나타나는 행동특성이다. 윤리적으로 긍정적인 역할모델을 갖고 있는 사람은 윤리적 리더가 될 가능성이 있다.

(2) 윤리적 조직문화

윤리적 리더십에 대한 포괄적이고 가시적인 영향력은 조직의 윤리풍토와 조직구조로서 나타난다. 사회학습 차원에서 윤리적 행동을 지원하고 장려하는 강력한 윤리적 상황은 윤리적 리더십이 발전하고 유지되는 데 도움이 된다. 이러한 상황에서 리더들은 윤리적 리더십이 바람직하다는 사실을 인지하고, 윤리적 리더십을 행사하기 위한 많은 기회를 확보하게 된다. 그 결과 그들은 보다 강력한 윤리적 리더십을 개발하거나 유지하게 된다, 그러나 강력한 윤리적 배경이 부족하거나 비윤리적인 행위를 조장하는 조직에서는 이러한 상황에서 생존하기 위해 리더들은 환경에 적합하게 비윤리적 리더십을 행사하게 될 것이다. 이 과정에서 강력한 윤리적 리더십을 가지고 있는 리더들은 이러한 조직의 문화나 풍토에 적응하지 못하여 떠나게 될 것이다.

(3) 이슈에 대한 윤리적 강도

주어진 상황에 대한 윤리적인 관심은 윤리적 의사결정에 영향을 미친다. 어떤 문제가 윤리적인지에 대한 상황인식을 하지 못한다면 윤리적 판단은 할 수 없기 때문이다. 의사결정자가 직면하게 되는 두 가지 이슈에 대한 윤리적 강도, 결과의 증폭(일이나 사물의 범위를 넓히어 크게 함)과 사회적 공감대가 윤리적 리더십에 영향을 미친다. 결과의 증폭은 상황으로부터 발생할 수 있는 잠재적 위해이며, 사회적 공감대는 주어진 상황에 강력한 윤리적 규범이 존재하는가이다.

사회학습이론에 의하면 커다란 위해가 발생할 잠재력이 있는 상황, 윤리적 강도가 높은 이슈들은 사회적으로 두드러지는 경향이 있어 관찰자의 관심을 갖게 된다. 결과의 증폭은 윤리적 리더십에서 특히 중요하다. 윤리적 리더는 그들의 잠재적인 행동이 부하에게 미치는 결과를 고려하기 때문이다. 커다란 위해의 잠재력이 존재하게 되면 관찰자들은 의사결정권자가 이러한 상황을 어떻게 해결할지 관심을 갖게 된다. 윤리적으로 적합한 방법으로 해결할 때 비로소 부하들은 윤리적 리더로 인정하게 된다. 그러나 부하에게 위해를 초래할 수 있는 의사결정을 하게 되면 윤리적 행동에 취약한 리더의 역할모델이 된다.

윤리적으로 강도 높은 이슈에 대한 리더의 태도에 부하들은 관심을 보이게 된다. 이러한 상황들을 해결하기 위한 리더의 윤리적 의사결정은 윤리적 리더십을 증명하는 기회가 될 수 있다. 그러나 이러한 상황을 해결하기 위한 의사결정이 비윤리적으로 이루어지면 리더의 리더십은 부정적 평가를 받게 된다.

강도 높은 도덕적 이슈와 윤리적 리더십과의 관계에서 윤리적 상황이 상호 영향을 미치고 있다. 윤리적 행동을 지원하는 윤리적 상황에 있는 리더는 강도 높은 윤리적 이슈를 윤리적 리더십을 행사하여 도덕적으로 해결할 것이다. 반면에 비윤리적인 상황에 처한 리더는 이러한 상황에서 윤리적으로 취약한 리더십을 보이게 될 것이다.

5 윤리적 리더십의 구성요소

윤리적 리더십의 중요한 개념으로서 윤리란 옳고 그름과 좋고 나쁨에 대한 의사결정 과정이다. 조직에서 윤리에 관한 문제를 해결해야 하는 리더는 우선적으로 윤리성을 고려하여야 한다. 리더십은 리더가 어떻게 행동하고 의사결정을 하는지와 관련된다. 윤리적 리더의 의사결정을 위한 윤리적 가치판단 기준은 리더의 행위에 관한 이론과 리더의 인성에 대한 이론으로 분류할 수 있다.

첫째, 윤리적 행위(leaders' conduct)이론은 목적이론(teleological theory)과 의무이론(deontological theory)으로 구분한다. 목적이론은 수단과 절차보다는 의사결정에 대한 결과를 중요시하는 이론이다. 즉 목적이론은 부하들의 행위에 대한 결과를 기준으로 옳고 그름을 판단하는 것이다. 반면에 의무이론은 어떠한 행동이 윤리적인가 아닌가를 판단하는 경우 행위 자체가 선한 것인지 아닌지의 여부로 판단하는 것이다. 예를 들면 어려움에 처한 동료를 도와주고 싶은 마음은 직접 행동으로 도와주지 않더라도 행위 자체는 선한 것이라고 본다. 조직에서 의사결정의 결과를 판단할 때 적용되는 윤리적 행위에 대한 기준에는 세 가지 영역이 있다.

① 이타주의(altruism)로서 어떤 개인이 타인의 이익을 위하여 관심을 두고 하는 행위이다. 리더는 자신의 이익보다 조직을 먼저 생각하고 부하를 위해서 봉사하고 행동하여야 한다.

② 윤리적 이기주의(ethical egoism)로서 조직이나 구성원이 타인을 배려하지 않고 자신의 이익을 우선적으로 극대화하는 의사결정을 하는 것이다.

③ 공리주의(utilitarianism)로서 어떤 행위의 결과가 얼마나 많은 사람들에게 혜택을 제공하는지이다. 공리주의는 최대 다수에게 최대의 이익을 주고자 하는 것으로 이 이론의 논리는 이익을 극대화하면서 비용을 최소화하는 것을 윤리적 행동으로 본다.

둘째, 인성적(leaders' character) 윤리이론은 인간의 내면에 관한 것이다. 인간적이고 인격적인 덕성은 인간의 내면으로부터 나오는데 이러한 요인은 리더의 의사결정에 영향을 미치게 된다. 윤리적 리더의 자질에 대해서는 선천적이라는 이론과 후천적으로 학습된다는 이론이 있다. 윤리적 리더는 타인에 대한 배려심, 존경심, 공정성, 공공성, 공헌성, 투명성 등의 인성적인 윤리이론을 기본전제로 개인적인 가치관이 학습된다는 것이다. 따라서 윤리적 리더십은 리더의 인성적 측면에 기초한다고 보고 다음과 같은 요인으로 구성되어 있다고 볼 수 있다.

① **분배공정성**: 분배공정성이란 구성원들이 자신의 직무수행 결과에 따른 보상, 즉 임금, 승진, 인정 등에 관해 지각하는 공정성을 의미한다. 자신이 직무수행을 위해 투입한 것들에 대한 결과로서 조직으로부터 받는 보상이 다른 사람과 비교하여 공정하지 않다고 인식하게 되면 불공정성을 지각하게 된다. 조직에 대해 불공정성을 인식하게 되면 조직을 위한 호의적 행동이나 노력을 감소시키거나, 투입 또는 산출을 의식적으로 감소시키게 된다. 공정성이론의 배경이 되는 이론으로 인지부조화이론, 균형이론, 분배적 정의이론, 교환이론 등이 있는데, 기본적인 내용면에서 구성원들이 직무

환경에서 지각하고 있는 공정성과 관련이 있다.

② **절차공정성**: 절차공정성은 목표를 달성한 이후에 구성원들이 지각하는 직무수행 과정에 대한 공정성이다. 의사결정에 대한 결과를 두고, 어떠한 절차에 따라 의사결정이 이루어졌는지에 대한 것이 공정성 평가의 기준이다. 절차공정성에서 중요한 것은 의사결정 과정에서 구성원들이 의견을 제시할 수 있는 기회를 부여하는 것이다. 구성원들이 중요한 의사결정에 참여할수록 절차공정성에 대한 인식은 높아진다.

정확한 정보와 공정한 절차에 의해 의사결정이 이루어지면 구성원들의 공정성에 대한 인식은 높아진다. 여기에 구성원들의 요구와 가치가 반영되어야 한다. 또한 리더는 의사결정과 실행과정에서 적합한 피드백을 제공하여 이들을 배려하고, 의사결정에 대한 이의를 제기할 수 있는 절차도 제공하여야 한다.

③ **투명성**: 투명한 경영과 조직구조, 합법적이고 윤리적 경영에 대한 요구가 증가하고 있다. 비윤리적 행위는 조직의 이미지에 부정적 영향을 미치게 되어 경쟁력 약화로 나타나게 된다. 반면 기업경영에 대한 투명성과 건전성의 확보 등의 윤리경영의 실천은 구성원들의 사기와 동기부여에 긍정적으로 작용하여 조직의 효율성은 향상되고, 호의적인 공중효과로 인하여 조직의 경쟁력은 높아진다.

④ **정직성**: 정직성은 이익과 비용을 개인이나 집단 간에 공정하게 배분하였는지에 대한 리더의 의사결정과 행동을 의미한다. 정직성이란 타인에게 도움이 되는 일을 행하고 거짓이 없는 것이다. 리더는 부하들에게 보상, 승진 등에 관해서 공정하게 이행하여야 한다. 구성원들이 이해관계자 집단을 대할 때 정직에 대한 신뢰가 무너지면 업무의 효율성은 물론 협력관계를 기대할 수 없다. 또한 리더가 정직하지 않으면 부하들은 리더를 신뢰하지 않는다. 리더는 정직성을 통해서 윤리적 리더십을 행사하여야 하며, 정직하게 경영을 하는 기업은 호의적인 이미지를 얻게 되어 경쟁력을 확보할 수 있다.

⑤ **공헌성**: 기업은 사회적 기관으로서 이해관계자를 포함한 사회에 공헌하여야 한다. 사회에 공헌하는 기업은 성과에도 긍정적인 영향을 미치고 구성원들의 만족도도 높아진다. 사회적 공헌은 타인을 배려하며 이타주의를 행하는 것으로 사회의 발전과 사회인의 건강과 성장을 위해서 봉사해야 한다는 것이다. 공익을 위한 행동, 지역과 사회에 대한 봉사 등 재량적 공헌과 사회봉사 활동은 기업의 성장에 영향을 미친다.

이것이 기업의 사회적 책임이다.

이 외에도 정직과 배려, 공정한 의사결정과 의사소통, 정직과 신뢰, 도덕적인 행동, 부하에 대한 권한위임, 임파워링, 성실성, 윤리적 인식, 지역사회와 인간중시, 열정과 책임감 등이 윤리적 리더의 구성요인으로 제시되고 있다.

사례

제임스 버크의 윤리적 리더십

제임스 버크(1925~2012)

최근 경영자의 비윤리적 행동으로 인한 사회적 문제가 관심이 되고 있다. 대표적 윤리경영의 사례로 「존슨앤존슨」의 타이레놀 사건은 경영자의 윤리적 행동이 기업경영의 중요한 요인이라는 것을 강조하고 있다. 1982년 시카고 시민이 독극물이 투여된 타이레놀을 복용하고 7명이 사망한 사건이 발생한다.

위기에 직면한 버크 회장은 정확한 정보수집으로 추가적인 인명피해의 방지, 사망원인의 규명, 피해자들에 대한 지원 등을 우선순위로 정하였다. 사고의 원인은 외부에서 제품에 유해물을 첨가한 것으로 밝혀지면서, 사망자가 급속도로 늘어날 것이라는 불안감이 전국적으로 확산되었다.

버크 회장은 특별전화선을 가설하여 소비자들에게 모든 정보를 제공하고, 기자들이 필요한 정보를 입수할 수 있도록 적극 지원하였다. 사건 직후 제품생산을 중단하고 천문학적인 비용을 감수하며 생산된 제품을 회수하였다. 이미 구입한 소비자에게는 새로운 제품과 교환하였으며, 이러한 사실은 전면광고와 기사를 통해 대대적으로 홍보하였다.

여론조사 결과 90%의 사람들이 사망사건은 제조과정의 실수가 아니므로 존슨앤존슨이 비난받아야 할 이유가 없다고 하였으나, 타이레놀의 이미지는 감소하여 시장점유율이 37%에서 6%로 떨어졌다. 전문가들은 상표명을 바꾸고 이미지를 개선해야 한다고 하였다. 그러나 존슨앤존슨은 타이레놀의 이미지 회복에 노력하기로 한다. 동일한 사건의 재발을 방지하기 위해 용기를 새롭게 제조했으며, 독약을 투여하는 행동을 방지하고 조작방지 포장을 의무화하는 법률제정을 위한 로비활동을 전개했다. 존슨앤존슨이 위기상황을 극복하고 공중관계를 회복할 수 있었던 것은, 정확한 정보공개, 고객의 건강을 우선하는 경영철학, 투명하고 정직한 기업가 정신이다. 경영자의 개방적이며 솔직한 커뮤니케이션이 위기를 성공적으로 해결한 것이다.

이러한 경영자의 윤리적 행동은 회사의 신뢰를 향상시켜 매출액이 증가하는 결과를 가져왔다. 이와 같이 「존슨앤존슨」은 윤리강령을 경영에 반영하고, 윤리적 리더를 중심으로 전체 구성원이 윤리경영을 추진함으로써 사회적 책임을 다하는 윤리경영의 대표적인 기업으로서 우리에게 시사하는 바가 있다고 본다.

제5부

리더의 정서관리

제14장 리더의 비인격적 행동

1 비인격적 행동의 개념

리더의 비인격적 행동이란 부하를 대상으로 하는 공격적 행동

능력중심 경영체제의 정착과 더불어 기업에서는 설정한 목표를 달성하고 경쟁력을 확보하기 위하여 리더는 부하들을 지휘·감독하고, 부하의 직무수행 결과와 능력을 평가하는 역할을 수행한다. 조직에는 다양한 가치관의 구성원들로 이루어져 있으며, 조직에서 설정한 목표를 달성하는 과정에서 리더의 비인격적인 행동이 발생하게 된다. 부하들은 리더로부터 지시와 통제, 평가의 대상으로서 리더의 감정적 변화에 매우 예민하게 반응한다. 따라서 리더의 감정적 변화는 부하들의 직무태도와 조직성과에 높은 영향을 미치고 있다.

부하에 대한 리더의 비인격적 행동은 폭력, 독재적 감독, 비육체적 모욕행위 등으로 불리고 있으나, 최근에는 비인격적 행동이라는 용어로서 사용된다. 리더의 비인격적 행동이란 부하들을 대상으로 하는 공격적 행동으로서, 직무수행 과정에서 의식적으로 부하에게 심리적인 위해를 가하는 것을 의미한다. 이러한 리더의 비인격적 행동은 리더의 행동에 대하여 부하가 인식하는 것으로서, 직접적으로 가해지는 신체적 접촉을 제외한 리더에 의해 지속적으로 이루어지고 있는 언어 및 비언어적 모욕행위이다.

이러한 개념에 기초하여 리더의 비인격적 행동의 특징을 살펴보면 첫째, 리더의 행동에 대한 부하의 주관적인 평가이다. 이것은 동일한 리더의 행동에 대해서도 부하들의 인식과 평가는 상이하다. 둘째, 신체적 접촉을 제외한 적대행위가 지속적으로 이루어지는 것이다. 셋째, 고의적이고 악의적인 감정을 가지고 이루어진다고 보기 보다는 조직이 설정한 목표를 달성하려는 과정에서 나타난다는 것이다. 이러한 리더의 행동으로는 타인 앞에서 자신의 의견을 폄하하거나 묵살하는 태도를 보이고, 적대적인 감정으로 시선을 맞추며, 유용한 정보는 제한하거나 해고에 대한 위협적인 표현을 사용하며, 상이한 의견을 제시하는 부하에게 격한 감정을 표현하거나 위협하는 행동 등을 포함한다. 따라서 비인격적 행동을 하는 리더는 강압적이며, 자신의 감정을 이성적으로 통제하지 못하고, 부하를 위협하거나 권위적으로 행동하고, 정확하게 사실이 확인될 때까지 부하를 몰아세우는 등의 적대적 성향을 보인다.

이러한 리더의 행동에 대하여 부하는 이에 대응하기 위한 행동을 하기에는 한계가 있다. 부하는 조직구조상 리더의 지시와 통제를 받고 있기 때문에 이러한 상황은 지속되는 경우가 일반적이다. 또한 리더는 상식적 행동과 더불어 비인격적인 행동을 하기 때문에 부하들은 리더의 이러한 행동이 지속적이지 않을 것이라는 기대를 갖기도 한다. 리더의 비인격적 행동으로 인한 적대적 상황이 언제 다시 반복될지 예측할 수 없기 때문에 부하들은 일상적으로 불안과 스트레스를 지각한다.

2 비인격적 행동의 중요성

개인의 이익보다 집단의 이익을 우선시하고 있는 집단주의적 사상에 기초하여 우리나라 조직문화는 권위주의적이며 조직에서의 질서와 대인관계를 중요시하고 있다. 이 과정에서 리더는 부하에 대한 직무지시와 감독의 책임이 부여되어 있으며, 이로 인해 부하의 성장과 발전에 직접적인 영향을 미치는 존재로서 인정되고 있다. 따라서 리더의 비인격적 행동은 조직의 발전과 부하의 성장을 위한 행동의 일환으로 간주하였다.

또한 노동시장의 유연화와 조직구성원들의 고용에 대한 심리적 불안이 증가하고, 업적중심 경영시스템이 도입되고 있는 상황에서 성과를 향상시키기 위해 리더들은 자신에게 부여된 정당한 권한 이외의 부당한 행동을 행사하고 있다. 성과달성을 위한 리더의 비인격적 행동이 증가하고 있으며, 이와 관련된 다양한 사회적 문제들이 발생하고 있다는 것이다.

이러한 문제들이 사회적으로 중요시되고 있는 것은 목표달성을 위한 심리적 불안이나 생존을 위한 경쟁 등에 의해 리더의 비인격적 행동이 증가할 가능성은 있지만, 리더의 비인격적 행동에 대한 빈도나 강도가 증가하는 것보다는 이러한 행동에 대한 부하들의 인지도나 사회적 시선이 과거와는 크게 변화한 것으로 볼 수 있다.

리더의 비인격적 행동은 특정 조직에서 발생하는 문제가 아니라 대부분의 조직에서 발생하는 보편적인 문제라고 할 수 있다. 특히 집단주의 조직문화에서는 질서와 서열을 중요시하기 때문에 조직에서 리더의 비인격적 행동은 부하의 성장과 조직의 발전에 도움이 된다고 생각하고 있다. 리더의 비인격적 행동은 부하의 성장을 위한 수단으로서 이를 통해 능력을 인정받을 수 있다는 것이다. 리더의 이러한 행동에 대한 개인 및 조직적 차원의 대처방안은 없었다. 따라서 부하들은 이러한 상황을 해결할 수 있는 능력이 없으며, 조직에서도 이에 대한 제도적 방안이 없었기 때문에 이러한 관계는 지속될 수밖에 없었다.

리더의 비인격적 행동은 부하들의 정신 및 신체적 건강은 물론 조직의 성과에 부정적인 영향을 미치는 중요한 요인으로서 조직의 경쟁력 확보를 위해 시급히 해결해야 할 문제이다. 왜냐하면 리더의 비인격적 행동은 부하들에게는 심리적 스트레스로 인한 정서적 불안과 불만족, 좌절감, 무력감 등의 부정적 결과를 초래하고, 조직에는 직무만족과 조직몰입, 생산성 저하, 일탈행동, 조직시민행동 등의 부정적 결과를 초래하기 때문이다.

따라서 리더로부터 지각하는 부하들의 심리상태는 그들의 신체적·정신적 건강과 더불어 조직행위에도 직접적인 영향을 미치게 된다. 특히 리더와의 원만한 인간관계가 부하에게는 중요한 의미를 부여한다. 리더와의 원만한 인간관계의 유지가 부하에 대한 심리적 안정과 조직성과, 임금, 승진 등에 영향을 미치기 때문이다.

3 비인격적 행동의 발생원인

리더의 비인격적 행동이 발생하는 원인은 리더의 개인적 요인과 조직의 상황적 요인으로 분류할 수 있다. 리더의 개인적 요인은 개인적 성향과 성장과정에 기초한 환경요인, 삶에 대한 만족수준, 자아존중감, 불확실한 미래에 대한 두려움 등이라고 할 수 있으며, 조직의 상황적 요인으로는 강압적인 조직규범, 제한적 권한, 직무스트레스, 조직불공정성 등이라고 할 수 있다.

(1) 개인적 요인

비인격적 행동을 발생시키는 리더의 개인적 요인으로서 성격이 있다. 성격이란 개인이 지닌 특유한 성질이나 품성으로서 개인의 내부에 존재하는 동적인 체계를 의미한다. 따라서 성격은 고정적이며 장기적 특징을 가지고 있으며, 타인에 대하여 어떻게 반응하고 상호작용하는지를 나타내는 중요한 요인이다.

리더의 비인격적 행동과 관련된 성격요인은 Big 5 성격요인 모델 중에서 성실성과 신경성이 많은 영향을 미치고 있다. 성격과 관련된 부정적 감정, 분노적 성향, 신경증 등과 같은 특성이 공격적 행동을 증가시키는 것으로 나타나고 있다. 따라서 적대적 감정의 성격특성을 가지고 있는 리더들은 자신의 부정적 감정을 부하에게 표현하고, 위협수준이 낮은 상대를 선택하여 공격적 행동을 하고자 한다. 이 중에서 신경증적인 성격은 대표적인 부정적 성격특성이다. 높은 수준의 신경증적 성격의 리더는 높은 걱정과 불안감을 지각하고 비합리적인 사고를 하게 되며, 충동조절이 원활하게 이루어지지 않기 때문에 스트레스에 쉽게 노출되는 특징을 보이고 있다. 이와 같은 성격적 특성의 리더는 일상적인 직무상황에도 불구하고 부하에게 적대감과 공격적 성향을 나타내며 높은 수준의 스트레스를 지각하는 것으로 볼 수 있다.

친화적이지 못하고 신경증적 성격특성의 리더들이 그렇지 않은 사람들에 비해 갈등수준이 높게 나타나고 있다. 또한 신경증적 성격특성을 가지고 있는 리더는 불안감과 높은 스트레스로 인하여 일상적으로 분노의 감정을 표현하며, 조직적 상황을 공격적이고 위협적인 것으로 간주하여 높은 갈등수준을 보이고 있다. 따라서 신경증적 성격특성의 리더는 부하에 대한 비인격적 행동으로서 공격적 성향을 나타내고 있다.

그러나 성격특성으로서 성실성은 목표달성에 대한 의지와 열정, 직무수행 과정에서 발생하는 역경을 극복하기 위한 인내 등을 반영하고 있는 개념으로 목표지향적인 특징을 나타내고 있다. 따라서 성실성의 성격을 나타내고 있는 리더는 자신에게 부여된 직무와 의무를 신중하게 생각하기 때문에 외부로부터 공격과 부당한 영향력에도 불구하고 충동적인 행동을 하지 않는다. 또한 성실성의 성격을 나타내고 있는 부하는 부당하고 비인격적 행동에 대하여 저항적인 반응을 나타내지 않는다.

비인격적 행동에 영향을 미치는 리더의 개인적 요인으로서 권위주의적 성격이 있다. 권위주의적 성향이란 조직에는 권력과 지위의 차이가 존재하고, 이러한 지위와 권력이 적절하게 활용되어야 조직의 효율성이 향상된다고 생각하는 것이다. 이와 관련하여 리더의 성격특성으로서 권위주의 성향으로, 첫째는 권위주의적인 복종으로서 사회적 합법성이나 제도화된 권위에 대한 복종수준을 의미한다. 둘째는 권위주의적인 공격성으로서 자신의 권위를 합법적인 것으로 간주하여 부하에게 공격적인 행동을 하는 것을 의미한다. 셋째는 전통주의적 사고로서 사회적 관습에 따라 자신의 권위를 지나치게 행사하는 것을 의미한다. 이러한 권위주의적 성격의 리더들은 부하를 대상으로 강자에게는 복종을, 약자에게는 공격적인 성향을 나타내며, 불안한 정서상태를 보이고, 외부로부터 위협에 노출되어 있다고 생각하여 타인을 의심하거나 적개심을 보인다.

권위주의적 성격은 처벌과 위협에 의한 지배적인 가정환경에서 성장한 사람들에게서 나타나는 사회화의 결과이다. 이러한 성격의 리더는 심리적 불안과 타인 의존적 경향으로 타인에 대한 적대감을 보이게 된다. 또한 높은 권력과 지위의 사람에게는 절대적인 복종을, 그렇지 않은 사람에 대해서는 위협과 공격적인 행동을 하게 된다.

또한 리더들은 부하의 나이와 성별과 같은 표면적으로 나타나는 객관적 차이의 이질성보다 가치관과 신념, 태도 성격 등과 같은 내면적인 주관적 차이의 이질성에 대한 인식으로 비인격적 행동을 할 가능성이 높다고 하였다.

(2) 조직상황적 요인

리더의 비인격적 행동을 발생시키는 조직의 상황적 요인으로는 불공정성, 심리적 계약위반, 제도적 규범, 직무불안정성 등이다. 이러한 리더의 비인격적 행동은 전위적 공격성(displaced aggression)이라는 개념으로 설명된다. 전위적 공격성이란 자신에 대한 부당한 행동이나 불공정으로 인한 분노나 불만을 당사자가 아닌 타인이나 타 조직을 대상으로 표출하는 행동을 의미한다. 이들로부터 받은 부당한 처우에 대해서는 보복 등의 두려움으로 직접적인 보복을 하지 못하고 저항능력이 없거나 위협적이지 않는 대상에 대하여 공격적인 행동을 하는 것이다. 조직에서 이러한 공격적 행동의 대상은 대부분 힘이 없고 접근하기 쉬운 부하가 될 가능성이 높다.

4 비인격적 행동의 결과

조직이란 달성해야 할 공통의 목표가 설정되어 있으며, 이러한 목표를 달성하기 위해 다수의 구성원으로 협력적 체계를 구축하고 있는 구성체라고 할 수 있다. 따라서 조직이 설정한 목표를 달성하기 위해서는 구성원들이 자신의 능력을 최대한 발휘할 수 있는 환경을 조성하여야 한다. 이와 같은 환경을 조성하기 위한 방안 중의 하나가 리더와 부하 사이의 원활한 상호작용이다. 리더와 부하 간 상호작용이란 리더의 적대적 행위에 대한 부하의 인식수준을 의미하는 것으로서 리더의 비인격적 행동에 대한 중요성이 강조되고 있다.

리더와 부하 간의 의사소통을 방해하는 요인으로는 부하를 공개적으로 비판하거나, 큰 소리로 화를 내거나, 무례한 행동 등이 있으며, 리더의 이러한 행동은 부하에게 스트레스와 같은 부정적 정서를 초래하게 된다. 또한 부하들에게 정신적·육체적 스트레스와 더불어 무력감과 좌절감, 상실감과 같은 부정적 요인에 대해서 영향을 미치며, 자아존중감, 신뢰감, 결속력 등과 같은 긍정적 요인에 대해서도 영향을 미치고 있다.

리더의 비인격적 행동은 부하들에게 조직과 상사에 대한 저항행동, 동료들을 대상으로 한 공격행동 등의 부정적인 행동에 영향을 미치고, 가족을 대상으로 한 공격적인 태도와 행동에도 영향을 미치고 있다.

리더에 의한 비인격적 행동은 부하들에게 정신적 스트레스와 수치심, 긴장감, 좌절감, 무력감, 우울증 등과 같은 정서적 감정들을 경험하게 하고 생활불만족, 불안감, 공포심 등과 같은 부정적 감정도 경험하게 한다. 또한 부하들의 정신적인 스트레스와 부정적인 사고, 판단력 결여, 표현력 부족, 친밀감과 자신감의 저하, 두려움과 불안감 등의 역기능적 감정과 태도에 영향을 미치고, 타인이나 조직에 대한 냉소적인 표현과 공격적인 행동을 하게 된다.

자신이 리더로부터 비인격적 대우를 받고 있다고 생각하는 것은 자신이 정서적으로 부정적인 심리상태를 경험하고 있다는 것을 의미한다. 따라서 리더로부터 비인격적 대우를 받고 있다고 생각하는 부하는 자신의 인간관계의 수준이 낮기 때문에 리더와의 교환관계가 부정적인 결과로 나타날 것이라고 생각한다. 또한 리더의 비인격적 행동은 부하에게 심리적 건강, 부정적인 직무태도와 행동에 영향을 미치며, 리더의 비인격적 행동의 피해자인 부하는 정서적 피로를 지각하게 되고, 이것이 조직성과에 부정적 결과로서 나타나게 된다.

리더의 비인격적 행동은 개인적, 환경적, 인간관계적 요인에 부정적인 영향을 미치고 있다. 리더의 비인격적 행동은 개인적 차원에서 심리적 스트레스, 기능적 장애를 포함한 긴장감, 생활불만족, 좌절감, 무력감 등을 지각하게 된다. 이러한 정서적이며 심리적 변화를 경험한 부하들은 대부분 알콜남용, 가정－직무갈등 등으로 전이되어 심각한 사회적 문제가 되고 있다. 또한 리더의 비인격적 행동은 부하들에게 반생산적 조직행동과 조직저항을 야기시키며, 조직불공정성에 대한 인식은 부하들의 이직을 증가시킨다.

리더의 비인격적 행동에 대하여 대응방안으로서, 리더의 비인격적 행동의 피해자라고 생각하는 부하들은 앙갚음이나 보복행위를 고려하게 된다. 그러나 이들은 리더를 상대로 이러한 행동을 대부분 실행하지는 못한다. 이러한 리더를 대상으로 이루어지는 부하들의 보복적 반응은 리더로부터 적대적 관계를 강화시키며, 리더와의 부정적인 인간관계를 유지해야 하는 결과를 초래한다고 보기 때문이다. 따라서 부하들은 리더가 자신을 위협하거나 무례한 행동 등의 적대적 성향을 보이더라도 이를 지적하거나 대항하려는 행동을 하기는 어렵다. 또한 부하들의 조직생활이 리더에 의해 지시와 통제되는 부분이 높기 때문에 이들과의 원만한 관계를 유지하여야 한다. 따라서 리더의 비인격적 행동으로 인한 적대적 상황이 언제든지 발생할 것이라는 두려움이 부하들에게 스트레스의 원인으로 작용한다.

리더의 비인격적 행동은 최상위 계층으로부터 중간계층, 직속상사를 거쳐 최하위계층의 부하들의 일탈행동을 유도하는 낙수현상을 보인다. 또한 리더의 비인격적 행동이 어느 정도 발생할 것이며, 이를 측정하는 것은 쉬운 일이 아니며, 이로 인해 많은 비용이 발생한다. 그러나 동일한 조직, 동일한 상황에 있는 부하들이라도 리더의 비인격적 행동에 대한 인식의 차이가 존재한다. 이러한 인식의 차이를 지각하게 하는 조직의 상황적 요인으로 조직공정성과 직무유동성을 들 수 있다.

이와 함께 사회교환이론의 관점에서 리더와 부하 간의 우호적인 관계는 상호 호혜성의 원칙에 의해 유지된다. 이러한 상호 호혜성의 원칙에 의한 우호적인 관계가 지속되면 리더와 부하 간에는 신뢰, 충성 및 상호몰입에 긍정적으로 작용한다. 따라서 리더의 비인격적 행동은 부하들에게 자신과 조직과의 교환관계 또는 신뢰관계에 부정적인 영향을 미치는 요인이다.

5 비인격적 행동의 대처방안

비인격적 행동을 하는 리더는 과거 자신의 권위주의적인 상사의 행동을 비유하거나, 조직의 발전과 부하의 성장을 위한 과정에서 발생하는 일시적인 과정이라고 생각한다. 따라서 자신의 행동에 대한 부정적 인식보다는 자신의 행동을 이해하지 못하는 부하들에게 책임이 있다고 본다. 이러한 사고를 하고 있는 리더들이 스스로 자신의 행동을 개선하기를 기대하는 것보다, 조직 차원에서 리더의 비인격적 행동을 예방하기 위한 제도적 노력이 요구된다. 리더의 비인격적 행동을 예방할 수 있는 방안들은 다음과 같다.

(1) 교육훈련과 주기적인 피드백

조직상황이나 리더 및 부하들의 개인적 특성에 따라 효율적인 리더의 행동은 상이하다. 그러나 조직 차원에서 리더의 어떠한 행동이나 언어가 비인격적인 행동인지를 명확하게 하는 것이 이를 예방할 수 있는 방안이 될 수 있다. 또한 리더의 리더십에 대해 주기적인 평가와 피드백이 요구된다. 리더 자신이 교육훈련에 의해 행동이 개선되었다 하더라도 부하들에 의해 효율적인 리더십으로 인식되고 있는지에 대한 확인이 필요하기 때문이다.

(2) 제도적 장치의 도입

비인격적 행동을 지속적으로 하고 있는 리더는 엄중히 경고하고, 개선이 되지 않을 경우에는 제도적 기반 하에 단호한 조처가 이루어져야 한다. 비인격적 행동을 하고 있는 리더가 높은 성과를 내고 있는 것을 고려하여 제재를 받지 않는다면, 리더의 이러한 행동은 지속되고 부하들의 정서적 불안은 가중될 것이다.

(3) 공정한 조직문화

효율적인 리더십을 행사하는 리더는 부하들이 공정하게 자신의 직무를 수행하도록 지원한다. 이를 위해 리더는 부하들이 공감할 수 있는 정확한 행동방향을 제시하며, 부하들이 자신의 직무를 적극적으로 수행할 수 있도록 지원하여 신뢰를 구축하여야 한다. 이러한 리더의 행동은 자신의 이익을 위해서가 아니라 부하와 조직을 위한 것이어야 한다. 리더의 지속적인 이러한 행동이 공정한 조직문화를 정착시킨다.

(4) 사회적 지원

사회적 지원은 부하들의 건강 및 질병에 대한 대처는 물론 직무만족에 직접적인 영향을 미친다. 부하들에 대한 사회적 지원은 웰빙에 대한 직접적인 효과와 간접적인 효과로서 명확하게 나타난다. 또한 스트레스에 대한 유효한 대처수단으로 이미 검증되었으며, 특히 직무스트레스와 직무만족, 정신건강에 대한 완충효과는 높게 나타나고 있다. 반면에 사회적 지원이 성과에 대한 스트레스에 미치는 완충효과와, 현실로 제공된 지원과 지각된 지원의 차이에 대하여 주목하여야 한다. 높은 수준의 사회적 지원을 받고 있다고 지각하는 부하들은 성과에 대한 스트레스를 최소화한다. 따라서 부하들이 사회적 지원을 받고 있다고 인식할 수 있는 조직풍토의 조성이 강조되고 있다.

(5) 평가정보의 제공

리더는 부하들이 소유하고 있는 가치를 정확하고 객관적으로 평가하여 그들의 능력과 자질을 향상시켜야 한다. 이러한 리더의 행동에 대하여 부하들은 공정성을 지각하게 되고 신뢰감을 유지하여 사기와 능률을 향상시키게 된다. 이를 위해 리더는 부하들이 자신의 노력과 결과에 대해 정당하게 평가받고 있다고 지각할 수 있도록 구체적인 평가정보를 지속적으로 제공하여야 한다.

6 직장 내 괴롭힘 금지법

(1) 직장 내 괴롭힘 금지

사용자 또는 근로자는 직장에서의 지위 또는 관계 등의 우위를 이용하여 업무상 적정범위를 넘어 다른 근로자에게 신체적·정신적 고통을 주거나 근무환경을 악화시키는 행위를 하여서는 아니 된다.

(2) 직장 내 괴롭힘 발생 시 조치

① 누구든지 직장 내 괴롭힘 발생 사실을 알게 된 경우 그 사실을 사용자에게 신고할 수 있다.

② 사용자는 신고를 접수하거나 직장 내 괴롭힘 발생 사실을 인지한 경우에는 지체 없이 그 사실 확인을 위한 조사를 실시하여야 한다.

③ 사용자는 조사기간 동안 직장 내 괴롭힘과 관련하여 피해를 입은 근로자 또는 피해를 입었다고 주장하는 근로자를 보호하기 위하여 필요한 경우 해당 피해근로자 등에 대하여 근무 장소의 변경, 유급휴가 명령 등 적절한 조치를 하여야 한다. 이 경우 사용자는 피해 근로자 등의 의사에 반하는 조치를 하여서는 아니 된다.

④ 사용자는 조사 결과 직장 내 괴롭힘 발생 사실이 확인된 때에는 피해 근로자가 요청하면 근무 장소의 변경, 배치전환, 유급휴가 명령 등 적절한 조치를 하여야 한다.

⑤ 사용자는 조사 결과 직장 내 괴롭힘 발생 사실이 확인된 때에는 지체 없이 행위자에 대하여 징계, 근무 장소의 변경 등 필요한 조치를 하여야 한다. 이 경우 사용자는 징계 등의 조치를 하기 전에 그 조치에 대하여 피해 근로자의 의견을 들어야 한다.

⑥ 사용자는 직장 내 괴롭힘 발생사실을 신고한 근로자 및 피해 근로자 등에게 해고나 그 밖의 불리한 처우를 하여서는 아니 된다.

이를 위반한 자는 3년 이하의 징역 또는 3천만원 이하의 벌금에 처한다.

따라서 10인 이상 사업장은 취업규칙에 “직장 내 괴롭힘의 예방 및 발생 시 조치 등에 관한 사항”도 규정해야 한다. 이에 따라, “직장 내 괴롭힘, 고객의 폭언 등으로 인한 업무상 정신적 스트레스가 원인이 되어 발생한 질병”도 업무상 질병으로 보아 산업재해로 인정받을 수 있다(근로기준법 제6장의2, 2019년 7월 16일 시행).

문제는 직장 내괴롭힘의 정의이다. 우선 직장에서의 지위를 비롯한 관계상 우위를 이용해야 한다. 주의할 것은 직위뿐만 아니라 나이나 학벌, 성별, 근속연수, 노조 가입 여부, 정규직 여부까지도 관계상 우위로 해석한다는 점이다.

다음으로 이러한 행위가 피해자에게 신체적이거나 정신적 고통을 주어야 한다. 불쾌감을 일으키는 행위여야 한다는 것이다. 또한 일반적인 불편함을 일으키지 않는 가벼운 심부름이나 면벽근무라도 이것이 근무환경을 악화했다면 직장 내 괴롭힘이 될 수 있다.

가장 문제가 되는 부분은 업무상 적정범위를 넘어야 한다는 정의이다. 고용부가 펴낸 직장 내 괴롭힘 예방대응 매뉴얼에 따르면 이는 업무상 필요성과 사회통념에 따라 판단한다. 업무에 필요하다는 사실이 인정되지 않거나, 일적으로는 필요하더라도 그 행동이 사회통념상 문제가 있으면 직장 내 괴롭힘이 된다는 것이다. 막말, 부적절한 호칭 사용, 따돌림 등이 후자에 해당할 수 있다.

이제부터는 사회적 호칭(후자)이라거나 개인끼리 하는 부탁이므로(전자) 직장내 괴롭힘이 아니라고 항변할 수 없다. 그러나 어디까지나 업무에 필요하고 사회통념에 어긋나는 것인지에 대한 주관적 해석이 개입될 여지가 많아 혼란이 예상된다.

사례

비인격적이라고 지각하는 리더의 행위

리더의 비인격적 행동

- 나를 모욕한다.
- 나의 생각이나 감정이 어리석다고 말한다.
- 나를 무시한다.
- 사람들 앞에서 비하한다.
- 사생활을 침해한다.
- 과거 실수나 잘못을 상기시킨다.
- 노력에 대한 공로를 인정하지 않는다.
- 자신의 곤란한 상황을 면하기 위해 나를 비난한다.
- 약속을 어긴다.
- 다른 이유로 화가 나 있으면서 나를 비난한다.
- 다른 사람에게 나를 험담한다.
- 무례한 행동을 한다.

- 동료들과 상호 교류를 못하도록 한다.
- 무능하다고 한다.
- 거짓말을 한다.

(Tepper, 2000)

〈직장 내 괴롭힘 행위〉

- 신체에 대한 폭행과 협박행위
- 지속적이고 반복적인 욕설이나 폭언
- 타인 앞에서 또는 온라인상에서 모욕감을 주거나 개인사에 대한 소문을 퍼트리는 등 명예를 훼손하는 행위
- 집단적으로 따돌리거나 정당한 이유 없이 업무와 관련된 중요한 정보 또는 의사결정 과정에서 배제하거나 무시하는 행위
- 정당한 이유 없이 상당기간 동안 근로계약서 등에 명시되어 있는 업무와 무관한 일을 지시하거나 허드렛일을 시키는 행위
- 정당한 이유 없이 상당기간 동안 일을 거의 주지 않는 행위
- 그 밖의 업무의 적정범위를 넘어 직원에게 신체적 또는 정신적 고통을 주거나 근무환경을 악화하는 행위

(경기도교육청)

제15장 집단괴롭힘과 리더의 지원

1 집단괴롭힘의 개념과 유형

(1) 집단괴롭힘의 개념

한 집단 내에서 특정한 사람을 따로 떼어 멀리하는 일

환경변화의 가속성과 불확실성에 대응하기 위하여 기업들은 능력주의 경영시스템을 도입하고 있으며, 구성원의 평가시스템도 산출중심으로 변화하고 있다. 또한 노동시장의 유연화에 따라 평생직장의 사고가 희박해지고 외부적으로는 기업 간, 내부적으로는 개인 간 경쟁이 격화되고 있다. 이러한 상황 속에서 구성원들은 개인적 모욕, 비인격적인 언행과 비난, 인신공격 등의 적대적 직무환경에 노출되고 있다. 이러한 부정적 직무환경 속에서도 집단괴롭힘 현상이 증가하고 있으며, 이로 인한 개인의 정신 및 신체적 질병을 초래하는 것은 물론 극단적 선택에 이르게 하는 심각한 사회적 문제로 부각되고 있다.

집단괴롭힘은 위협적인 큰 한 마리의 동물에 대한 작은 동물들의 집단적인 공격을 의미한다. 이와 같이 집단괴롭힘은 집단에 의한 공격을 의미하지만, 경우에 따라서는 개인이 다른 개인을 괴롭히는 것도 포함한다. 직장 내 집단괴롭힘은 직무수행 과정에서 지각하는 사회적 스트레스의 한 형태이다. 그러나 다른 사회적 스트레스와는 상이하게 장기간 지속되고 사람을 대상으로 조직적인 괴롭힘의 행동들이 단계적으로 이루어진다는 것이다.

집단괴롭힘(bullying)은 조직이나 집단 내에서 다수의 사람들이 한 개인이나 소수의 사람을 대상으로 의도와 적극성을 가지고, 장기간 반복적으로 구성원들과 소외시키거나 괴롭히는 현상을 의미한다. 또한 직장 내 집단괴롭힘(workplace bullying)은 직장의 동료나 부하에게 지속적으로 공격적이거나 비상식적인 행동을 하는 개인이나 집단의 행동을 의미한다. 직장 폭력은 언어적·비언어적·물리적 학대, 수치심을 주는 것 등을 포함한다. 이러한 형태의 폭력적 행동은 집단이나 사회의 규범이나 관습을 이용하여 이루어지기 때문은 매우 복잡하다. 따라서 직장 내 집단괴롭힘도 매우 다양한 형태로 이루어진다. 공개적이거나 비공개적으로 이루어질 수 있으나 어떠한 경우라도 피해자에게는 부정적 결과로서 나타난다.

직장 내 집단괴롭힘이란 방해하거나 귀찮게 하고, 좌절감이 들도록 하는 등 특정인을 괴롭히려는 목적으로 지속적이고 반복적으로 이루어지는 행동, 타인에게 정신적이며 육체적인 고통을 주는 행동을 고의적으로 시도하는 것이다. 고용노동부에서는 직장 내 집단괴롭힘을 사업주, 상급자, 구성원들이 집단을 이루어 특정인을 집단 내에서 소외시킴으로써 구성원으로서의 역할수행에 제약을 가하거나, 인격적으로 무시 또는 음해하는 정신적·육체적 가해행위라고 하고 있다.

이와 같이 직장 내 집단괴롭힘은 부적절한 지속적인 행동, 가해자와 피해자 사이의 권력의 불균형이라는 공통점이 있다. 또한 직장 내 집단괴롭힘은 직·간접적인 행동을 포함하기 때문에, 육체적 공격과 더불어 심리적 공격의 형태로 이루어지고, 피해자가 지각할 수 없을 정도로 은밀하게 이루어질 수도 있다.

(2) 집단괴롭힘의 유형

직장 내 집단괴롭힘의 유형은 다양하지만 제프(Zapf)는 다음과 같이 분류한다.

① **직무수행 방해:** 수행하고 있는 담당 직무를 바꾸거나, 직무수행을 방해하는 행

동

② 사회적 고립: 사회적 관계를 단절시키기 위한 것으로 대화를 비롯한 모든 의사소통을 하지 않으며 다수에 의해 격리시키는 행동

③ 비방과 비난: 유언비어를 퍼트리거나 조롱하거나 모욕적인 말 등으로 사생활을 공격하는 행동. 개인의 약점, 종교, 신념 등에 대하여 조롱하는 행동. 행동이나 말투 등을 웃음거리로 만드는 행동

④ 언어적 공격: 의사소통을 철저히 차단하고 직무수행과 관련하여 언어적인 공격 또는 위협하는 행동. 상호 의견교환이나 접촉 자체를 거부하는 행동

⑤ 육체적 폭력이나 위협: 육체적 건강과 관련한 것으로 위험한 직무를 하도록 하도록 하는 행동. 다수의 구성원들이 신체적으로 위협하고 공격하는 행동

또한 레이너와 호엘(Rayner & Hoel)은 집단괴롭힘의 유형을 다음과 같이 제시하였다.

① 직무따돌림: 직무수행과 관련한 의견을 폄하하거나, 공개적으로 직무수행에 대하여 창피를 주거나, 제시한 아이디어나 실수에 대해 비난하는 행동

② 위협: 욕설을 하거나, 모욕을 주거나, 협박을 하거나, 루머를 퍼트리거나, 연령에 맞는 대우를 해 주지 않는 행동

③ 고립: 교육과 같은 자기개발의 기회에 대한 접근을 막거나, 육체적 또는 사회적으로 격리시키거나, 정보의 전달과 공유를 하지 않는 행동

④ 과도한 직무: 직무수행 과정에서 과도한 압력을 행사하거나, 시간과 능력에 비해 과도한 직무 또는 불가능한 직무를 수행하도록 하는 행동

⑤ 약화: 직무수행 결과를 인정하지 않거나 보상을 하지 않는 행동. 무의미한 직무를 수행하도록 하거나 실수에 대해 반복적으로 언급하는 행동. 실패할 가능성이 높은 직무를 부과하는 행동

이와 같이 집단괴롭힘은 직·간접적인 행동들을 수반한다. 또한 이러한 행동들은 대부분 육체적 공격보다는 심리적 공격으로도 나타나고 있지만, 현실적으로는 가시적으로 나타나는 폭력적 행동만을 문제시하고 있으며 심리적 결과는 간과하고 있다. 그러나 신체적 폭력보다 표현되지 않는 심리적 행동의 결과가 더욱 심각할 수 있다.

2 집단괴롭힘의 발생원인

집단괴롭힘의 원인은 조직적 요인이나 사회적 요인, 개인적 특성에 따라 다양하게 발생하고 있다. 일반적으로 집단괴롭힘의 발생원인은 성격이나 능력, 사회적 기능과 같은 개인적 특성과 리더십, 조직문화, 직무스트레스, 작업조직 등과 같은 조직적 요인, 집단 내에서의 적개심과 시기, 집단압력과 같은 사회적 요인이다. 이러한 요인들로 인하여 집단괴롭힘 행동이 발생하고 이를 지각한 피해자는 감정 및 행동적으로 즉각적인 반응을 나타내며, 이것은 결국 개인과 조직 차원의 부정적 결과로 나타나게 된다. 또한 집단괴롭힘과 이로 인한 부정적 결과와의 관계에서 피해자의 성격이나 경력, 조직에서의 사회적 지원이나 정책 등이 조절효과를 보이고 있다. 집단괴롭힘의 발생 원인을 구체적으로 제시하면 다음과 같다

(1) 성격특성

집단괴롭힘의 피해자들은 전형적으로 지나치게 걱정하고, 불안해 하고, 조심스러워 하고, 예민하게 반응하고, 내성적인 특성을 보인다. 이들은 피해를 본 이후에도 부정적인 자아존중감을 나타낸다. 이러한 성격특성으로 인하여 쉽게 집단괴롭힘의 대상이 되며, 집단괴롭힘의 상황에서도 더 많은 상처를 받게 된다.

또한 집단괴롭힘은 피해자뿐만 아니라 가해자의 성격특성에 있다. 집단괴롭힘의 피해자들은 양심적이거나 융통성이 없고 순진하며, 예민하고, 의심이 많으며, 화를 잘 내는 특징을 보인다. 반면에 집단괴롭힘의 가해자들은 권위주의적 성격이거나 폭력적인 성격적 특징을 보인다.

(2) 조직내 갈등

집단괴롭힘은 가해자와 피해자 간 상호작용의 과정 속에서 발생한다. 대인관계상 발생한 장기간의 대인간 갈등은 적절한 중재와 관리전략이 수반되지 않는다면 집단괴롭힘으로 이어진다. 이러한 갈등이 깊어지면 상대적으로 열등한 위치에 놓인 사람은 집단괴롭힘의 표적이 될 수 있다.

따라서 대인관계에서 대인갈등은 직무스트레스의 원인이 되고, 집단괴롭힘은 극

도의 부정적 상호작용의 한 형태로 나타나게 된다. 이러한 측면으로 접근하면 집단괴롭힘은 대인간 갈등으로부터 발생하며, 그 결과는 즉각적이거나 장기간 후에 나타난다. 집단괴롭힘은 갈등으로 인한 스트레스→좌절→감정적 반응 표출→집단괴롭힘의 과정으로 설명할 수 있다.

(3) 직무환경

직무와 관련된 요소로서 역할갈등, 직무환경에 대한 불만족, 리더십에 대한 불만이 집단괴롭힘을 야기시킨다. 또한 독재적 리더십, 개인에 대한 관심 부족, 직무수행을 위한 정보 부족, 직무 또는 조직목표와 관련된 대화 부족 등의 취약한 심리적 직무환경도 집단괴롭힘과 관련이 있다.

(4) 조직 분위기

집단괴롭힘의 원인이 되는 조직 분위기는 의사소통 분위기와 사회적 분위기로 분류된다. 의사소통 분위기는 구성원들이 서로의 대화를 경청하는지, 직무수행 과정에서 발생하는 문제에 대하여 공개적으로 토론하는지, 타인의 의견을 존중해 주는지, 개인적 차이가 수용되는지 등의 정도이다. 반면에 사회적 분위기는 질투와 시기를 하고 있는지, 상호 경쟁이 치열한지, 파벌이 존재하는지, 성과에 대해 과소평가가 이루어지는지에 대한 정도이다.

3 집단괴롭힘의 결과

집단괴롭힘을 받고 있는 피해자는 다음과 같은 현상이 나타난다. 자신에 대한 비판과 부정적 평가에 예민하며, 타인의 간섭과 평가를 두려워하며, 자기주장을 하지 못하며, 자긍심이 낮고 열등의식이 높으며, 원만한 대인관계를 유지하지 못하며, 눈을 마주치지 못하며, 지나치게 불안해 한다. 이러한 현상이 깊어지면 출근은 물론 승진도 거부한다. 직무만족과 조직몰입 수준이 낮고, 이직의도는 높으며, 반생산적 행동, 직무기피, 대인적 공격 등으로 나타난다. 이러한 집단괴롭힘은 개인, 조직, 사회에 부정적 결과로 나타나게 되며 구체적인 내용은 다음과 같다.

(1) 개인적 영향

집단괴롭힘은 피해자의 육체적·심리적 건강에 부정적 결과로서 나타난다. 집단괴롭힘은 좌절·스트레스·저항, 무력감과 직무에 대한 소원감, 자기존중감과 생산성 저하, 결속력과 소속감 저하 등의 반응을 보인다. 또한 신체적으로 쇠약해지고 활력이 없어지며, 만성피로, 다양한 질병으로 인한 고통 등의 육체적 증상, 자아존중감, 불면증, 적개심, 과민증상, 피해의식, 신경과민, 대인관계 회피 등의 증상을 보인다. 이 외에도 심리적 증상인 근심과 우울, 불안 등으로 고통을 받는다.

(2) 조직적 영향

집단괴롭힘이 이직을 결정하는 중요한 요인으로서, 이직은 집단괴롭힘 피해자들이 결정하는 마지막 수단이 될 수 있다. 집단괴롭힘으로 인한 이직은 즉시 나타날 수도 있고, 재취업할 때까지 시간이 지속될 수도 있다. 이러한 이직으로 인한 조직적 비용은 증가한다. 또한 집단괴롭힘은 동기부여와 직무만족 저하 등 구성원의 태도와 행동에 영향을 미치게 되고, 이는 성과저하 등으로 인한 조직의 효율성이 감소하게 된다.

(3) 사회적 영향

집단괴롭힘은 피해자들의 이직으로 인하여 사회적 비용이 증가하게 된다. 이로 인해 공적 예산과 실업보험 비용 등 사회적 비용이 크게 증가하고 있으며, 이를 예방하기 위해 집단괴롭힘 방지법까지 제정하였다.

4 집단 괴롭힘에 대한 대처방안

직장 내 집단 괴롭힘이나 괴롭힘에 대한 문제는 매우 중요한 문제로서 다루어져야 한다. 그 동안 직장 내 집단 괴롭힘 피해자들은 조직으로부터 제도적으로 지원이나 구제를 받지 못한 것이 현실이다. 오히려 이로 인한 피해상황을 간과하거나, 이러한 현상을 암묵적으로 수용하거나, 피해자의 개인적 책임으로 전가하였다. 따라서 가해자를 처벌하는 데 소극적이었으며, 피해자에 대한 대응도 소극적이었다.

그러나 최근 집단괴롭힘으로 인한 부정적 결과에 대한 관심이 높아지면서 다양한 제도적 장치가 마련되고 있다. 이를 위한 전략으로는 문제를 처리할 수 있는 합법적인 제도 마련, 피해자에 대한 지원과 가해자 처벌, 예방을 위한 교육훈련, 리더의 모범행동 등이 제시되고 있다. 또한 집단괴롭힘에 대한 피해와 예방활동에 대한 조직 및 사회적 홍보를 통해 문제의 심각성에 대한 인식을 제고하여야 한다.

집단괴롭힘을 예방하기 위하여 바람직한 조직문화를 정착하여야 한다. 이를 통해 직장 내 집단 괴롭힘을 효율적으로 관리하기 위한 교육훈련 프로그램을 도입하여야 하며, 조직 및 정부 차원의 예방프로그램과 관련법 제정이 필요하다.

직장 내 집단괴롭힘을 예방하기 위하여 리더가 고려해야 할 사항들을 다음과 같다. 사용자가 조직문화를 분석하고 이를 토대로 집단괴롭힘이 발생할 가능성이 있는지를 인식해야 한다. 또한 집단괴롭힘이 조직의 문제로 확산되기 전에 구성원들이 집단괴롭힘의 가능성과 문제점에 대해 즉각적으로 판단하고 문제를 제기할 수 있는 환경을 조성하여야 한다. 이러한 사항에 대해서는 전체 구성원들에게 사전 공지하여야 한다. 더불어 구성원들을 대상으로 집단괴롭힘에 대한 예방교육을 실시하고 리더들은 모범적인 역할모델을 보여야 한다. 구성원들에게 집단괴롭힘은 절대 용인될 수 없다는 원칙을 분명히 제시하고, 어떤 방식으로든 문제를 조직이 직접 처리할 것이란 강력한 의지를 표명해야 한다. 또한 구성원들에게는 상담 등의 지원과 불합리한 대우에 이의를 제기할 수 있는 제도적 장치가 조직적 차원에서 이루어져야 한다.

이에 대한 개인적인 대처노력은 일반적으로 집단괴롭힘을 극복하는 데 많은 효과를 보이지 않으며, 오히려 어떤 환경에서는 이를 해결하려는 개인의 노력이 상황을 더욱 악화시켜 역효과를 초래할 수도 있다. 따라서 직장 내 집단괴롭힘에 대처하기 위해서는 개인적 노력보다 조직 차원의 대처가 우선되어야 한다. 최근 이러한 문제에 대한 중요성이 제시되면서 직장 내 집단괴롭힘 방지법이 제정되고, 관리자를 대상으로 한 예방교육이 실시되고, 피해자를 구제하기 위한 관련법이 제정되고 있다. 이와 같이 정부적 차원에서 직장 내 집단괴롭힘에 대처하기 위한 법적인 조치가 이루어지고 있지만, 무엇보다도 조직 차원에서 근본적인 대처전략이 마련되어야 할 것이다.

직장 내 괴롭힘 판단 및 예방대응 매뉴얼(고용노동부, 2019)

1. 직장 내 괴롭힘의 판단기준
- 행위자: 근로기준법상 규정된 사용자(파견업체 사업주 포함) 및 근로자, 나이, 학벌, 성별 근속연수, 고용형태 등 모든 관계에서 가능
- 행위장소: 반드시 사업장 내일 필요 없음, 사내 메신저 및 SNS 등 온라인도 해당
- 행위요건: 직장에서의 지위 또는 관계 등의 우위를 이용할 때, 업무상 적정 범위를 넘을 때, 신체적·정신적 고통을 주거나 근무환경을 악화시키는 행위일 것
- 당사자와의 관계, 장소 및 상황, 횟수, 행위내용 및 정도 등을 종합적으로 고려하여 판단

2. 직장 내 괴롭힘 행위
- 신체에 대하여 폭행하거나 협박하는 행위
- 지속 반복적인 욕설이나 폭언
- 다른 직원들 앞에서 또는 온라인상에서 모욕감을 주거나 개인사에 대한 소문을 퍼트리는 등 명예를 훼손하는 행위
- 합리적 이유 없이 반복적으로 개인 심부름 등 사적인 용무를 지시하는 행위
- 합리적 이유 없이 업무능력이나 성과를 인정하지 않거나 조롱하는 행위
- 집단적으로 따돌리거나, 정당한 이유 없이 업무와 관련된 중요한 정보 또는 의사결정 과정에서 배제하거나 무시하는 행위
- 정당한 이유 없이 상당기간 동안 근로계약서 등에 명시되어 있는 업무와 무관한 일을 지시하거나 근로계약서 등에 명시되어 있는 업무와 무관한 허드렛일을 시키는 행위
- 정당한 이유 없이 상당기간 동안 일을 거의 주지 않는 행위
- 그 외에 업무의 적정범위를 넘어 직원에게 신체적·정신적 고통을 주거나 근무환경을 악화시키는 행위

3. 직장 내 과롭힘 예방교육

① 회사는 직장 내 괴롭힘 예방을 위한 교육을 1년에 1회 이상 실시한다.
② 직장 내 괴롭힘 예방교육은 1시간으로 한다.
③ 직장 내 괴롭힘 예방교육은 다음과 같다.
- 직장 내 괴롭힘 행위의 정의
- 금지되는 직장 내 괴롭힘 행위
- 직장 내 괴롭힘 상담절차
- 직장 내 괴롭힘 사건처리 절차
- 직장 내 괴롭힘 피해자 보호를 위한 조치
- 직장 내 괴롭힘 행위자에 대한 조치
- 그 밖에 직장 내 괴롭힘 예방을 위한 내용

④ 회사는 직장 내 괴롭힘 예방교육의 주요 내용을 직원들이 쉽게 확인할 수 있도록 조치한다.

5 리더의 원조행위

(1) 원조의 개념

공격행위는 부정적 결과를 초래하지만 원조행동(helping behavior)은 긍정적 가치를 초래하는 사회적 행동이다. 이러한 원조행동이 사회적 관심이 되었던 것은 뉴욕주 퀸즈 지역에서 일어난 키티 제노비스(Kitty Genovess)의 살인사건이다. 사건 당시 38명의 시민이 30분 이상 현장을 목격하고 있으면서도 한 사람도 희생자를 구하려는 행동이나 신고를 하지 않았다.

일반적으로 원조행동이란 어려운 상황에 처해 있는 사람을 도와주는 행위이다. 자신의 이익을 위해 어려움에 처한 사람을 돕는 행동을 이기적 원조라 하고, 자신의 이익을 고려하지 않고 어려움에 처한 사람을 돕는 행동을 순사회적 원조라고 한다. 순사회적 원조는 외적인 보상을 기대하는 것이 아니라, 타인에게 이익을 주는 것만을 목적으로 하는 애타적 원조, 상대로부터 이전에 받은 이익을 되돌려 주는 형태의 호혜적 원조, 이전에 자신이 끼친 손해를 보상하는 의미에서 도움을 주는 배상적 원조로 분류된다.

(2) 긴급사태에서의 원조

자신의 이익을 고려하지 않고 이루어지는 애타적 원조행동은 사태에 따라 긴급적 원조와 비긴급적 원조로 분류되며, 도움을 제공하는 사람에게 있어 긴급사태에서는 비긴급 사태와는 다른 중대한 심리적 영향력을 미친다. 긴급사태에서의 원조행동은 다음과 같은 특징이 있기 때문이다.

① 사태에 개입하면 위해를 받을 수 있다는 공포감을 지각하며 실제로 받기도 한다.

② 사태를 수습하기 위해 필요한 개인적 경험이 전혀 없다.

③ 사태에 대한 원인과 수습에 필요한 개입의 종류도 사례별로 상이하다.

④ 사태는 예고 없이 발생하기 때문에 예측할 수 없고, 자신의 능력과 재능에 의지해야 한다.

⑤ 사태는 즉시 처리하지 않으면 악화된다.

원조를 위해 긴급사태에 개입하기 위해서는 다음과 같은 과정을 거친다. 첫째, 긴급사태에의 주의, 둘째, 긴급사태라고 하는 판단, 셋째, 개인적 책임의 정도 결정, 넷째, 개입양식의 결정, 다섯째, 개입의 실행이며, 이 과정에서 어느 하나라도 정당하게 처리되지 않으면 원조행동은 발생하지 않는다.

6 방관자 효과

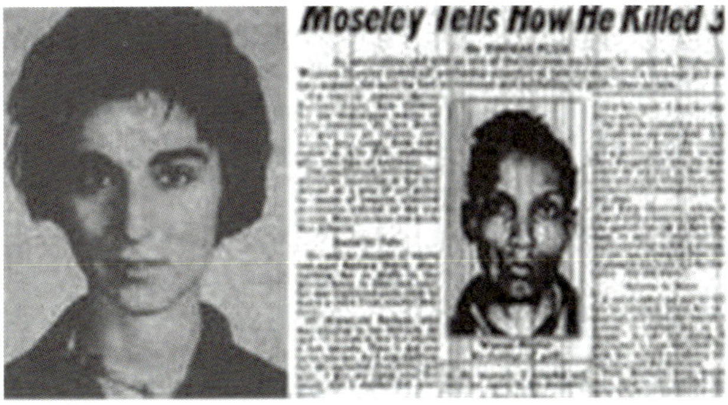

키티 제노비스의 살인사건(1964. 3. 13)

1964년 3월 뉴욕에 사는 20대 여성 키티 제노비스는 야근을 마치고 귀가하는 도중에 강도를 만났다. 강도는 그녀를 폭행하였으나 그녀가 비명을 지르자 이에 놀라 황급히 현장을 떠났다. 그러나 그녀의 비명에도 불구하고 아무도 도움을 주지 않자 강도는 다시 돌아와 폭행하기 시작했다. 30여분 동안 폭행은 계속되었고 결국 그녀는 사망하였다. 폭행이 일어나고 있는 동안 비명 소리를 듣고 창 밖으로 구경을 한 사람은 38명이었으나, 이들 가운데 한 사람도 경찰에 신고를 하지 않았다. 이들의 이해할 수 없는 행동이 뉴욕타임즈를 통하여 알려지면서 여론의 주목을 받게 되고, 두 명의 심리학자 데일리와 라탄(Daley & Latane)은 이와 같은 행동을 분석하기 위한 실험에 착수하였다. 실험결과 주위에 사람들이 많을수록 책임이 분산되어 어려움에 처한 사람을 돕지 않게 되는 현상을 뜻하는 심리학 용어로서 방관자 효과(bystander effect) 또는 제노비스 신드롬(Genoves syndrome)이 원인이라고 하였다. 주위에 사람들이 많을수록 위급한 일이 일어났을 경우, 지켜보기만 할 뿐 도움도 주지 않는 현상을 의미한다. 그러나 후에 목격자가 38명이라는 것은 기자의 오보였으며, 이후 뉴욕타임즈가 오보를 인정하는 사과 기사를 실었다.

(1) 데일리와 라탄의 실험

데일리와 라탄은 집단토론을 한다는 명목으로 대학생들을 각자 다른 방에 혼자 있게 하고, 마이크로폰과 휴대전화를 이용하여 대화를 하게 하였다. 실험참가자 중에는 2명씩 대화하는 경우도 있고 4명이나 7명이 대화를 하는 경우도 있다. 실험 도중에 한 사람이 갑자기 "머리가 아파 쓰러질 것 같아요"라고 말하고는 조용해졌는데, 그는 실험을 위하여 설정된 상황을 연출하는 실험자였다. 이때 2명씩 1:1로 대화를 하고 있었던 학생들은 85%가 즉시 사고가 났음을 알렸다. 그러나 4명(실험자 1명 포함)이 있던 경우는 62%, 7명이 있던 경우는 31%만이 보고하였다. 보고를 하지 않았던 학생들에게 이유를 물었는데, 사고를 알려야 하는지 불안감을 느꼈으나 다른 사람이 할 것이라고 생각했다고 대답하였다.

이러한 실험 결과에서와 같이 서로에게 책임을 미루는 것을 책임분산(diffusion of responsibility)이라고 한다. 이러한 현상이 나타나는 이유는 첫째, 주위에 많은 사람이 있기 때문에 도움을 요청하는 경우 내가 아니어도 다른 사람이 도와 줄 것이라고 생각하는 책임이 분산되는 책임회피, 둘째, 다른 사람들이 도와주지 않는 것은 진정으로 도움이 필요하지 않은 상황이라고 생각하는 군중집단의 무지, 셋째, 도움을 주고자 하였을 때 별다른 상황이 아니면 난처할 것이라는 우려 때문이다. 따라서 주변에 많은 사람이 있다고 해서 도움을 받을 수 있는 것은 아니며, 어려운 상황에서 구조를 요청하기 위해서는 반드시 누구를 지명하여야 한다. 이러한 경우 지명을 받은 사람은 책임이 집중되어 도움을 받을 가능성은 높아진다.

(2) 라테네와 로빈의 실험

라테네와 로빈(Latane & Robin)은 대학생들에게 실험을 위해 대기실에서 기다리라고 하였다. 대기실은 방을 여러 곳으로 나누어 혼자 있게 하거나 여러 명씩 같이 있게 하였다. 그리고 대기실마다 문틈으로 불이 난 상황을 연출하기 위해 연기가 새어 들어가게 하였다. 학생들은 문틈으로 연기가 새어 들어오자 혼자서 대기실에 있던 학생들의 75%는 2분 이내에 이 사실을 보고하였다. 그러나 여러 명씩 기다리던 학생들은 6분 이내에 13%가 보고했으며, 사람 수가 많을수록 그 비율은 떨어졌다. 보고하지 않은 학생들에게 이유를 물었는데, 불안하였지만 남들이 신고를 하지 않고 가만히 있어 자신도 별일이 아니라고 생각하여 신고하지 않았다고 대답했다. 이와 같이 판단을 잘못하여 아무런 관심을 갖지 않는 상황을 대중적 무관심이라고 한다.

실험결과는 집단규모가 클수록 사람들이 대담해진다는 통념과는 다른 것이다. 오히려 목격자가 많을수록 책임감이 분산되어 개인이 지각하는 책임감이 감소하여 행동하지 않는 것이다. 이러한 현상을 제노비스 신드롬 혹은 방관자 효과라고 한다. 그러나 방관한다고 해서 무관심한 것은 아니다. 방관하고 있던 사람들도 이러한 상황이 지속되는 동안 대응을 할 것인지에 대해 괴로워했다. 이들은 당황하고 갈등을 하다가 결국 나 말고 누군가 도움을 주겠지 라고 하는 자기합리화를 하는 것이다. 또한 비어만(Beaman)은 대학생들에게 어려운 상황에 처한 사람들에 대한 영상을 보여 주고, 타인을 돕는 행동의 필요성을 교육하였다. 그 결과 어려움에 처한 사람을 본 학생들은 그렇지 않은 학생에 비해 2배 이상의 도움을 주었다.

7 원조코스트와 사회적 지원

(1) 원조코스트

원조가 없거나 원조가 거부되는 것은 원조비용의 크기와 관련한다. 통행자에게 지하철 요금의 20센트를 요청하는 실험에서 요청자의 수가 한 사람보다는 두 사람, 두 사람보다 세 사람으로 증가할수록 성공률이 높았으며, 남성보다 여성의 성공률이 높게 나타났다. 이러한 결과들은 코스트의 유효성과 관계되어 있다. 주변에 사람이 많을수록 또는 여성에게 제공한 금전에 대한 사회적 공헌도나 개인적 만족도가 높아지기 때문이다. 따라서 제공한 원조(지하철 요금 20센트)로부터 기대할 수 있는 만족도(사회적 공헌도 및 개인적 만족도)가 높을수록 원조의 가능성은 높아지게 된다. 그러나 기대하는 만족도에 비하여 코스트가 크다고 생각하면 원조행위는 억제된다.

지하철에서 길 안내 실험을 하였다. 실험협력자인 한 승객이 그가 내민 발에 걸려 쓰러질 뻔한 실험자에게 신체적 위해를 의미하는 언어나 불쾌감을 토로하도록 하였다. 이 후에 그 실험자에게 질문을 받아서 실험협력자가 잘못된 길 안내를 하도록 하였다. 잘못된 길 안내를 한 것을 들은 다른 승객(피험자)이 정정해 주는 비율은 평소 대조조건의 50%에 비하여 불쾌함을 말한 상황에서는 28%, 신체적인 위협조건에서는 16%로 감소하였다. 이러한 결과는 피험자가 원조코스트를 계산하여, 신체적 위협을 가할 것 같은 사람이 말한 것을 정정하는 데 소요되는 코스트를 크게 계산했기 때문이다.

(2) 사회적 지원

사회적 지원(social support)은 구성원의 소속감과 사기를 높이며, 자신의 목표와 조직의 목표를 일치시키며, 직무환경과 지적 자극을 통하여 직무만족과 조직몰입을 향상시킨다. 따라서 사회적 지원의 효과는 부하들의 신체 및 정신적 건강과 조직의 성과에 긍정적인 영향을 미치고 있다. 이러한 역할을 하고 있는 사회적 지원은 조직적 상황이나 구성원들의 의식수준, 리더의 특성 등에 따라 다양하게 설명되고 있다.

사회적 지원이란 타인과 집단, 지역사회에 의한 사회적 유대를 통해서 개인이 얻을 수 있는 지원, 사랑을 받고 있다고 믿게 하고 긍지를 갖도록 하여 의사소통과 상호책임을 갖는 조직망 속의 일원이라는 것을 믿게 하는 정도, 특정 사안에 대한 정보 제공과 피드백, 지침과 이념 제공, 문제해결 활동을 위한 조정자로서의 활동, 도구적 지원 및 조력의 제공, 휴식을 위한 안식처 제공, 개인의 행위에 대한 사회적 통제기능, 부정적 감정을 다스리는데 도움을 주는 것 등이다. 그러나 이러한 다양한 사회적 지원에는 타인에 의해 제공되는 정서적 관심, 수단적 원조, 정보 및 평가라고 하는 공통적인 개념이 포함되어 있다.

사회적 지원은 직무수행 과정에서 부하들이 지각하는 스트레스로 인한 부정적 결과를 완화하는 역할을 한다. 높은 수준의 사회적 지원은 정서적이며 생리적 과정에 직접적인 영향을 미쳐 스트레스에 대한 반응을 예방하거나 감소시킨다. 따라서 사회적 지원은 부하들의 바람직한 행동을 촉진시키고 스트레스에 대한 지각반응을 약화시킨다.

이와 같이 직무수행 과정에서 지각하는 스트레스에 대한 완화효과를 확인하기 위해 단일차원으로 취급해 왔던 사회적 지원을 다차원적으로 분류할 필요성이 요구되고 있으며, 사회적 지원의 역할에 대한 지각을 기초로 다음과 같이 분류하고 있다.

① **정서적 지원(emotional support)**: 기쁠 때나 슬플 때같이 감정을 공유할 수 있는지와 관련한다. 동정이나 공감, 신뢰 등 사람과 사람 사이의 정서적인 관계를 강화하는 지원이다. 정서적인 공감을 표현하거나 존중과 사랑을 표현해 주는 것이다. 감정적 지원이라고도 한다.

② **도구적 지원(instrument support)**: 직무수행 과정에서 필요로 하는 것을 적시에 지원하는 것과 관련한다. 협력해서 문제를 해결해 주거나, 직무수행 과정에서 도움을 주거나, 돈을 빌려 주는 등의 직접적 행동에 의한 지원이다. 문제해결을 위해 필요한 도구나 자원을 제공하는 것도 포함한다. 물질적 지원이라고도 한다.

③ **정보적 지원(information support)**: 직무수행 과정에서 필요로 하는 유용한 정보를 적시에 지원하는 것과 관련한다. 전문적인 지식 등과 같은 유익한 정보를 전달하여 도움을 주거나, 문제해결에 도움이 되는 정보나 충고를 제공하는 것을 포함한다.

④ **승인적 지원(appraisal support)**: 구성원들의 행동이나 성과에 대해 공정한 평가를 하고 있는가와 관련한다. 구성원들의 의견이나 행동에 찬성한다든지 직무수행 결과를 인정하는 등의 지원이다. 자신감을 주거나 타인에게 비추어 자신을 보게 함으로써 평가하게 하는 것도 포함한다. 평가적 지원이라고도 한다.

사례

도요타 상사 회장 살해 사건

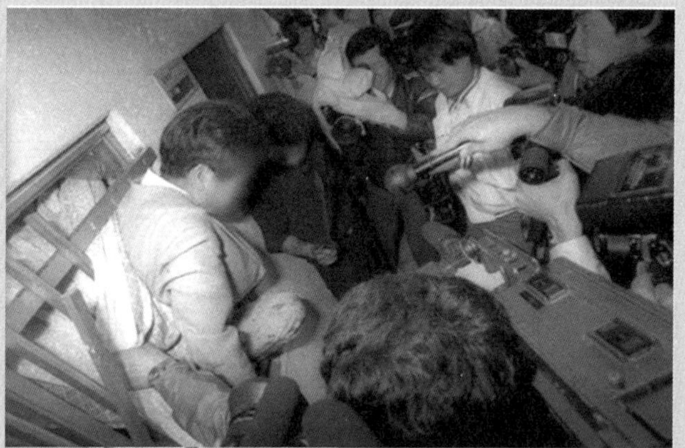

나가노 카즈오 회장 척살사건(1985. 6. 18)

도요타 상사는 현물모조수법을 통한 신용사기를 저질러 그 피해자 수가 수만 명에 이르렀고 피해액은 2,000억 엔에 달하는 거대 사기사건을 일으킨 회사로 세간의 주목을 받고 있었다.

1985년 6월 나가노 카즈오 도요타 상사 회장이 체포된다는 첩보가 입수되자 기자들이 그의 아파트로 몰려들었다. 오후 4시 30분 경 남자 두 명이 나타나 자리를 지키고 있던 경비원에게 나가노를 만나겠다고 요구했다. 경비원이 아래층으로 내려간 사이 두 사내는 기자들 앞에서 "피해자들의 부탁을 받았다. 나가노를 죽여 버리겠다"고 발표하고는 창문을 부수고 자택에 난입하여 나가노를 살해했다. 나가노가 비명을 질렀지만 문 밖에 운집한 기자 중 누구도 도와주려 하지 않았다. 나가노는 병원으로 후송되었지만 결국 사망하였다.

이때 방에서 나온 살인범들은 "경찰 불러, 내가 범인이다"라고 보도진에게 말한

뒤 아파트에서 나오자마자 그대로 체포되었으며 살인범들은 범행 동기에 대해서 자백하였는데, "도요타 상사의 태도가 마음에 안 들어 화가 났다"고 진술했다.

나가노가 살해되는 영상은 NHK와 각 민영 방송국을 통해 중계되었다. 그 후 사기사건 수사에서 도요타 상사가 모은 돈의 대부분이 유용되어, 남은 것이 없음이 밝혀졌으며, 범인들은 징역형을 선고받았다.

제16장 리더의 스트레스 관리

1 스트레스의 개념과 기능

(1) 스트레스의 개념

적응하기 어려운 환경이나 조건에 처할 때 지각하는 심리적 또는 신체적 긴장상태

스트레스(stress)를 하나의 개념으로 규정하는 것은 어렵다. 왜냐하면 스트레스는 환경으로부터의 자극으로도 볼 수 있고, 환경에 대한 개인적 반응의 성격도 있으며, 환경으로부터의 자극과 개인적 반응의 상호작용적 측면으로 이해하기 때문이다. 그러나 개인과 환경의 관계로서 스트레스를 이해하려고 한다는 공통적인 내용을 포함하고 있다. 스트레스는 이들의 관계가 일치되지 않는 상황, 즉 위협적인 환경특성에 대한 개인의 반응으로 정의하고 있다. 따라서 환경이 개인의 능력을 초월하는 직무수행을 요구하거나, 개인의 욕구를 환경이 충족시키지 못하는 상황에서 발생하는 개인과 환경의 불균형 또는 부적합한 상태를 의미한다.

그러나 인간은 개인마다 다양한 특성과 속성을 가지고 있기 때문에 스트레스에 대한 지각과 반응은 서로 상이하게 나타나고 있으며 이에 따른 개념도 다양하게 제시되고 있다. 이와 같이 스트레스를 환경과 개인의 부적합한 상태로 본다면, 직무를 수행하는 과정에서 발생하는 스트레스는 직무환경이 개인의 능력으로써는 해결할 수 없는 것을 요구하거나, 개인의 욕구가 직무환경에 의해 충족되지 못하는 경우에 나타날 수 있다.

(2) 스트레스의 기능

일반적으로 스트레스의 결과는 불안, 긴장, 질병 등 신체 및 정서적 건강에 부정적인 결과로 나타나게 되며, 직무와 관련하여 조직성과가 감소하거나 비용이 발생한다. 그러나 스트레스는 단순히 불쾌한 상황이나 경험만을 의미하지 않으며, 최상의 기쁨이나 흥분을 유발하는 긍정적 상황 하에서도 발생한다. 이와 같이 스트레스는 개인에게 발전적인 측면과 파괴적인 측면을 동시에 갖고 있으며, 적정한 수준의 스트레스를 유지하게 되면 개인의 성장과 조직의 성과를 증대시킬 수 있다. 이러한 스트레스의 양면적 기능은 유스트레스와 디스트레스의 개념으로 설명할 수 있다.

① 유스트레스(eustress): 극도의 쾌감과 즐거운 상황에서 지각하는 스트레스이다. 스트레스에 대한 반응은 건전하고 긍정적이며 건설적인 결과로 나타난다. 따라서 이러한 스트레스는 개인의 성장과 창의력 향상에 도움이 된다.

② 디스트레스(distress): 극도로 불쾌하거나 괴로운 상황에서 지각하는 스트레스이다. 이러한 스트레스에 대한 반응은 불안, 우울, 좌절 등과 같은 부정적 결과나 폭력과 질병의 형태로 나타난다.

일반적으로 인간은 가정, 조직, 사회의 세 가지 생활영역에서 살아가며, 특히 현대인들의 대부분은 기업조직에서 많은 시간을 할애한다. 스트레스는 전이효과가 있으며, 기업조직에서의 스트레스는 가정 및 사회생활에 영향을 미치기 때문에 중요하게 다루어야 한다. 또한 리더는 부하들의 스트레스를 관리하기 위해서는 그들의 가정과 사회생활에서 지각하고 있는 스트레스도 고려해야 한다. 따라서 자신의 직무를 수행하는 과정에서 지각할 수 있는 조직 내 스트레스를 인간행동 모델에 비추어 다음과 같은 과정으로 설명할 수 있다.

그림 16-1 스트레스 모델

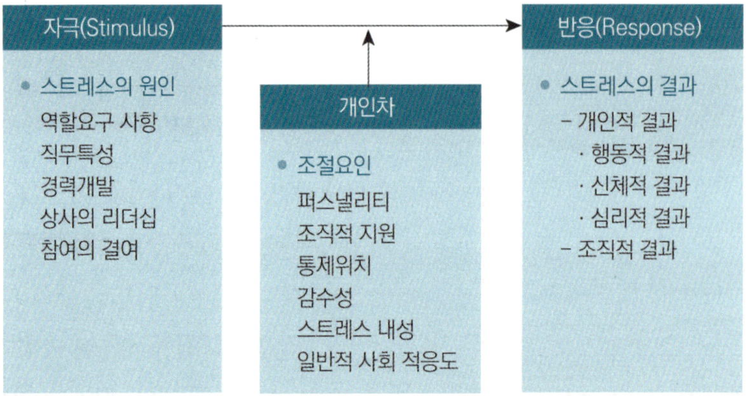

2 스트레스의 원인

(1) 역할요구 사항

자신의 행동에 책임을 지고 직무를 수행하는 과정에서 지각하는 스트레스이다.

1) 역할갈등

리더로부터 양립될 수 없는 둘 이상의 역할기대가 부하에게 동시에 주어질 때 발생한다. 대표적인 역할갈등은 다음과 같은 세 가지 상황에서 발생한다. ① 리더가 개인의 신념과 윤리에 비추어 수행할 수 없다고 생각되는 행위를 요구하는 경우이다. ② 조직에서 부여받은 역할이 외부에서 요구하는 역할과 상충되는 경우이다, ③ 두 사람의 리더가 한 사람의 부하에게 동시에 상이한 업무지시를 하는 경우, 어떤 리더의 지시에 따라야 할지 혼란스러운 경우이다. ④ 한 사람의 리더가 일관성이 없는 업무지시를 하는 경우이다.

2) 역할모호성

자신이 수행하는 직무에 대한 책임영역과 직무목표에 대하여 정확하게 알고 있지 못하는 상황에서 발생한다. 자신이 수행해야 하는 직무역할에 대한 정보의 불충분과 불확실성에 기인한다. 따라서 역할모호성은 ① 자신이 이해할 수 없는 영역을 초과한 조직의 복잡성, ② 조직의 급속한 성장과 사회구조의 변화를 요구하는 신속한 기술의 변화, ③ 상호의존성을 고려하지 않은 빈번한 인사이동, ④ 급변하는 조직환경의 변화에 대한 적응능력의 부족, ⑤ 직무수행 과정에서 제공되는 정보에 대한 제한 등으로부터 발생한다.

(2) 직무특성

자신이 수행하는 직무로부터 경험하는 스트레스이다. 스트레스를 야기하는 직무특성으로는, ① 제한된 시간이나 자신의 능력 및 기술을 초과하는 과다한 직무를 수행할 때, ② 할 일이 너무 없거나 능력 이하의 단순하고 반복적인 직무를 수행할 때, ③ 마감 시간이 정해져 시간적 압박을 받고 있는 직무를 수행할 때, ④ 급변하는 기술에 영향을 받는 직무를 수행할 때, ⑤ 수행하기 곤란한 직무와 신속한 속도를 요구하는 직무를 수행할 때 등으로부터 발생한다.

(3) 경력개발

부하들은 조직의 목표를 달성하기 위하여 필요로 하는 능력을 개발하여야 한다. 그러나 자신의 경력과 지위가 조화를 이루지 못하거나, 급변하는 기술로 인해 직무수행에 어려움을 지각하는 경우 등으로부터 발생한다.

(4) 리더의 리더십

리더의 리더십 스타일이 부하들에게 잠재적 스트레스의 원인이 될 수 있다. 어떤 조직이든 리더는 부하에게 중요한 영향을 미치고 있다. 모든 리더는 합법적으로 보상이나 제재를 위한 권력을 조직으로부터 부여받고 있지만, 모든 리더가 동일한 형태로 영향력을 행사하는 것은 아니기 때문이다.

(5) 참여의 결여

의사결정에 참여하고 있는 부하들은 높은 자신감과 자아존중 및 만족감을 나타낸다. 또한 조직이나 직무에 대한 몰입수준이 향상되고 조직의 기능적인 측면, 직무수행 방법의 개선, 기술의 향상, 결근율 감소 등의 긍정적 행동을 보이고 있다.

이 외에도 조직구성원들이 지각하는 스트레스의 요인은 다음과 같다.

① **물질적 요구사항:** 작업환경이나 작업조건으로부터 발생하는 것으로 소음, 진동, 온도, 습도, 분진 등이다. 직무환경에 구속력이 강하고 환경적 공간의 자유와 여유가 없는 상태에서 발생한다.

② **집단응집력의 결여:** 구성원들에게 응집력이나 협동심은 매우 중요하다. 그러나 구성원들 사이의 응집력을 제한하거나 기회가 주어지지 않을 때 발생하게 된다.

③ **지위의 불일치:** 자신의 능력이나 지식, 직무경험에 비해 적합하지 않은 낮은 지위에 있다고 인식하는 경우, 또는 적합하다고 생각하는 이상의 사회적 지위에 있다고 생각하는 경우에 발생한다.

④ **사회적 밀도:** 대인 상호간의 공간과 거리에 대한 것이다. 대인간 밀착도가 너무 높거나, 대인간 접촉을 위한 거리가 너무 멀다고 생각하는 경우에 발생한다.

⑤ **집단압력:** 조직에는 많은 공식 및 비공식 집단이 있으며, 집단 내 인간관계의 과정에서 스트레스와 긴장을 받기도 한다. 특히 비공식적 집단은 다양한 압력과 사회적 지원을 제공한다는 특징을 보이고 있다.

⑥ **역할 과소 부하:** 역할과소란 할 일이 너무 없거나, 단조로운 작업상황이거나, 자신의 능력을 충분히 발휘할 수 없는 일을 하는 상황을 의미한다. 역할과부하란 주어진 시간에 처리할 수 없는 많은 일을 하거나, 다양한 일을 한 번에 해야 하는 상황을 의미한다.

3 스트레스 조절요인

동일한 상황에서 스트레스에 대한 지각은 사람마다 다양하며, 이에 대한 반응도 상이하게 나타난다. 동일한 스트레스의 원천에 대해 어떤 사람은 원만하게 적응하지만, 어떤 사람은 참거나 회피하려 한다. 여기에는 스트레스에 대한 개인차가 작용하기 때문이다. 스트레스의 원인과 결과에 영향을 미치는 조절요인은 다음과 같다.

(1) 퍼스낼리티

인간의 퍼스낼리티는 A형과 B형으로 분류할 수 있으며, 퍼스낼리티에 따라 스트레스에 대한 지각도 상이하다. A형 퍼스낼리티는 참을성이 없고, 성취에 대한 갈망이 크며, 시간과 환경의 변화에 민감하게 반응한다. 반면 B형 퍼스낼리티는 시간과 환경 변화에 무감각하며, 낙관적이며, 경쟁을 하려 하지 않는 특징을 보인다.

A형 퍼스낼리티는 명성이나 보상을 얻기 위해 직무에 몰입하고, 직무에 대한 요구도 예민하게 받아들인다. 경쟁심이 높고, 적극적이며, 자신의 능력을 최대한 발휘하고자 한다. 따라서 단기적으로는 과업을 훌륭하게 수행하여 성과를 향상시키지만, 장기적으로는 B형보다 스트레스에 과다 노출되어 성장하지 못한다.

(2) 조직지원

조직지원은 조직을 위한 개인의 노력을 가치 있게 생각하며, 복지를 위해 관심을 보이는 정도에 대하여 구성원들이 형성하게 되는 믿음이다. 조직지원은 스트레스와 이로 인한 질병을 예방하거나 완화시키는 역할을 한다. 또한 조직지원의 수준이 적정하게 이루어지면 구성원들의 정서적 상태에 영향을 미쳐 스트레스에 대한 반응을 감소하거나 제거시킨다.

(3) 통제의 위치

인생에 있어서 자신의 성공이나 실패의 원인을 어디에 귀인시키지에 따라 내재론자(internal-locus of control)와 외재론자(internal-locus of control)로 구분한다. 내재론자는 인생에서의 성공이나 실패를 자신의 능력이나 노력과 같은 내적 요인에 귀인시킨다. 그러나 외재론자는 기회나 운, 권력자의 도움 등과 같은 외적 요인에 귀인시킨다. 따라서 내재론자는 외재론자에 비해 자신의 행위를 원만하게 통제하며, 스트레스 상황에서 적응력이 높으며, 직무에 대해 높은 만족감을 나타낸다.

(4) 감수성

스트레스의 원천에 대해서 예민하게 반응하는 사람과 그렇지 않은 사람이 있다. 특정 스트레스 원천에 대해서 자신과는 관계없으며, 이것이 유익하다고 생각하면 스트레스는 지각하지 않는다. 평상시에 권위주의적 성향이나 스트레스가 많은 직무를 수행하는 사람은 감수성이 예민하지 않다. 또한 감수성은 인간의 건강에 따라서도 상이하기 때문에 질병이 있는 상태에서 감수성은 예민해지고 스트레스를 지각하게 된다.

(5) 스트레스 내성

스트레스를 잘 참아내는 사람과 예민하게 반응하는 사람이 있다. 이것은 건강, 체격 및 체력 등과 퍼스낼리티·가치의식·신념 등도 고려되고, 숙련도와 습관, 상황 통제 능력 등도 내성에 영향을 미친다.

(6) 일반적 사회적응도

개인마다 인생에서 경험하게 되는 사건들과 이러한 사건을 경험하고 다시 정상적인 생활로 복귀하는 기간도 상이하다. 홈즈 등(Holmes & Rahe)은 인생에서 일반적으로 경험할 수 있는 사건들에 대한 재적응도(social readjustment scale)를 측정하여 스트레스의 수준을 측정하였다. 측정 결과 결혼, 직장생활, 경제상태 등이 장기간의 사회적 재적응을 필요로 하는 중요한 스트레스 발생요인이라고 하였다.

4 스트레스의 결과

직무수행 과정에서 지각하는 스트레스에 대한 결과는 개인에게 영향을 미치는 개인적 결과와 조직에 영향을 미치는 조직적 결과로 나타나게 된다.

(1) 개인적 결과

① 행동적 결과: 스트레스로 인한 반응으로서 개인의 행동적 변화는 흡연 증가, 알코올 남용, 약물 남용, 돌발적 사고, 폭력 사용, 식습관의 변화, 충동적 행동, 과다수면, 신경질적인 성격변화 등이다.

② 신체적 결과: 스트레스로 인해 생리적 인자들이 영향을 받아서 야기되는 현상으로 암, 고혈압, 심장병, 뇌졸중, 두통, 당뇨병, 소화기계통 질환, 간경변증, 폐질환, 피부질환 등이다. 신체적 질병의 50~70%가 스트레스와 관련 있다고 보고 있다.

③ 심리적 결과: 외형적으로는 나타나지 않지만 스트레스로 인한 정서적 변화로서 가정불화, 불면증, 권태, 우울증, 신경과민, 무력감, 불안, 죄의식, 소진 등이 있다.

표 16-1 사회 재적응 평가척도(Social Readjustment Scale: SRRS)

등위	사건	영향의 크기	등위	사건	영향의 크기
1	배우자의 죽음	100	23	자녀의 분가나 출가	29
2	이혼	73	24	고부간이나 인척과의 불화	29
3	별거(부부)	65	25	특별한 개인적 성공	28
4	형무소 복역	63	26	배우자가 일을 시작하거나 그만둠	26
5	가족의 사망	63	27	학교를 시작하거나 마침	26
6	부상이나 질병	53	28	생활조건의 변화	25
7	결혼	50	29	개인습관의 변화	24
8	직장에서 파면당함	47	30	상사와의 갈등	23
9	재결합(부부)	45	31	근무시간이나 조건의 변화	20
10	은퇴	45	32	주거의 변화	20
11	가족의 건강상 변화	44	33	학교의 전학	20
12	임신	40	34	오락의 변화	19
13	성적 장애	39	35	교회활동의 변화	19
14	새로운 가족의 증가	39	36	사회활동의 변화	18
15	직장의 변경	39	37	1만 달러 이하의 빚	17
16	재정상태의 변화	38	38	수면습관의 변화	16
17	친한 친구의 사망	37	39	가족, 친구들의 변화	15
18	직장 내에서 직무의 변화	36	40	식사습관의 변화	15
19	부부간 언쟁 수의 변화	35	41	휴가	13
20	1만 달러 이상의 부채	31	42	크리스마스	12
21	빚의 청산	30	43	사소한 법규의 위반	11
22	직장에서 책임의 변화	29			

* 지난 1년 간 경험한 사건을 기초로: 150점 미만이면 경미한 상황
150점~300점 미만이면 만성적 스트레스 상황
300점 이상이면 치료를 요하는 심각한 상황

(2) 조직적 결과

구성원들의 과도한 스트레스로 인해 야기되는 조직내 현상으로는 생산량 감소, 직무 불만족, 이직률과 결근율 증가, 산업재해 발생, 공격적이며 경쟁적인 조직문화 등이 있다.

5 스트레스 대처전략

대처(coping)는 스트레스를 처리하기 위한 구체적인 행동으로서, 인간에 의해 행사되는 일종의 방어반응이다.

(1) 직접적 대처

스트레스의 원인을 제공하는 대상이나 사물에 대하여 직접적으로 대처하기 위한 전략이다.

① 공격행동

타인이나 사물에 대해 파괴나 상해를 목적으로 이루어지는 행동

스트레스에 대한 원인으로서 좌절에 대한 부정적 반응이다. 스키너는 실험을 통해 자신의 행동에 대한 대가로서 기대했던 보상이 제공되지 않으면 공격적이 된다고 하였다. 좌절이란 욕구충족을 위한 행동과정에서 장애를 만나 목표달성이 어렵게 된

상황에서 지각하는 정서상태이다. 실직, 실연, 타이어 펑크, 동전을 삼킨 자판기 등으로 인해 경험하는 좌절감은 공격이나 폭력적 반응을 초래할 수 있다. 그러나 공격적 행동이 좌절로 인한 필연적 결과는 아니다. 좌절의 종류나 상황에 따라 상이한 반응으로 나타날 수 있다. 좌절적 상황에도 화를 내지 않는 것을 보고 성장한 아이들은 비슷한 상황에서 화를 내지 않지만, 좌절적 상황에서 폭력을 행사하는 것을 보고 성장한 아이들은 동일한 상황에서 공격적으로 행동한다.

② 태도 및 포부의 변경

자신의 태도와 목표를 상황에 적합하게 변경하는 것으로, 가장 일반적인 방법으로 타협이 있다. 외향적 성격이나 정서적으로 안정된 사람은 좌절에 대한 내성이 높아 욕구충족의 방해요인에 대해 적절히 반응한다. 그들은 설정한 포부 수준을 유연하게 변경하거나 목표에 도달하기 위한 다른 방법을 강구한다. 일반적으로 신경증적 사람들은 원래의 목표를 고집하거나 당장의 좌절을 극복하지 못하는 경향이 있다. 좌절의 수준이 크거나 자주 지각하면 정서적으로 불안하지만, 좌절의 수준이 낮거나 없으면 동기수준이 낮아지고 무기력하게 된다. 적절한 수준의 좌절은 개인적 성장을 위하여 효과적이다.

③ 퇴 각

스트레스를 야기하는 원인으로부터 물러나는 것이다. 승진에서 탈락하는 경우 회사를 떠나거나, 인생에서 승진은 별다른 의미가 없다고 생각하거나, 자신은 이미 충분한 경력을 쌓았다고 생각한다. 상대의 권위에 대항할 수 없거나, 상황을 변화시킬 수 있는 능력이 없거나, 타협할 수 있는 가능성이 없거나, 어떠한 공격에도 효과가 없다고 생각할 때 퇴각은 긍정적이며 현실적인 전략이다. 그러나 상황에 적응할 수 없기 때문에 퇴각하는 것은 문제가 발생한다. 승진에 탈락하면 해결책을 찾거나 새로운 직장을 구하지 않고 무조건 퇴각하려 하기 때문이다.

(2) 방어적 대처

스트레스의 원인을 확인할 수도 없으며, 이것을 직접적으로 다룰 수 없는 경우 자신을 속이는 전략을 활용한다. 프로이트(Freud)는 자신도 인식하지 못하는 사이에 자기의 속성 및 행동의 원인을 속이는 자기기만성으로 인해 방어적 대처는 무의식적이라고 하였다.

① 기만형

자신의 감정과 태도를 변경시키는 것으로, 자신의 실제 감정을 왜곡시키거나 변명하는 것이다.

- 억압과 억제: 억압은 불쾌하거나 위협적인 사고, 감정, 충동 등을 무의식에 숨기는 것이다. 우리가 기억하는 고통스런 기억은 빙산의 일부분이며, 이러한 기억을 의식의 세계에서 완전히 기억한다면 정상적인 생활이 어려워질 것이다. 사건의 단서들이 꿈이나 실수, 정신분석 과정에서 표출되기도 하지만, 자신이 경험한 부정적 경험을 의식으로 표출하지 못하도록 의도적으로 봉쇄하기도 한다. 부정적 경험으로 인한 심리적 괴로움을 기억하는 것은 고통스러운 일이기 때문이다. 우리는 억압을 항상 인식하지는 못하지만 기억하는 것이 고통스러운 일이 될 때 억제라는 방어기제를 사용한다.
- 합리화: 자신의 행동이 합리적이며 상황에 적합하게 행동한 것과 같이 보이도록 논리적이거나 바람직스럽게 의미를 부여하는 것이다. 합리화는 목표달성에 실패했을 때의 심리적 고통을 감소시키며, 자신의 행동이 수용되기 위한 동기를 제공한다. 충동적이거나 자신도 인정하고 싶지 않은 동기에 의한 행동에 대하여 정당성을 부여하기 위해 합리화하는 것이다. 따라서 합리화가 합리적 행동을 의미하지 않는다.
- 투사: 자신의 감정, 사고, 충동 등을 타인에게 귀인시키는 것이다. 폭력적 성향의 사람은 타인들이 자신에게 적대적 감정을 가지고 있다고 생각한다. 자신의 내적 적대감을 투사시켜 타인들이 자신을 적대시한다는 망상을 가지게 된다. 문제의 원인을 개인의 성격적 결함으로 돌리거나 타인의 책임으로 돌리는 경우이다.
- 주지화: 무의식적 갈등과 그와 관련된 정서적 스트레스를 회피하기 위해 이성적 사고나 추론이 사용되는 방어 메커니즘이다. 고차원적 수단을 통해 스트레스를 부정하는 것으로, 지능이나 교육수준이 높은 사람들이 사용하는 전략이다. 스트레스적 상황을 그대로 인정하기보다 문제의 원인을 분석한다. 혼란스러운

감정으로부터 자신을 분리하는 것이다. 예를 들면, “당신의 의견에는 불만이 없어요. 그러나 현실은 그렇지 않은 것 같아요”라고 하는 것이다. 이 전략은 근본적인 문제해결은 되지 않지만 현재의 위협적인 감정으로부터 자신을 보호할 수 있다.

② 대체형

자신의 욕구충족이 현실적으로 불가능할 때 접근 가능한 타인으로부터 간접적으로 충족하는 것이다.

모차르트(1756~1971)

- 승화: 사회적으로 인정되지 않는 충동이나 욕구를 예술이나 종교활동 등 사회적 또는 정신적 가치가 있는 것으로 치환하여 충족시키는 것이다. 스트레스적 상황을 극복하기 위해 그림, 작곡, 집필 등의 창조적인 활동에 적극적이고 몰입한다. 스트레스로 인한 공격적 충동들을 창조적 활동을 통해 승화시킴으로써 사회적으로 용인될 수 없었던 행동들을 처리한다. 장애를 가지고 있는 모차르트가 이로 인한 스트레스를 음악에 몰입함으로써 극복한 것과 같다.
- 반동형성: 어떤 욕구나 감정이 억압되어 그대로 드러나지 못할 때, 그와는 정반대의 경향이나 행동을 나타내는 것으로서, 자신의 감정을 정반대로 표현함으로써 은폐시키는 것이다. 경쟁자의 성공을 지나치게 축하해 주는 것은 그의 성공에 대한 질투나 적개심을 은폐하려는 행위이다. 알코올이나 마약에 대한 반대운동을 열성적으로 하는 사람은 과거 이러한 문제로 곤란한 상황에 처했던 경험이 있을 수 있으며, 열성적으로 반대운동을 하는 것은 이러한 잘못된 행동을

다시 할 가능성에 대해 스스로를 방어하는 수단이 될 수 있다.

- 치환: 일정한 대상으로 향하고 있던 욕구가 다른 것으로 바뀌어 나타나는 심리적인 태도로서, 특정인에 대한 충동이나 감정을 타인에게 옮겨서 표현하는 것이다. 특정인에 대한 공격적 충동도 타인에게 옮겨서 나타날 수 있다. 상사로부터 지각한 스트레스를 당사자인 상사를 대상으로 대응하지 못하고 방어능력이 없는 배우자나 자녀를 대상으로 한 가정폭력의 형태로 나타날 수 있다.

③ 도피형

스트레스적인 상황으로부터 스스로를 도피시킴으로써 심리적 안정을 찾고자 하는 것이다.

- 부정: 불쾌한 상황이나 위협적인 정보를 거부하는 것이다. 부정의 방어기제에는 두 가지가 있다. 하나는 위협적인 정보를 의식적으로 거부하는 것이고, 다른 하나는 그 정보가 잘못된 것으로 간주하는 것이다. 첫째는 정보 자체에 대한 부정이고, 두 번째는 부정적 해석이다. 승진탈락의 원인을 자신의 무능력이 아니라 상사의 평가능력 부족으로 해석하는 것이다.
- 퇴행: 장애에 직면한 사람이 욕구불만에 빠져 현재 자산의 정신발달 수준 이전으로 돌아가 미숙한 행동을 하는 것으로, 과도하게 스트레스를 받고 있는 사람이 미성숙한 아이와 같은 행동을 하는 것이다. 이러한 현상은 과도한 스트레스를 스스로가 극복할 수 없기 때문에, 좌절적 상황에서 울부짖거나 분노, 발작하기도 한다. 이들은 아이 시절 이러한 행동을 통해 부모로부터 동정심과 모성애를 유발하여 욕구를 충족한 경험을 가지고 있다. 따라서 성인이 된 후에도 이러한 자신의 행동에 타인들이 동일하게 반응해 줄 것을 원하는 것이다.
- 동일시: 다른 인물과 자기를 의식적이나 무의식적으로 동일한 존재로 여김으로써 만족과 안도감을 느끼고자 하는 것으로, 높은 심리적 유대관계를 갖고 있는 사람이나 사물의 속성에 동화하는 과정을 의미한다. 타인의 정체성을 자신의 정체성에 융합시킴으로서 자신을 지키려는 것이다. 가정폭력의 피해자로 성장한 성인은 자신도 폭력을 행사함으로써 과거의 두려웠던 기억을 극복하려 한다. 자신이 목표로 했던 직업을 갖지 못한 부모는 자녀가 그 직업에 종사함으로써 정서적으로 만족한다. 또한 동일시는 완전히 무기력한 상황에서 자기방어를

위해 사용된다. 수용소에서 아무것도 할 수 없었던 무기력한 연합군 포로들이 신과 같은 절대적 권력을 행사하는 독일군 간수들을 동일시하였다. 그들은 간수들의 말씨와 버릇, 가치관까지도 모방했다. 자신들이 두려워하는 대상과 동일하게 됨으로써 두려움을 극복하려는 것이다.

6 리더의 스트레스 관리

조직생활 과정에서 구성원들은 필연적으로 스트레스를 지각한다. 그러나 스트레스는 관리될 수 있는 측면이 있다. 스트레스로 인한 부정적 결과를 최소화하고 이에 대처할 수 있는 다양한 방안들이 제시되고 있다.

(1) 개인 차원의 관리

① **긴장이완 훈련**: 스트레스에 노출되면 우리의 신체는 긴장하고 불안을 경험하며 흥분하게 된다. 근육이완 훈련은 어깨에서부터 하체에 이르기까지 긴장된 근육을 인위적으로 이완시키는 것이다. 또한 영상훈련법은 쾌적한 장소에서 편안하게 앉아 눈을 감고 지난날의 즐겁고 행복했던 상황들을 회상하여 긴장을 이완하는 것이다.

② **자아인식의 확대**: 자신의 능력을 인식함으로써 적합한 직무를 수행할 수 있고, 자신의 능력을 초월하는 문제에서 언제 후퇴를 해야 하며, 언제 타인으로부터 도움을 받아야 하는지를 결정할 수 있다. 과도하게 스트레스를 지각하는 직무나 인간관계로부터 후퇴하는 것도 하나의 방안이다.

③ **요가와 명상**: 요가나 명상은 종교적 완성을 위해 이용되었으나, 최근에는 긴장이완을 위해 이용되고 있다. 명상은 조용하고 쾌적한 장소에서 내적으로 편안한 상태를 유지하여 긴장을 풀고 마음에 주의를 집중한다.

④ **바이오 피드백**: 현대의 의학 장비를 이용해서 신체 및 생리적 상태를 변화시키는 것이다. 혈압, 콜레스테롤, 심전도, 폐활량 등을 측정하고 흡연, 음주, 식습관 등에 관한 허용수준을 평가한다.

⑤ **약물 사용과 음식 조절**: 스트레스 수준이 심각한 상황이면 신경안정제나 항우울제 등의 사용으로 불안과 우울상태를 완화시키는 것이다. 또한 과도한 흡연이나 커

피, 알코올 등은 긴장수준을 높이기 때문에 이를 조절하는 방법도 있다.

⑥ **규칙적인 운동**: 스트레스 예방과 해소에 가장 효과적인 방법으로 인정되고 있다. 그러나 격렬하거나 상호 경쟁력을 평가하는 운동은 새로운 스트레스를 제공할 가능성이 있기 때문에 유의해야 한다. 조깅 및 수영 등의 규칙적인 운동이 효과적이다.

⑦ **기타**: 이 외에도 건전한 인생관과 긍정적인 사고, 원만한 대인관계 유지, 유머와 대화술 습득, 정기검진, 숙면, 종교생활, 금전상태 확인, 야채와 과일 등의 섭취, 사전계획의 수립, 행위의 수정, 작업의 변경, 사회적 도움을 구하는 것 등이 스트레스의 부정적 결과를 예방하거나 최소화하는데 효과적이다.

(2) 조직 차원의 관리

① **개인의 적응수준 강화**: 구성원의 건강상태와 스트레스 수준을 주기적으로 측정하고, 스트레스 이완훈련 프로그램과 신체단련을 위한 시설을 제공한다. 또한 스트레스 수준을 측정하고 이에 적합한 직무를 부여한다.

② **사회적 지원의 제공**: 직무수행 과정에서 사회적 지원을 제공받기 위한 시스템을 구축한다. 스트레스에 노출된 모든 사람들에게 사회적 지원을 제공할 수는 없지만 상호작용의 기회는 제공할 수 있다.

③ **과업 재설계**: 직무분석이나 직무평가를 실시하여 스트레스의 잠재적 분야를 확인하고 역할모호성, 역할과중, 과소부하, 위해한 작업조건 등을 찾아낼 수 있다. 이를 기초로 직무재설계가 이루어져야 한다.

④ **참여적 의사결정**: 의사결정에 참여하게 되면 정확한 정보를 구성원들이 공유하게 되고 조직에 대한 소속감과 책임감이 높아지게 된다. 참여와 자율성을 부여하여 한정된 범위이기는 하지만 유연하게 스트레스를 관리할 수 있다.

⑤ **자율적 목표설정**: 자신이 수행하는 직무에 대한 목표를 자율적으로 설정하게 한다. 목표설정은 상사와의 의사소통을 통해 명확하게 되며, 자신의 직무와 직무환경에 대한 이해가 개선된다. 또한 상사와의 의사소통을 통해 상호이해의 기회를 제공한다.

⑥ **조직구조 및 직능 변화**: 조직구조나 기능으로부터 발생하는 스트레스는 변화를 통해 예방하거나 최소화할 수 있으며 다음과 같은 방안들이 있다.

㉠ 분권화를 통해 자율성을 부여, ㉡ 공정한 업적평가와 보상, ㉢ 훈련이나 배치

를 통한 개인과 직무의 적합화, ㉣ 의사결정 과정에의 참여, ㉤ 집단의 응집성 강화, ㉥ 커뮤니케이션의 활성화, ㉦ 카운슬링 제도의 도입, ㉧ 유연한 직무환경, ㉨ 경력개발을 위한 지원, ㉩ 직무환경과 조건의 개선 등

사례

신체적 및 심리적 스트레스 수준

최근 1개월 동안의 자신에게 해당된다고 생각하는 부분에 표시하고 집계하시오.

없다(0점), 가끔(1), 자주(2), 항상(3)

신체적 스트레스 수준 측정	심리적 스트레스 수준 측정
• 잠을 자지 못한다.	• 긴장하거나 불안한 상태이다.
• 심장이 두근거린다.	• 기분이 동요되었다.
• 얼굴이나 신체 일부에 경련이 일어난다.	• 사소한 일에 신경질적이다.
• 현기증이 난다.	• 소모감이나 무력감을 느낀다.
• 땀이 많이 난다.	• 침착하지 않다.
• 감각이 예민하다.	• 피곤하고 일에 활력이 나지 않는다.
• 요통이 있다.	• 화난 감정을 억제하지 못한다.
• 눈이 피로하다.	• 예상하지 못한 일로 곤란을 겪었다.
• 목이나 어깨가 결린다.	• 고민이 떠나지 않는다.
• 두통이 있다.	• 모든 일이 순조롭지 않다.
• 감기나 후두염 등의 감염 증상이 있다.	• 일에 집중할 수 없다.
• 변비가 있다.	• 앞에 나서는 것이 두렵다.
• 열이 난다.	• 타인의 시선을 바로 보지 못한다.
• 소화불량이다.	• 같은 실수를 한다.
• 설사가 난다.	• 가족이나 친한 사람도 불편하다.

0~5점: 평균 이하로 특별한 문제 없음　6~12점: 일반 근로자와 평균 수준임
13~19점: 주의수준임　20점 이상: 경고수준으로 위험
해석(보안뉴스, 2007)

〈직장인의 스트레스 진단〉

없다(0점)　　가끔(1점)　　자주(2점)

1. 최근 쉽게 긴장하고 분노를 느낀다.
2. 직장이나 가정에서 충돌이 잦다.
3. 불안이나 긴장감 때문에 평소보다 술, 담배가 늘어난다.
4. 두통이나 요통, 목이나 어깨의 통증, 불면증이 나타난다.
5. 잠을 자도 몸이 개운치 않다.
6. 업무나 앞날의 걱정 때문에 정신집중이 어렵다.
7. 불안 및 긴장감을 해소하기 위해 진정제 혹은 다른 약물을 복용한다.
8. 가슴이 답답하고 화끈거리고 신경성 소화불량이 있다.
9. 불안이나 긴장을 풀기 위한 시간을 내기 어렵다.

해석

14~18: 심각한 수준　　10~13: 평균 이상

06~09: 평균　　03~05: 평균 이하

00~02: 거의 긴장이 없음

제17장 리더의 갈등관리

1 갈등의 개념과 관점

갈등(conflict)이란 개인이나 집단 사이에 의지나 처지, 이해관계 따위가 서로 상이하여 적대시하거나 충돌을 일으키는 것을 의미한다. 인생이란 대립되는 두 개의 세력 간의 투쟁과 타협의 연속과정이라는 전제하에, 개인갈등(individual conflict)이란 한 개인이 둘 이상의 상호 대립되는 행위를 하도록 동기가 부여된 상황에서 지각하게 되는 정서상태이다. 두 개의 양립할 수 없는 요구, 가치, 욕구 및 목표에 직면할 때 발생한다. 이러한 경우 갈등을 완전하게 해결할 수 있는 방법은 없다. 양립할 수 없는 목표 가운데 하나를 포기하거나, 두 가지 또는 하나를 수정하거나, 지연하거나, 포기해야 한다.

또한 조직갈등(organizational conflict)이란 조직의 한 단위가 다른 단위와 관계를 가지면서 자신들의 이익을 증진하기 위해 다른 단위의 이익을 방해하는 행동에서 발생하는 것, 조직의 한 단위가 다른 단위에 의해 목표달성이 좌절되었거나 될 것을 지각할 때 발생하는 것, 조직이 필요로 하는 희소자원이나 작업 활동을 배분하는 과정에서 발생하는 것을 의미한다. 이러한 갈등에는 다음과 같은 특징이 있다. ① 갈등은 당사자들에 의해 지각되어야 한다. ② 반대, 제한된 자원, 방해, 이해관계, 목표가 양립될 수 없는 당사자들이 존재한다는 것이다. 또한 갈등은 시대적 변천에 따라 다음과 같은 관점으로 변화하고 있다.

(1) 전통적 관점(traditional view)

갈등이란 폭력, 파괴, 비합리성 등과 같은 부정적 의미를 포함하고 있는 것으로 보고 개인과 조직에 역기능적으로 작용하기 때문에 제거 또는 회피해야 한다는 것이다.

(2) 행동주의적 관점(behavioral view)

갈등이란 개인과 조직에서 필연적으로 발생하는 것이며, 긍정적인 부분도 있기 때문에 인정하거나 수용해야 한다는 것이다.

(3) 상호작용주의적 관점(interactionist view)

갈등이란 개인과 조직이 업무를 효과적으로 수행하는 과정에서 절대적으로 필요하기 때문에 적절하게 관리되어야 한다는 것이다.

2 갈등의 유형

(1) 개인적 갈등

① 목표갈등

긍정적이거나 부정적, 또는 양면적 특성을 갖고 있는 2개 이상의 경쟁적 상태의 목적들 사이에서 하나를 선택해야 하는 상황에서 지각하는 것이다.

- 접근–접근갈등(approach–approach conflict): 두 가지 또는 그 이상의 긍정적인 목표 가운데 하나를 선택해야 하는 상황이다. 호의적인 두 직무 중 하나를 선택하는 것이다.
- 접근–회피갈등(approach–avoidance conflict): 긍정적인 목표와 부정적인 목표 중 하나를 선택해야 하는 상황이다. 높은 임금은 원하지만 위험한 작업은 꺼리는 것이다.
- 회피–회피갈등(avoidance–avoidance conflict): 두 가지 또는 그 이상의 부정적 목표 가운데에서 하나를 선택해야 하는 상황이다. 출근도 싫고 상사로부터의 질책도 싫은 것이다.
- 이중의 접근–회피갈등(double approach–avoidance): 접근–회피갈등이 조합을 이루는 상황이다. 승진은 좋으나 높은 책임은 두렵고, 승진하면 지방으로 발령이 나는데 가족과 떨어지는 것은 싫은 것이다.

② 좌절갈등

좌절(frustration)은 욕구충족을 위한 행동과정에서 장애를 만나 목표에 도달할 수 없는 상황에서 발생한다. 이 경우 철회(withdraw), 공격(aggression), 집착(fixed), 타협(compromise) 등의 방어기제로써 반응한다.

③ 역할갈등

- 개인－역할갈등(person－role conflict): 역할기대가 역할담당자의 방향 또는 가치와 불일치하는 상황이다. 자신의 신념에 비추어 비윤리적 행동을 요구받는 경우이다.
- 역할간 갈등(inter－role conflict): 두 가지 이상의 역할기대가 양립되는 상황이다. 상사의 야근에 대한 요구와 가족들의 조기퇴근에 대한 기대가 양립되는 경우이다.
- 전달자간 갈등(inter－sender conflict): 다수의 역할담당자로부터 상이한 업무지시가 전달되어 누구의 지시에 따라야 할지 모르는 상황이다.
- 전달자내 갈등(intra－sender conflict): 한 역할 전달자로부터 상충되는 지시를 받거나 불가능한 행동을 요구하는 상황이다.

그림 17-1 좌절과 방어기제

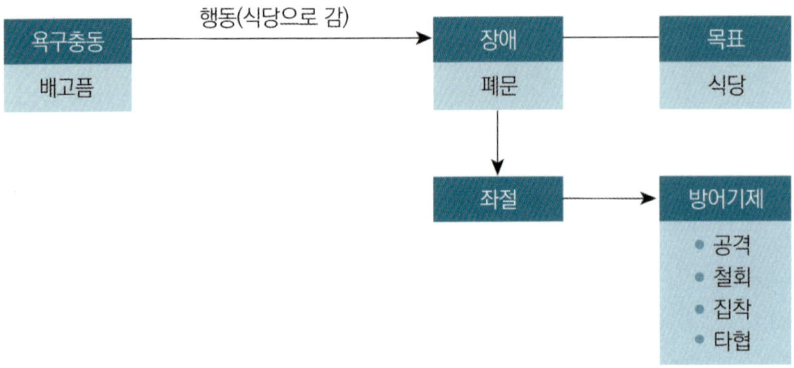

그림 17-2 조해리의 창(Johari's window)

피드백 정도

자기공개 정도

자아 / 상대	자신이 아는 정보	자신이 모르는 정보
상대가 아는 정보	① 개방영역 (개방형)	② 맹인영역 (자기주장형)
상대가 모르는 정보	③ 은폐영역 (신중형)	④ 미지영역 (고립형)

(2) 개인 간 갈등

[그림 17-2] 모형은 자신과 상대방 간에 발생하는 갈등적 상황들을 해석하는 방법을 제시하기 때문에 개인 간 갈등을 설명하는 데 적합하다.

창문 ①은 상호간에 정보를 알고 있는 상황으로 개방적이고 비방어적인 분위기가 조성되며 갈등은 거의 발생하지 않는다.

창문 ②는 상대방은 자신에 대해 알고 있으나 자신은 상대방을 모르는 경우로 자아를 숨기는 상황이다. 자신의 감정이나 태도를 숨기기 때문에 잠재적 갈등이 존재한다.

창문 ③은 자신은 상대방을 알고 있으나 상대는 자신에 대해 모르는 상황으로 본의 아니게 상대방에게 간섭하게 된다. 잠재적 갈등은 존재한다.

창문 ④는 상호간에 정보를 모르는 상황으로 잠재적으로 감정이 격해지기 쉽고 오해가 발생할 가능성이 있다. 갈등이 가장 야기되기 쉽다.

(3) 집단 간 갈등

집단 간에 발생하는 갈등으로 다양한 요인이 복합적으로 작용하여 발생한다.

① 형태별 유형

- 수직적 갈등: 상위부서와 하위부서 사이에서 발생하는 갈등이다.
- 수평적 갈등: 생산부서와 판매부서와 같이 동일계층의 부서 간에 발생하는 갈등이다.

② 원인별 유형

- 기능별 갈등: 스탭과 라인과 같이 기능이 상이한 집단 간에 발생하는 갈등이다.
- 계층별 갈등: 최고경영자, 중간경영자, 하위감독자와 같이 조직계층 간에 발생하는 갈등이다.
- 경쟁적 갈등: 영업 1부와 2부와 같이 동일한 기능을 수행하는 경쟁관계의 집단 간에 발생하는 갈등이다.

3 갈등의 원인

(1) 개인적 갈등의 원인

① 비수락성: 각각의 대안으로부터 발생할 수 있는 결과를 알고 있으며, 이들 대안 가운데 가장 적합한 대안에 대해서도 알고 있지만, 모든 대안이 만족할 만한 수준이 아닌 상횡이다.

② 비비교성: 각각의 대안으로부터 발생할 수 있는 결과를 알고 있으나, 이 가운데 어떤 대안이 적합한 것인지를 알지 못하는 상황이다.

③ 불확실성: 어떤 대안을 선택할지 또한 이것으로부터 어떠한 결과가 발생할지를 알지 못하는 상황이다.

이 외에도 실질적 갈등(정책이나 관습에 대한 의견 불일치, 역할에 대한 상이한 개념 등), 감정적 갈등(화·불신·원망·거절 등) 있으며, 개인적 퍼스낼리티와 역할 불만족 등이 있다.

(2) 개인 간 갈등의 원인

① 의사소통 장애: 비효과적인 의사소통으로 인한 오해 등

② 가치관의 불일치: 세대, 성별, 민족, 문화, 종교, 교육수준, 경험의 차이 등

③ 퍼스낼리티의 충돌: 과다한 권위의식, 낮은 자아존중감 등

④ 역할 불만족과 지위 불일치: 자신의 역할에 대한 불만족, 능력과 지위의 불일치 등

⑤ 목표의 차이: 한정된 자원, 보상체계, 개인적 목표의 차이 등

⑥ 지각의 차이: 왜곡된 지각, 정보의 전달경로, 조직목표에 대한 지각의 차이 등

(3) 집단 간 갈등의 원인

① 상호의존성: 각각의 집단이 과업을 수행하거나 목적을 추구하는 과정에서 상호간에 정보제공이나 협력행위를 필요로 하는 정도이다. 공동으로 자원을 사용하거나, 생산부서의 산출은 영업부서의 입력이 되는 관계이다.

② 목표의 차이: 각각의 집단이 전체 조직의 목표달성에 공헌하면서도, 추구하는 목적이 일치하지 않고 상충되는 경우이다. 원가를 최소화하려는 생산부서와 시장의 수요에 맞추려는 영업부서의 경우이다.

③ 지각의 차이: 생산부서는 원가절감을 위해 생산을 중단하지만, 판매부서는 고객과의 약속을 위해 불필요한 작업으로 지각하는 경우이다. 또한 상대집단을 과대 또는 과소평가하는 경우이다.

④ 행동의 차이: 집단의 목적과 기능에 따라 상이한 행동경향을 나타내는 경우이다. 라인과 전문스탭 간의 갈등이다.

4 갈등의 결과

(1) 개인갈등의 결과

개인적 갈등은 급변하는 조직환경에 대한 부적응, 원만하지 못한 인간관계, 결근과 이직, 산업재해, 불평불만, 다양한 신체 및 정신적 질병으로 나타난다. 또한 갈등의 득실상황과 협동상황에서 개인 간 갈등이 미치는 영향은 다음과 같다. 이것이 모든 갈등의 영향을 반영하지는 않지만 개인에 미치는 영향을 이해하는 데 도움을 준다.

표 17-1 개인 간 갈등의 결과

① 과업지향성	• 득실상황: 적대적 이해관계, 상대방 힘의 최소화 • 협동상황: 분업과 전문화로 공동의 이익과 협동을 강조, 공동의 힘의 증대
② 태도	• 득실상황: 상대방의 욕구와 약점을 이용, 요구에 부정적인 반응, 혐오적이고 적대적인 태도 • 협동상황: 상대방의 복지에 대한 요구에 호의적으로 반응, 신뢰와 친밀한 태도
③ 지각	• 득실상황: 적대적인 이해관계, 동료의식의 최소화 • 협동상황: 적대적 이해관계의 최소화, 공동의 이해관계 강조, 신념과 태도의 일치에 의한 감수성 증대
④ 의사소통	• 득실상황: 의사소통의 왜곡과 무시, 상대방에 대한 협박, 강압적 전술 사용 • 협동상황: 정확한 정보를 정직하게 획득하고 전달, 설득적 전술사용

M. Doutch(1969), "Socially relevant science: Some reflections on some studies of inter personal conflict", *American psychology*, 1078.

(2) 집단 간 갈등의 결과

① 순기능적 결과

- 학습효과: 집단의 취약점을 인식하고, 사고방식이나 행동을 개선한다.
- 상호적응력 강화: 갈등에 대한 문제를 상호 해결하기 위하여 서로 노력하고 적응해 간다.
- 개방적인 관계 조성: 상호 개방적인 커뮤니케이션과 적극적인 참여를 통하여 갈등을 해결하려 한다.

② 역기능적 결과

- 리더십의 전제화: 외부로부터 위협을 지각하면 강력하고 통제적인 리더십을 요구한다.
- 과업지향성 강화: 전제주의가 강화되고 부여된 과업달성에 대한 관심이 높아진다.
- 조직구조의 엄격화: 규칙이 강화되고 의사결정이 집권화된다. 강제적으로 과업이 할당되고 감독과 통제는 강화된다.

- 규범행동의 강화: 상대집단과의 상호작용이 엄격히 통제되고 집단을 위한 개인의 희생은 크게 보상한다.
- 왜곡된 지각: 상대집단의 역할과 기능은 과소 또는 부정적으로 평가된다.
- 커뮤니케이션 감소: 공식적인 업무 이외로 상호작용이 최소화된다.
- 상대에 대한 감시: 상대집단의 성과와 불법적인 활동을 감시한다.

5 갈등관리의 기본전략

조직마다 상이한 문화적 특성을 가지고 있으며, 갈등의 유형과 상황도 다양하다. 따라서 갈등의 기능도 조직에 역기능적일 수 있고, 순기능적일 수 있으며, 양면을 가지고 있는 갈등도 있다. 이러한 갈등의 기능은 조직의 상황에 따라 교차적으로 작용하게 된다. 그러므로 갈등관리는 이러한 상황의 적합성에 따라서 이루어져야 한다. 이러한 관점에서 갈등관리의 기본전략을 제시하면 다음과 같다.

첫째, 갈등을 사전에 예방하는 전략이다. 역기능적인 갈등은 발생하지 않도록 미리 예방한다. 역기능적 갈등은 발생하고 나면 해소하기가 어렵기 때문이다.

둘째, 소극적인 갈등관리 전략이다. 역기능적 갈등이 발생하면 갈등상황이나 원인을 근본적으로 변동시키지 않고, 일부만을 수정하여 이러한 상황에 적응하도록 한다. 인간관계를 개선하는 방법들을 사용한다.

셋째, 갈등의 원인을 제거하는 전략이다. 갈등을 야기하는 요인을 교체하거나 추가하고, 기본구조 등을 개편한다. 상황적 접근법과 적극적 갈등해소 등이 있다.

넷째, 갈등을 유지하거나 조장하는 전략이다. 순기능적인 갈등은 유지하거나 적극적으로 조장한다. 상호작용주의 관점으로 접근하는 방법이다.

갈등관리 전략을 수립하기 위해서는 갈등의 최적수준을 설정하고, 이를 실제로 존재하고 있는 갈등수준을 평가한 측정값과 비교한다. 실제적 갈등수준이 최적수준보다 높다면 갈등해소 기법을 사용하고, 낮다면 갈등조장 기법을 사용하여 갈등수준을 높여야 한다. 그러나 갈등의 최적수준과 실제수준이 일치하면 어떠한 전략도 사용할 필요가 없다.

그림 17-3 갈등관리 전략

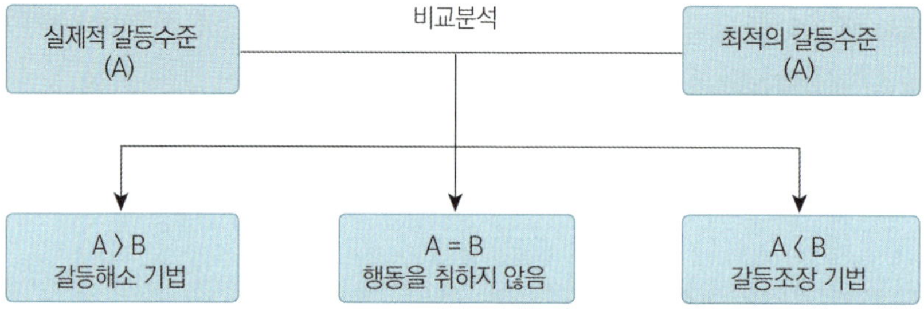

6 리더의 갈등관리

(1) 개인적 갈등관리

① 목표갈등

- 접근-접근갈등: 긍정적인 두 개의 목표가 동등한 가치가 있다고 생각하는 경우 불안하지만 신속한 의사결정을 통해 갈등을 제거한다.
- 접근-회피갈등: 인지부조화 이론(theory of cognitive dissonance)에 의해 하나의 목표를 왜곡함으로써 해결한다.
- 회피-회피갈등: 선택하지 않거나 이러한 상황을 회피한다.

② 좌절갈등

목표를 달성하려는 노력이 좌절되는 경우 지각하게 되는 갈등에 대한 방어기제에는 공격, 철회, 집착, 타협이 있다. 그러나 이러한 방어기제는 어떠한 방향으로 사용하는지에 따라 긍정적이거나 부정적인 결과를 초래한다.

③ 역할갈등

의사결정에 대한 자율적인 참여와 규범과 절차의 공식화 정도를 높이는 방안이 있다.

- 직무 간 상호의존성을 최소화하도록 직무구조를 개편한다.
- 높은 수준의 갈등을 초래하는 직무에 대해서는 적성검사 등을 통해 선발과 배

치가 이루어진다.

- 감수성훈련과 같은 인간관계의 개선을 위한 훈련을 실시하여 관용과 개방성을 기른다.
- 사회적 접촉의 기회를 제공하여 구성원 간 개인적 관계를 개선한다.

(2) 개인간 갈등관리

① 회 피

갈등적 상황으로부터 물러나 있거나 회피하여 자신과 상대방의 관심사를 무시하는 것이다.

- 무관심: 리더가 갈등적 상황을 회피하거나 무시하는 것이다. 당사자가 다른 방법을 모색하거나 시간이 지나서 자연스럽게 해결하도록 하는 것이다.
- 물리적 분리: 당사자들을 물리적으로 분리시킨다. 당사자들의 상호작용을 차단함으로써 갈등을 약화시키는 것이다.
- 상호작용의 제한: 당사자들을 공식적인 업무에서만 상호작용을 허용한다. 문제가 사소하거나 다른 문제가 긴급한 경우, 당사자들을 진정시키고 사고력을 부여하려 할 때 이용한다.

② 완 화

갈등당사자의 의견이나 이익 등의 차이를 무시하거나 억압하고 유사성이나 공동의 이익을 강조한다. 감정적으로 폭발 가능성이 있는 갈등상황에서 이용한다.

③ 타 협

갈등당사자의 대립되는 의견을 부분적으로 양보하도록 하여 공동의 결정에 도달하도록 한다. 타협에는 당사자에 의한 협상과 제3자에 의한 중재가 있다. 이 관리기법은 양자가 절대적으로 만족하는 것이 아니라 양보가 이루어지는 것이다.

④ 대 면

대면하여 갈등에 대한 문제들을 분석하고, 상호 의사소통을 통해 이해를 증진시키는 것이다.

- 상호 인사교류: 일정기간 교류를 통해 상대방을 이해하고 대화에 의해 문제를

해결한다.

- 상위목표 강조: 당사자들의 관심을 하나로 집중시킬 수 있는 공통의 목표를 설정한다. 목표는 당사자들의 목표를 초월하는 성격을 가지며, 조직의 존속을 위하여 필요한 것이어야 한다.
- 문제해결과 대면회합: 공식적 대면회합을 통해 의견을 제시하고, 차이점은 있지만 이를 인정하고 같이 해결하도록 한다.

⑤ 강 압

권한과 지위를 가진 리더에게 결정권을 위임하도록 한다. 이 기법은 당사자들을 복종하게 할 수 있으나 진정한 복종이 아니므로 단기간에만 사용한다.

(3) 집단 간 갈등관리

① 집단 간 갈등해소 방법

◆ 문제해결 방법

- 공동 적의 설정: 양 집단이 협력하여 공동으로 대처해야 하는 적을 설정한다.
- 상위목표 설정: 갈등을 초월해서 상호 협력해야만 달성할 수 있는 공동의 목표를 설정한다.
- 자원의 확충: 필요한 만큼의 자원을 충분히 확보한다.
- 평가기준과 보상체계: 집단간 업적측정과 보상기준을 공정하게 하여 제로섬 게임의 상태를 제거한다.
- 대면: 집단 간 대면회합의 기회를 확대 제공한다.

◆ 구조적 방법

- 갈등원천의 제거: 갈등의 중심에 있는 핵심인물이나 여론선도자를 이동 또는 제거한다.
- 규정과 절차: 규정과 절차를 엄격히 설정하고 적용한다.
- 권한계층: 양 집단에 대한 관리·감독의 지위에서 리더가 주어진 권한을 행사한다.
- 공식경로의 활용: 고충처리기구, 상사와의 면담, 상담실 등의 공식적 경로를 이용한다.

- 조직구조의 변화: 직무재설계, 인사이동, 책임과 권한 재설정, 조정 및 고충처리 기구 설치, 부서의 합병 및 분화, 직무재배분 등을 한다.

② 집단 간 갈등예방기법

- 부서 간 순환: 구성원들을 대상으로 부서 간 이동이나 순환을 실시한다.
- 상호작용과 의사소통: 집단 간 상호작용과 원활한 커뮤니케이션을 유지한다.
- 전체 조직 효과성의 강조: 전체 조직에 대한 집단의 공헌도를 측정하여 차별적 보상을 한다.
- 승패상황의 기피: 보상에 대한 공정성을 유지하여 승패적 상황을 방지한다.

③ 집단 간 갈등자극기법

- 커뮤니케이션의 이용: 비공식적 커뮤니케이션을 통해 위협적인 정보를 유출시켜 기능적 갈등을 발생시키고 성과향상을 기대한다. 위기적 상황에서 한 번만 사용한다.
- 외부인사 초빙: 기존의 구성원들과 상이한 태도, 가치관, 배경, 경험 등을 가진 외부인사를 영입한다.
- 조직구조의 변경: 조직계층, 기능적 조직 단위의 수를 변경하여 새로운 상호관계가 형성되도록 한다. 또한 조직규범에 반대하는 집단에 대한 견제도 가능하다.
- 경쟁심 자극: 높은 성과를 달성한 부서에 보상 등의 인센티브를 지급하여 상대 부서의 경쟁심을 자극한다.

사례

개인 간 갈등 측정

	그렇지않다				그렇다				매우그렇다	
	1	2	3	4	5	6	7	8	9	10

1. 내가 잘 몰랐을 경우에는 이를 바로 인정한다.
2. 나는 납득하기 어려운 지시를 받을 경우 지시한 이유를 물어본다.
3. 나는 다른 사람의 잘못을 지적할 필요가 있을 때에는 직접 말한다.
4. 나의 의견에 대해 남들이 어떻게 생각하는지 물어본다.
5. 나의 느낌을 솔직하게 표현한다.
6. 다른 사람의 감정을 존중한다.
7. 나는 걱정거리가 생길 경우 터놓고 의논한다.
8. 나 혼자 이야기를 계속하여 남을 짜증나게 하지 않는다.
9. 남의 의견이 나와 다를 경우 나의 생각을 말하고 함께 검토해 본다.
10. 나는 아이디어를 권장하고 대화를 독단적으로 끌고 가지 않는다.
11. 내 잘못을 숨기거나 남의 탓으로 돌리지 않는다.
12. 다른 사람의 충고를 잘 받아들인다.
13. 달가운 일이 아닐지라도 남들이 알아야 할 사항이라면 알려준다.
14. 진심으로 남의 이야기를 들어준다.
15. 말하기 거북한 내용을 거리낌 없이 말한다.
16. 나는 변명을 하지 않고 비판에 귀를 기울인다.
17. 나는 있는 그대로를 나타내며 가식이 없는 편이다.
18. 나에게 찬성하지 않는다고 남의 마음을 상하게 하지 않는다.
19. 나는 확신하는 것을 굽히지 않고 말한다.

20. 나는 다른 사람에게 그들의 생각을 발표하도록 권장한다.

번호	1	3	5	7	9	11	13	15	17	19	총점의 평균	(**자기공개**)
값	( )	( )	( )	( )	( )	( )	( )	( )	( )	( )	(　　)	

번호	2	4	6	8	10	12	14	16	18	20	총점의 평균	(**피드백**)
값	( )	( )	( )	( )	( )	( )	( )	( )	( )	( )	(　　)	

* 아래의 분할 표에 평균점수를 적어 놓고 자신의 영역을 확인한다.

	(고) 피드백 (저)	
(고) 자기공개 (저)	① 개방영역 • 상대가 나를 알고 있음 • 내가 상대방을 알고 있음	② 맹인영역 • 내가 상대방을 모르고 있음 • 상대방이 나를 알고 있음
	③ 은폐영역 • 상대가 나를 모르고 있음 • 내가 상대방을 알고 있음	④ 미지영역 • 내가 상대방을 모르고 있음 • 상대방이 나를 모르고 있음

조해리의 창

① 개방영역(open area, 개방형): 인간관계를 위해서 개방영역을 확장하여야 함. 원만한 의사소통능력으로 개방적인 인간관계를 형성하지만, 지나치게 자신의 모든 부분을 노출시키면 오히려 인간관계를 손상시킬 수 있음.

② 맹인영역(blind area, 자기주장형): 눈치와 개념이 없으며 개선할 부분이 많으나 자신은 깨닫지 못함. 자기주장이 강하거나 자기도취적인 사람이거나, 반대로 자존감이 낮아 자신의 긍정적인 부분을 모르는 사람임. 타인의 조언이나 생각을 진지하게 받아들이는 자세가 중요함.

③ 은폐영역(hidden area, 신중형): 신중하지만 자기표현을 잘하지 않아 쉽게 접근할 수 없음. 자신을 수용하지 못하는 부분이 있기 때문에 불안해 하고 긴장하고 있음. 적극적인 인간관계가 요구되며 자신의 사고와 신념, 의견 등의 자기개시가 요구됨.

④ 미지영역(unknown area, 고립형): 고립되고 심리적으로 고민이 많으며 부적응적인 삶을 살아가고 있음. 자신에 대한 지속적인 관심과 통찰이 요구되고 있음.

제6부

리더의 소통관리

제18장 리더의 카운슬링

1 현대사회와 카운슬링의 활용

(1) 현대사회와 카운슬링

카운슬링: 심리적으로 문제나 고민 등이 있는 사람에게 적절한 도움을 주는 행위

최근 급변하는 사회·기술환경의 변화에 적응하는 과정에서 조직구성원들의 정신건강(mental health)에 대한 문제가 중요시되고 있다. 이러한 상황은 현대인들이 조직생활과 사회생활을 하는 과정에서 스트레스에 과다하게 노출되어 있음을 의미한다. 특히 업적중심 경영시스템의 도입으로 조직에서 생존하기 위한 격심한 경쟁적 조직문화는 구성원들의 정서적인 문제를 야기시키고 있다. 이러한 현상은 극단적 선택에까지 이르게 하는 집단압력, 과다한 업적달성 과정에서의 과로, 이해관계자 사이에서의 과다경쟁으로 인해 정신적 질환 등이 나타나고 있다.

이러한 현상의 근본적인 원인은 스트레스이다. 과다한 스트레스로 인해 현대인들의 신체 및 정신적 질환은 증가하고, 이로 인해 사회적 병리현상이 증가함에 따라 카운슬링(counseling)에 대한 중요성이 강조되고 있다. 카운슬링이란 정서적으로 문제가 있어 도움이 필요한 사람과 도움을 줄 수 있는 사람 사이에서 상호 수용적이고 구조화된 관계를 형성하고, 이러한 관계 속에서 도움이 필요한 사람이 자신과 환경에 대해 의미 있는 이해를 하도록 함으로써 스스로가 합리적인 행동을 하고, 자신의 정서적 문제를 긍정적인 방향으로 변화시킬 수 있도록 도움을 제공하는 과정을 의미한다.

우리나라는 급격한 경제성장 과정에서 산업구조에 커다란 변화가 발생하고 있다. 이러한 변화는 가속화되면서 사회의 모든 부분에 커다란 영향을 미치고 있다. 카운슬링의 중요성이 강조되고 있는 사회적 배경은 다음과 같다.

① 급격한 기술환경의 변화에 적응하는 과정에서 스트레스에 의한 심신증 및 신경증 등의 증상이 증가하고 있다.

② 노동시장의 유연화가 가속화되고 평생직장의 개념이 사라지면서 전직, 이직, 파견, 조기정년 등이 급속히 진행되고 있다.

③ 정보통신기술 및 이동수단의 발전으로 인해 기업의 글로벌화가 진행되면서 해외근무 및 파견 등이 증가하고 있다.

④ 여성의 경제활동이 증가하면서 가족관계에도 문제가 발생하고 있다.

⑤ 고령화 사회가 진행되면서 미래의 인생설계 및 생활에 대한 문제가 발생하고 있다.

⑥ 신세대들의 의식변화로 여가와 자신의 사생활을 중요시한다.

⑦ 능력 및 업적을 중시하는 경영시스템이 정착되고 있다.

⑧ 개인의 개성과 능력, 창의성이 존중되는 조직문화가 정착되고 있다.

⑨ 자기주도 개발과 관리가 강화되고 유연한 근로형태가 도입되고 있다.

이러한 급격한 환경변화에 따른 병리현상의 증가로 리더의 전문적이고 개방적인 카운슬링의 전개가 요구된다.

(2) 카운슬링 이론의 습득과 활용

리더의 카운슬링을 위해 이용되는 이론과 기법은 다양하다. 따라서 현대사회의 복잡화와 다양화가 진행되는 가운데 리더는 상황에 적합한 기법을 선택하여야 하며,

이러한 상황 속에서 카운슬링을 위한 이론 및 기법을 지속적으로 습득하여야 한다. 물론 어떠한 카운슬링의 이론과 방법을 활용할 것인가 하는 것은 리더의 주체성과 책임 하에 이루어져야 하지만, 다음과 같은 관점이 학습자를 위한 안내로서의 역할을 할 것이다.

첫째, 리더는 카운슬링 이론에 대해 습득하여야 한다. 어떠한 카운슬링 기법이 적합한지에 대해서는 다양한 시각이 있다. 그러나 현실적으로 많이 활용되고 있는 카운슬링 기법들에 대한 내용, 특징, 적용에 대해서 습득하여야 한다.

둘째, 이론을 습득하였다 하더라도 리더의 가치관이나 인간관에 비추어 이해가 되고 공감할 수 있어야 한다. 다양한 이론을 학습하는 카운슬링의 주체자로서 리더의 정체성 확립이 중요하다.

셋째, 카운슬링 이론이나 기법을 활용하기 위해서는 내담자의 상황, 문제의 특징 등을 고려하여야 한다. 또한 조직문화나 외부로부터의 역할기대 등을 고려해야 한다.

넷째, 카운슬링의 이론과 방법이 다양화하고 있지만, 한편으로는 통합화도 이루어지고 있다. 그러나 통합에 의해 효과적인 카운슬링을 진행하는 것은 리더 개인의 능력에 있다.

이러한 관점은 카운슬링 이론의 학습과 활용에 대한 것이고, 효과적인 카운슬링을 위해서는 개인 및 사회적 특징을 고려할 수 있는 전체적인 시각을 갖추어야 한다.

2 카운슬링의 이론

(1) 내담자중심요법

내담자중심요법(client centered therapy)을 이해하기 위해서는 로저스(Rogers)의 퍼스낼리티 이론(self theory)을 학습하여야 한다. 인간은 성장과 건강, 적응에 대한 욕구를 갖고 있고, 자아실현을 추구하는 유기체라고 보고, 개개인이 인지하는 주관적인 세계와 현실의 경험을 중요시한다. 따라서 현실의 경험과 자기개념이 불일치한 상태에 있는 것이 내담자의 정서적 상황이다.

카운슬러로서 리더는 내담자의 심리적인 자기불일치를 해소하기 위해서 원조하

칼 로저스(1902~1987)

여야 하지만, 자기개념을 변화시키기 위해서는 특별한 조건이 요구된다. 내담자의 퍼스낼리티의 변화를 위해서는 안정적인 심리적 환경이 정비되어야 한다. 이 때 카운슬러의 태도가 중요하며, 내담자를 대하는 카운슬러의 태도에 대한 조건은 다음과 같다.

첫째, 순수(genuineness)함으로서 자기일치라고도 한다. 카운슬링 초기에 내담자는 자신의 내면을 표현하지 않고 방어하려 한다. 카운슬러는 내담자에게 정직하고, 순수한 한 사람의 인간으로서의 본성을 보여주어야 한다. 솔직하고 투명한 마음으로 내담자를 대할 때 내담자도 마음을 열고 신뢰관계가 형성되는 것이다.

둘째, 수용이다. 카운슬러는 자신의 가치관이나 태도를 개입시키지 않고 오로지 내담자의 사고방식을 수용하려는 마음으로 접근해야 한다.

셋째, 공감적 이해이다. 인간에 대한 이해는 대체적으로 외형적 관찰에 의해 이루어지지만 카운슬러는 내담자의 내면, 그들의 내적 세계를 공감하는 마음으로 이해하여야 한다. 내담자만을 이해한다는 것이 아니라 그와 더불어 이해한다는 것이다. 카운슬러가 이러한 태도를 어느 정도 보여주는지에 따라서 내담자의 내면으로부터의 성장과 변화가 야기된다. 내담자의 내면으로부터의 변화는 다음과 같은 프로세스로서 야기된다.

내담자는 심도 있게 자신의 감정이나 태도를 분석하기 시작하고, 자신의 은폐된 내면의 소리에 귀를 기울이게 되고, 자신에 대해서 진실하려고 노력한다. 자기부정으로부터 자기긍정으로의 변화가 일어나고, 자신의 내적인 판단력과 결단력을 신뢰하는 방향으로 변해가는 것이다. 결국 카운슬러가 내담자를 존중하고 수용함으로써 내담자도 자기수용을 할 수 있게 된다. 자신의 내면으로부터 타인을 수용하려는 자세가 형성되는 것이다.

(2) 게슈탈트요법

펄스(1893~1970)

게슈탈트요법(Gestalt therapy)은 펄스(Fritz Perls)에 의해 제시된 심리요법이다. 게슈탈트는 전체(whole)나 형태(form)를 의미하며, 전체는 부분의 총합 이상의 것이라는 게슈탈트 심리학의 사고가 포함되어 있다. 게슈탈트 심리학은 현재 자신이 지각하는 체험을 중시한다. 인간이 현재의 상황을 어떻게 지각하는지에 따라서 자신이 할 수 있는 일, 즉 스스로 책임을 갖기 시작한다는 것이다.

게슈탈트요법의 이론은 그림과 배경(figure-ground)이라는 개념으로 설명된다. 다음 [그림 18-1]에서 검은색이나 흰색에 어느 부분에 주목하는가에 따라 잔이나 사람 얼굴로 보이게 된다. 이러한 경우 그림과 배경의 이론에 의하여 잔이 보이면 잔이 그림이며 사람이 배경이 되고, 사람이 보이면 사람이 그림이 되며 잔이 배경이 된다. 결국 그림이 어떠한 형태로 지각되는 것은 배경 속에 그림이 있기 때문이며, 그림과 배경을 포함한 전체의 장이 지각을 구성하고 있다.

그림 18-1 그림과 배경효과

이러한 원리는 리더가 부하의 자질을 평가할 때 창조성을 중시하고 책임감을 경시한다면 창의성이 그림이고 책임감은 배경이 되는 것과 같다. 이와 같이 게슈탈트는 형성과 파괴를 반복하며 그림과 배경의 교대가 지속적으로 발생한다. 이것은 미완결 상태의 문제로서 건강한 상태는 아니다.

게슈탈트요법이라는 것은 현재 자신의 기분에 의해 미완결 상태의 문제를 완결시키고, 게슈탈트의 형성과 파괴가 유연하게 진행되도록 지원하는 것이다. 게슈탈트요법에서 이용되는 방법은 다양하지만 중요한 두 가지를 제시한다.

첫째는 지금 현재의 느낌을 촉진하는 것이다. '나는 지금 ~한 느낌이다'라고 내담자가 말을 건네온다. 그때의 느낌을 ① 외부세계에의 느낌, ② 내부세계에의 느낌, ③ 공상세계에의 느낌으로 분류하고 각각에 초점을 맞추어 본다. 그 속에서, 예를 들면 어깨가 뻐근한 느낌이 든다면 그 감각을 강조해 본다. 자신이 긴장한 어깨가 되어 보고 그 감각을 느껴본다. 자신의 신체가 무엇을 요구하고 있는가를 신체감각을 통해서 느껴보는 것이다.

둘째는 가상의 의자기법이다. 의자를 두 개 준비하고 내담자의 내면의 갈등을 별도의 입장에서 대화를 시키는 것이다. 예를 들면 회사를 그만두고 싶은 나를 A의 의자에, 그만두고 싶지 않은 나를 B의 의자에 앉게 하고, 내담자가 A와 B의 의자에 교대로 앉아서 내면의 다른 한 사람의 자신과 대화를 하는 것이다. 이러한 체험을 통해서 진실한 자신을 지각하도록 한다.

(3) 논리 및 정동성 요법

엘리스(1913~2007)

논리 및 정동성 요법(rational emotional therapy)은 엘리스(Ellis)에 의해 제시된 심리요법이다. 이 요법은 카운슬러가 내담자의 사고를 설득하여 변화시키는 것이다. 내담자의 고뇌는 그의 비합리적인 사고에 의해 야기된다고 본다. 업무에 실패해서 상사의 질책으로 자신감을 상실하고 있는 부하가 있다고 하자. 그는 직무에 실패했다는(사건: Activating event) 결과에 의해 자신은 실패한 인간이라는 고뇌(Consequence)를 가지고 있다. 그러나 직무에 실패했어도 고뇌하지 않는 사람도 있다. 따라서 내담자는 직무에 실패해서는 절대 안 된다고 하는 신념(Belief)이 있어 고민을 한다고 본다. 결국 사건이 고뇌를 하도록 하는 것만이 아니라, 여기에 그의 깊은 신념이 내재되어 있다고 본다. 따라서 카운슬러는 내담자의 비합리적인 사고를 합리적이고 적절한 것으로 전환하도록 내담자에게 반론을 지원해 주는 것이다. 이것이 엘리스의 ABCD 이론이다.

ABCD 모형

- 선행사건(A; Activating event): 감정의 동요나 행동에 영향을 끼치는 사건을 의미하며, 이러한 사건이 일어나면 기분이 나빠지고 화를 내거나 자신을 비난한다.
- 신념체계(B; Belief system): 선행사건에 대하여 개인이 가지게 되는 태도, 신념체계나 사고방식으로, 생활에 부적응적인 사람들은 비합리적 신념체계를 가지고 있다.

- 결과(C; Consequence): 선행사건을 경험한 후 개인의 신념체계를 통해 사건을 해석함으로써 발생하는 정서적·행위적 결과이다. 비합리적 신념체계를 가진 사람은 우울, 불안, 죄책감 등을 지각한다.
- 반론(D; Dispute): 자신과 외부 현실에 대한 내담자의 왜곡된 사고와 신념을 논리성, 실용성, 현실성에 비추어 반박하는 것이다. 내담자의 비합리적 신념을 수정하여 자신에 대한 수용적이고 긍정적인 태도를 갖게 하는 것이다.

많은 사람들은 '하지 않으면 안 된다'(must)는 사고를 갖고 있다. 이것이 합리적인 사고라면 문제가 없지만 이것으로 인하여 고뇌하게 된다면 부정적 결과가 발생한다. 직무에 실패하면 안 된다는 사고는 비합리적이기 때문에 실패가 도움이 되지는 않지만, 인생에 큰 문제가 되는 것도 아니라는 사고로 변환시키는 것이다. 이러한 전환이 현실적으로 가능함에도 불구하고 자괴감에 몰두하여 고뇌가 증가하기 때문에 카운슬러는 내담자가 사고를 전환하도록 지원하여야 한다.

카운슬러가 직접 내담자에게 반론한다. 내담자가 자신에게 반론하는 것을 교육한다. 합리적인 사고방식을 종이에 써서 항상 볼 수 있도록 한다. '하지 않으면 안 된다'를 '하는 것이 좋다'라는 문장으로 전환해서 쓰게 한다. 최악의 상황을 상상시켜 그 속에서 기분을 전환하도록 연습시킨다. 자신의 내면으로부터의 사고를 녹음하여 그 음성을 듣고 자문자답시킨다. 역할연기를 이용해서 내담자에게 설득자의 입장에서 연기시킨다 등의 다양한 기법들이 이용되고 있다.

(4) 행동요법

행동요법(behavior therapy)은 학습이론에 근거하여 내담자의 행동변화를 목적으로 하는 심리요법이다. 학습이론에 의하면 인간의 행동은 후천적 학습에 의해 형성되는 것이며, 신경증의 증상이나 부적응적 행동도 학습의 결과라는 사고이다. 따라서 내담자의 잘못된 학습을 올바른 학습으로 전환하는 훈련을 통해서 문제가 되는 행동을 해소하는 것이다. 행동요법의 기초가 되는 학습이론은 다음과 같은 형태가 있다.

첫째는 정동(情動)을 취급한다. 갑자기 발생하는 분노, 두려움, 기쁨, 슬픔 등의 감정으로 대인불안으로 인한 신경증 치료에 이용된다. 카운슬러는 내담자의 증상에 대해서 질문하고 불안이 강한 장면에서부터 비교적 약한 장면까지를 카드에 기입해서 불안계층표의 10단계로 정리한다. 이 표에 기초해서 불안도가 가장 낮은 장면에서부터 훈련을 행한다. 불안한 장면을 이미지시켜도 불안해지지 않도록 학습하는 것이다. 이 훈련에 의하여 강력한 불안장면까지 진행시키면 학습효과에 의해 증상이 해소된다. 직무수행의 문제에 있어서도 내담자는 훈련을 통해 자신감을 갖게 될 것이다. 자주 이용되는 방법으로 자율훈련법이 있다.

둘째는 행위를 취급한다. 보상을 받는 행동을 강화하여 학습효과를 향상시키는 것이다. 소거, 적극적 강화, 부정적 강화, 처벌 등이 있다.

셋째는 인지를 취급한다. 인지학습법 방법으로 주장훈련법(assertion training)이 활용되고 있다. 이는 다양한 사회적 상황에서 자신의 긍정적이거나 부정적인 감정이나 권리를 합리적으로 표현하도록 하는 것이다.

(5) 인지요법

아론 벡(1921~)

인지요법은 벡(Beck)이 제시한 정신요법이다. 기본적인 치료방법은 먼저 인지왜곡에 초점을 두고 현실적인 검토를 통해 합리적인 사고로 전환하는 것이다. 인지왜곡이 자신의 감정, 행동, 문제처리 기능에 영향을 미치고 있으며, 인지의 수정이 감정이나 행동을 변화시켜 문제를 해결해 나간다는 것을 이해하여야 한다.

인지왜곡으로는 자동(自動)사고와 스키마(schema: 과거의 경험이나 지식들을 토대로 새로운 경험을 친숙하게 받아들이는 것)가 있다. 자동사고는 어떠한 상황에 대해서 자연스럽게 떠오르는 사고나 이미지를 말한다. 스키마는 마음의 보다 심층에 있는 자기, 세계, 미래에 대한 가정적 확신, 심적 태도, 심적 규제를 의미하며 발달과정에서 형성된다. 인지왜곡으로서는 부정적 사고, 결론의 비약, 확대해석, 과소평가, 반드시 해야 한다는 사고 등이 있다.

인지왜곡을 변화시키는 방법으로서 특정한 장면이나 상황에서 자연적으로 떠오르는 부정적 사고(자동사고)를 기록하고, 이 사고를 대신할 수 있는 다른 사고를 기록한다. 그리고 보다 합리적인 사고로 수정한다. 또한 필요하다면 과제를 통해서 인지왜곡을 스스로가 검토하게 한다. 치료가 끝나면 면접을 통해 떠오르는 자동사고 및 스키마를 검토하고 전체적인 치료를 반복하면서 이후의 치료에 대해서 대책을 수립한다.

인지요법의 적용을 위해서는 먼저 자동사고 및 스키마를 검토하고 이해하는 체험을 해야 한다. 다음은 면접으로 이루어지는 인지요법의 구체적인 적용사례이다.

① 내담자가 사용하는 단어의 진정한 의미를 파악한다. 우울증상의 사람은 당황, 우울, 죽음 등의 단어를 자주 사용하며, 이러한 단어가 의미하는 것이 무엇인지 질문하는 것은 내담자의 사고방식을 이해하는 데 도움이 된다.

② 내담자는 보통 "모든 사람은 나보다 영리해요"와 같은 극단적 진술을 통해 자신의 고통을 표현한다. 이것은 모든 사람, 언제나, 결코, 항상 등의 단어로 표현되는데, 내담자가 자주 사용하는 절대성 단어를 파악하여 이러한 사고가 잘못임을 인식하도록 한다.

③ 특정 사건이나 사고에 대한 책임을 자신에게 귀인시켜 죄의식이나 우울증을 지각한다. 내담자가 정확한 인과관계에 의하여 자신의 책임 여부를 파악하게 한다.

④ 내담자가 사용하는 인지왜곡이 흑백논리, 과잉인식 등 어디에 해당하는지 말하도록 한다. 이것은 자신의 추론을 방해하는 자동적 사고를 범주화하는 데 도움이 되는데, 상대가 항상 자신을 비난한다고 믿으면 이것이 어떤 왜곡을 의미하는지 질문한다.

⑤ "반드시 해야 한다"고 생각하는 내담자의 이분법적 범주를 연속선상의 측정으로 변화시킨다. 연속선상의 자신의 위치를 확인하여 이러한 사고에서 야기되

는 부정적 결과를 방지할 수 있다.

⑥ 일어나지 않은 일에 대해 불안을 지각하면, 만약 이것을 하면 어떤 일이 일어날까 라는 기법으로 과잉반응을 예방한다. A학점을 받지 못하면 안 된다고 생각하면, 만약 B나 C를 받으면 어떤 일이 일어날까 라고 질문하여 이러한 일들이 가능할 수 있다는 것을 알도록 한다.

⑦ 내담자의 신념에 대해 장·단점을 제시하도록 한다. 실수를 해서는 안 된다는 신념으로 불안해 하는 내담자는 이러한 신념에 대한 장·단점을 나열하게 하여 극복할 수 있도록 한다.

(6) 교류분석

에릭 번(1910~1970)

에릭 번(Eric Berne)의 교류분석(TA: transactional analysis) 이론의 기본전제는 타인과의 성호관계에 대한 분석을 통해서 건전한 인성을 발전시킬 수 있고 대인관계의 의사소통을 증진시킬 수 있다는 것이다. 이것은 어린 시절 부모의 양육행동에 의해 경험하고 습득된 부모자아(parent ego) 상태와 성인자아(adult ego) 상태가 이후의 행동양식과 타인과의 관계형성에 지속적으로 영향을 미치는 것으로 본다. 따라서 어린 시절 부모와의 의사소통과 상호작용이 적절한 자극과 대응으로 이루어지고, 그것이 균형적이고 바람직한 성인자아 상태인 상호보완적인 교류관계로 기억될 때 아동은 적절한 자아상태와 언어적 표현을 의사소통에 적용할 수 있게 된다. 그러나 바람직한 자극과 대응의 의사소통을 경험하지 못하게 되면, 대응해야 할 때 대응하지 못하고, 대응하지 않아야 할 때 부적절한 자아상태로 대응하거나, 의사소통이 단절되는 교류를 보이게 된다. 자신을 분석하는 도구로는 다음과 같은 방법을 이용한다.

첫째는 자아상태의 분석이다. 인간의 사고·감정·행동의 특징을 취하여 부모(parent: P), 성인(adult: A), 아이(child: C)의 자아상태로써 분석하는 것이다.

둘째는 대화분석이다. P·A·C의 자아상태와 대인적 의사소통을 조합시켜 교류의 패턴을 분석한다.

셋째는 게임분석이다. 타인과의 관계 속에서 나타나는 일정한 행동패턴을 주의 깊게 관찰하고, 이러한 행동으로부터 변화하는 방법을 발견하는 것이다.

넷째는 각본분석이다. 유·소년기에 부모와의 관계 속에서 영향을 받은 생활방식을 인생이라는 무대에서 연기하는 것이라고 생각한다. 따라서 인생을 드라마의 각본이라고 하는 관점으로부터 분석하고 이것으로부터 새로운 생활방식을 추구하는 것이다. 예를 들면, 아버지로부터 어머니가 학대받는 것을 본 아이는 힘을 키워 지켜드려야겠다고 다짐하는데, 이러한 다짐은 성장과정에서 여러 사건에 의해 강화된다. 이렇게 짜여진 각본은 대인관계, 결혼, 가정생활 등 인생의 전반적인 결정과 선택을 좌우한다.

이러한 교류분석은 내담자의 자기이해의 촉진은 물론 카운슬러의 성장에도 기여한다. 의사소통을 통해 자극과 반응이 어떻게 진행되는가에 따라 상호교류의 유형은 다음과 같다.

① **보완적 상호교류(complementary transaction)**: 자극의 방향이 평행을 이루며 두 가지 자아상태만이 교류에 관계하게 됨으로써 원만한 의사소통이 이루어지는 형태이다. 두 사람의 사회적 자극에 대한 요구가 서로 바라는 방향으로 충족되기 때문에 의사소통에 문제가 없다. 또한 서로가 원하는 요구나 방향이 다르더라도 계속적인 의사소통으로 해결할 수 있다(질문: 지금 몇 시이지? 답: 8시입니다. 시간을 모를 때로 동일한 자아상태의 교류).

② **교차적 상호교류(crossed transaction)**: 한 사람이 메시지를 보내려고 하는데 상대는 상호보완적으로 대응하지 않으면 대화와 교류는 단절될 수 있다. 이러한 의사소

통에서는 처음의 주제를 상실하고 상호 의사전달을 위해 처음의 주제를 다시 도입하지 않음으로써 지속적인 교차가 발생한다(질문: 제 시계 못 보셨어요? 답: 왜 항상 아무데나 놓고 다니지? 성인자아상의 의사소통을 기대하고 질문하였으나, 통제적 부모 상태에서 아동자아 상태로 보고 반응).

③ 이면적 상호교류(ulterior transaction): 보완적 및 교차적 상호교류는 자아상태가 외적으로 나타나 있으나, 이면적 상호교류는 명백한 메시지는 있으나 그 메시지가 심리적으로 숨겨져 있는 것이다. 표면적으로 나타나고 있는 사회적 수준의 메시지는 언어에 의해 전달되지만, 심리적 수준의 메시지는 특정 단어에 함축되어 있기도 하고 목소리나 억양, 몸짓에 의해 표현되기도 한다(질문: 지금 몇 시이지? 답: 알고 있어요. 지각할 수 있음에도 불구하고 게으름을 피우는 아들에게, 두 가지 이상의 자아상태가 동시에 작용하여 사회적 메시지와 심리적 메시지가 다르게 교류하는 것).

교류분석 이론은 인간관계에 있어서 친밀감을 중시하고, 타인을 수용하고, 긍정적인 인생태도를 갖도록 하는 치료를 목표로 한다.

(7) 이 외의 기법

① 가족요법

가족요법(family therapy)은 가족 전체를 대상으로 하는 심리요법이다. 내담자의 문제는 가족관계로부터 발생한다는 것을 전제로 한다. 가족요법이라고 하여 가족 전체를 대상으로 하여 진행되는 것은 아니다. 개인을 대상으로 하는 카운슬링에서 내담자 가족 전체를 염두에 두고 카운슬링이 이루어진다는 것이다.

이 기법은 가족을 시스템으로 취급하여 한 사람의 증상도 가족시스템의 병리라고 보는 것이다. 특정 한 사람의 문제로 보는 것이 아니라 가족관계의 불균형에 초점을 맞추어 사고하는 것이다. 기존의 카운슬링은 문제의 소재를 개인의 수준에서 고려했지만 가족요법의 입장에서는 개인적 또는 개인 간의 문제로 취급한다.

이 기법은 가족의 라이프 사이클의 사고도 중요한 관점이다. 가족도 개인과 동일하게 일정한 주기로서 발달해 간다는 사고이다. 신혼기, 육아기, 중년기, 노년기 등의 단계를 따라 가족관계가 변화되어 가며, 이 과정에서 일반적으로 성취해야 할 과제를 달성하면 문제가 없으나, 그렇지 못하게 되고 이것이 축적되면 가족시스템에 문제와 증상이 발생한다는 것이다(자녀들이 결혼시기에 결혼하지 않았거나, 승진시기에 승진하지 못했다면).

가족요법은 치료적인 것만이 아니라 가족의 라이프 사이클의 관점에서 시스템의 변화에 유연하게 대응할 수 있도록 가족을 교육하는 예방 카운슬링의 역할도 포함하고 있다.

② 인카운터 그룹

인카운터 그룹(encounter group: EG)은 집단심리요법, 그룹 카운슬링, T그룹훈련(training group)이라고도 한다. 이것은 안정된 분위기 속에서 구성원들이 서로 마음을 열고 대화를 통해 접촉하는 것으로, 개인의 자기성장을 촉진하고 대인관계의 개선에 기여한다.

EG에는 구성적 EG와 비구성적 EG가 있다. 구성적 EG는 과제가 정해져 있어 그 주제에 대해 대화를 하면서 체험학습을 하는 것이고, 비구성적 EG는 특정 주제가 없이 자유스러운 대화로써 인간적인 회합을 추구하는 것이다.

EG의 운영은 통상 10인 정도로서 테이블은 준비하지 않고 원형으로 앉는다. 여기에 촉진자(facilitator)가 한두 사람 참석한다. 그는 카운슬러와 같은 존재이지만 참가자들의 체험이나 자기성장을 촉진하기 위한 역할을 한다. 그룹의 회합은 1회가 2~3시간으로써 집중적인 EG에서는 합숙과 더불어 수회 계속한다.

EG는 급변하는 조직환경 속에서 자기소외를 지각하기 쉬운 구성원에게 잃어버린 인간 신뢰를 회복하기 위한 방법으로 유용하다. 그러나 참가자 간 스트레스에 의해 심리적 손상을 받을 수도 있다. 따라서 EG의 촉진자는 이러한 부작용을 고려하면서 효율성을 향상시킬 수 있도록 하여야 한다.

③ 사이코드라마

사이코드라마(psychodrama) 또는 역할연기(role playing)는 연극의 형식에 의한 집단심리요법으로 교육이나 임상분야에서 이용되고 있다. 구성원들이 역할을 정하여 연기를 해 봄으로써 문제의 원인과 해결방안을 도출할 수 있고, 상대방에 대한 이해와 공감을 할 수 있다. 또한 일상생활 속에서 억압되어 있는 문제로부터 해방되고, 역할을 통해 창의적 능력을 개발할 수 있다.

3 카운슬링을 위한 리더의 역할

카운슬링을 하는 과정에서 유의하여야 할 것은 내담자의 인권을 존중하고 준수하는 것이며, 위기적 상황이 아닌 한 비밀을 철저히 보장해야 한다. 리더는 성실한 카운슬링을 통해 내담자가 합리적으로 문제를 해결하여 조직, 가정, 사회에 원만하게 적응하고 생활해 갈 수 있도록 책임을 갖고 지원하여야 한다. 자의적이든 무의식적이든 내담자의 인권을 침해한다든지 비밀이 보장되지 않으면 내담자와 신뢰를 형성할 수 없으며, 불신을 받게 되면 카운슬러로서의 역할을 할 수 없게 된다.

또한 위기에 대한 신속한 대처가 이루어져야 한다. 조직에 큰 손실을 초래했다든지, 집단 괴롭힘, 승진누락이나 가정불화 등으로 극단적 충동을 느끼는 경우도 있다. 이것은 위기적 상황이기 때문에 카운슬러는 신중하게 성의를 갖고 대처하여야 한다. 카운슬러의 긴급한 대처로 내담자의 극단적인 행동을 방지하여야 한다. 이것이 카운슬러의 책임이고 윤리이다. 또한 가족과 관련 기관과의 긴밀한 협조 체계를 구축하여 이러한 행동을 사전에 예방하여야 한다.

제19장 리더의 커뮤니케이션

1 커뮤니케이션의 개념과 목적

커뮤니케이션: 언어나 몸짓, 그림, 기호 따위의 수단을 통해 서로의 의사나 감정, 생각 등을 교환하는 것

커뮤니케이션이란 사람과 사람 사이에서 이루어지는 정보나 의사 또는 감정의 전달과정이다. 또한 개인이나 집단, 조직이 다양한 정보를 다른 개인이나 집단, 조직에 전달하는 과정도 포함한다. 따라서 커뮤니케이션은 두 사람 이상이 참여하여야 하며, 서로 간에 전달되어야 하는 정보가 있어야 하고, 어떠한 경로나 방법을 통하여 실제로 전달하려는 시도가 있어야 한다. 커뮤니케이션의 목적은 다음과 같다.

첫째, 조직에서 다양한 관리활동이 원활하게 진행되도록 한다. 커뮤니케이션이 원활하게 이루어지지 않으면 구성원들의 활동이 상호 독립적으로 진행되기 때문에 조직 차원의 목표달성이 어려워진다.

둘째, 커뮤니케이션은 정보를 공유하는 것이다. 개인과 조직의 목표는 커뮤니케이션에 의해 전달되고, 이를 통해 정확한 목표의식을 갖도록 한다. 또한 개인이나 집단은 무엇을 어떻게 처리해야 하는지, 그리고 업무처리의 결과도 피드백을 통하여 알 수 있다.

셋째, 커뮤니케이션은 개인 및 집단의 다양한 감정과 분위기를 표현할 수 있게 한다.

넷째, 구성원의 행동을 통제한다. 조직에는 공식적인 규범이 있고, 이에 의해 구성원들의 행동을 목표달성이라고 하는 하나의 방향으로 향하도록 통제해 준다.

다섯째, 커뮤니케이션은 선택의 가치가 있는 다양한 대안을 파악하고 평가하는 데 필요한 자료를 제공함으로써 의사결정이 원활히 이루어지도록 한다.

2 설득에 대한 이론

커뮤니케이션은 관리과정의 관점에서 구성원들이 상징적인 메시지의 전달을 통해서 그 의미를 공유하는 과정으로, 전달되는 메시지의 효율성을 향상시키기 위해서는 수신자를 대상으로 하는 설득적 커뮤니케이션의 중요성이 강조되고 있다. 설득은 커뮤니케이션의 과정을 통해서 이루어지는데 한 개인이나 집단이 다른 개인이나 집단의 태도, 의견, 행동 등에 영향을 미쳐 이것을 변용시키는 행위이다. 효율적인 리더의 커뮤니케이션을 위한 설득이론은 다음과 같다.

(1) 행동주의 이론

학습: 과거의 경험이나 관찰을 통해서 새로운 것을 습득함

행동주의적 설득이론은 인간의 행동은 학습에 의하여 변화한다는 것을 기본 전제로 한다. 스키너(Skinner)는 인간의 행동유형을 반응(respondent)행동과 조작(operant)행동으로 분류하였다. 인간의 반응행동은 특정 자극에 의해 발생하는 반응을, 조작행동은 유기체가 자발적으로 하는 반응을 의미한다. 행동반응은 선행사건에 의해 통제되지만, 조작행동은 결과에 따라서 통제된다. 조작행동은 행동이 이루어진 이후에 주어지게 되는 결과, 보상과 처벌에 의존해서 발생하는 조건화된 행동이다. 이러한 행동의 결과에 의해 특별한 행동을 조성하고 유지시키는 과정을 조작적 조건형성이라 한다.

또한 호블랜드 등(Hovland et al.)은 커뮤니케이션을 송신자인 특정 개인이 수신자인 타인의 행위를 수정하기 위하여 자극을 전달하는 과정으로 보고, 인간의 태도변화는 관련된 의견의 변화에 따른 결과로 이루어진다고 하였다. 의견이란 한 개인이 특정 문제에서 제기되는 자극상황에 대한 반응으로 언어적 응답이며, 태도는 주어진 대상, 집단이나 상징에 대한 접근 및 회피와 관련된 내면적 반응으로 개인의 정서적 요인이다. 태도는 특정 대상에 대해 개인이 가지고 있는 의견이 변함으로써 형성될 수 있다. 의견은 개인이 새로운 학습경험을 하기 전까지는 지속되는 특성이 있다.

(2) 기능주의 이론

기능주의적 설득이론은 인간은 자신의 욕구를 충족시키고 목적달성을 위하여 정보를 사용한다는 것이다. 따라서 태도변화의 핵심은 그들이 왜 이러한 행동을 해야 하는지를 파악하는 것이다. 이를 통해 언제, 어떻게 태도가 변할 것인지를 예측할 수 있다. 태도변화는 다음과 같은 과정으로 이루어지며, 이 과정에서 상이한 의견, 태도 및 행위를 유도한다고 한다. 이러한 세 가지 사회적 영향을 위해서는 선행조건인 변화의 동기, 영향력 행사의 특성, 영향이 야기될 수 있는 상황이 필요하다.

① 순응(compliance): 순응은 다수인이 선택한 의견, 태도, 행위로서 개인이 이러한 변화를 수용할 때 발생한다. 이를 통해 보상을 받거나 처벌을 면하는 사회적 효과를 달성할 수 있다. 순응에 영향을 미치는 중요한 특성은 정보원의 힘(power)이다.

② 동일시(identification): 동일시는 의견, 태도, 행위를 개인이 수용하는 것이다. 이러한 수용은 힘이 있는 사람과의 원활한 역할유지를 위해 필요하다. 영향력을 행사하는 사람과 동등해지려고 하거나, 영향력을 행사하는 사람이 되려는 개인적인 시도

이다. 동일시에 영향력을 미치는 중요한 특성은 정보원의 매력이다.

③ 내면화(internalization): 내면화는 실제로 보상이 이루어진다고 믿기 때문에 새로운 의견, 태도 및 행위를 채택하는 것이다. 또한 새로운 반응이 개인의 가치체계와 일치하여 수용되기도 한다. 내면화에 영향을 미치는 중요한 특성은 정보원의 신뢰도, 전문성 및 진실성 등이다.

(3) 인지주의 이론

인지주의적 설득이론은 수신자의 내면적인 정신적 과정의 결과이며, 인간은 내면적 일관성을 유지하려는 메커니즘을 가지고 있다는 것을 전제로 한다. 인지부조화 이론에 따르면 인간은 자신의 태도, 행동, 신념 간의 일관성을 유지하려고 한다. 그러나 행동과 신념에 대한 불일치를 인지하게 되면 갈등을 지각하게 되고, 자신의 신념이나 행동 가운데 하나를 왜곡함으로써 해결하려 한다.

사회학습이론에서 인간은 타인의 행동을 관찰하고 모방한 결과로써 학습하게 된다는 것이다. 따라서 인간의 행동이나 성격형성 요인으로 사회적 요인을 중요시한다. 인간의 행동은 타인의 행동을 관찰하고 모방하는 학습의 과정에서 형성된다. 따라서 인간은 바람직한 행동을 최대화하기 위하여 환경에 대한 정보를 추구하고 처리하는 능동적 존재이다. 인간의 행동은 개인의 내적 요인, 심리적 요인 그리고 외적인 환경 요인이 상호 영향을 미친다.

(4) 정보처리 이론

정보처리 설득이론은 새로운 정보를 수신자가 어떻게 평가하고 처리하는가이다. 인간은 다양한 정보를 기초로 새로운 의견, 태도, 행위적 의도에 적응한다. 어떤 정보는 의도를 변화시키는 데 지원적이지만, 다른 정보는 변화에 저항하게 한다.

또한 정보는 전문성과 객관성 측면에서 많은 정보원으로부터 입수한다. 정보원의 전문성과 객관성, 커뮤니케이션 요인에 기초하여 일반적인 인상을 형성하며, 설득은 입수된 정보가 개인의 의견, 태도 및 행위적 변화를 지지하는가의 여부에 따라 이루어진다. 이 이론에서는 새로운 정보가 외적인 변인으로서 설득에 가장 중요한 요인이 된다. 따라서 수신자는 정보원의 신뢰도와 주관적 확률 등과 같은 상황적 요인에 기초하여 정보를 수용하거나 거부한다.

3 커뮤니케이션의 구성요소

(1) 송신자

정보를 전달하는 개인이나 조직을 말한다. 정보원의 높은 전문성과 신뢰, 도덕적 인식이 커뮤니케이션의 효율성을 높인다. 커뮤니케이션에 영향을 미치는 송신자의 속성은 다음과 같다.

① 공신력: 송신자(source sender)의 전문성과 신뢰성이다. 전문성이란 합리적인 결론을 내릴 수 있는 지식이나 능력이며, 신뢰성이란 자신에 대한 선의가 상황에 따라 변하지 않을 것이란 믿음이다.

② 매력: 신체적 매력과 심리적 매력이 있다. 신체적 매력은 객관적 관찰이나 측정이 가능하지만, 심리적 매력은 다양한 요인에 의하여 결정되며 친근감, 유사성, 애호감 등이다.

③ 카리스마: 영향력이나 의견, 지도력 등과 같은 것으로 권력에 의해 타인을 리드하거나 설득시킬 수 있는 능력이다.

(2) 메시지

수신자와 정보를 공유하거나 태도 및 의견을 변용시키기 위하여 송신자가 보내는 커뮤니케이션 자극으로, 그 내용을 언어나 그림 등의 기호로 처리해 놓은 것이다. 메시지 처리란 수식화, 조직, 배열 등의 다양한 소구방식을 활용하여 효과를 극대화하는 것이다. 메시지 소구(appeals)란 메시지의 내용이나 주장을 수신자에게 호소하는 것으로 다음과 같은 방식이 활용된다.

① 메시지 주장의 측면성: 송신자가 메시지의 긍정적인 면을 강조하는 일면적 메시지와, 긍정적이며 부정적인 면을 동시에 제시하는 양면적 메시지가 있다. 일면적 메시지는 수신자가 메시지에 대하여 호의적이며 반대할 가능성이 낮고, 교육수준이 낮을 때 효과적이다. 양면적 메시지는 이와 반대일 경우 효과적이다.

② **결론의 제시:** 메시지에 결론을 명확하게 제시하는 명시적 결론과 스스로 결론을 내리도록 하는 암시적 결론이다. 수신자의 즉각적인 반응을 위해서는 명시적 결론이, 반복노출을 통해 스스로 결론을 내릴 수 있는 기회를 주고자 할 때에는 암시적 결론이 효과적이다.

③ **초두성과 신근성 효과:** 처음과 마지막에 제시한 메시지의 기억효과가 높다. 메시지의 효과를 위하여 핵심내용을 처음에 제시하는 것이 초두성 효과(primacy effect), 마지막에 제시하는 것이 신근성 효과(recency effect)이다.

④ **공포커뮤니케이션:** 높은 공포를 환기하는 커뮤니케이션의 설득효과가 높다. 높은 공포를 환기시키면 수신자의 불안과 공포수준이 높아져 정서적 긴장이 야기되기 때문에 수용할 가능성이 높다.

⑤ **단계적 설득:** 사소한 요구를 점차 강도를 높여 중요한 요구를 하면 메시지의 수용 가능성이 높아지며 이것을 foot－in－the－door technique(문간에 발 들여 놓기)라고 한다. 반면에 처음에 수용되기 어려운 커다란 요구를 하고, 후에 작은 요청은 수용 가능성이 높아지는데 이것을 door－in－the－face technique(문간에 머리 들이밀기)라고 한다.

이 외에도 ① 이성이나 감성에 호소하는 이성적 및 감성적 소구, ② 흡연피해 등과 같은 실제의 예를 제시하는 위협소구, ③ 유머 등을 통한 유머소구, ④ 성적인 자극에 의한 성적 소구, ⑤ 문학이나 예능작품을 모방하는 패러디 소구, ⑥ 가족이나 우정 등의 온화한 정서를 지각하도록 하는 온정소구, ⑦ 상호 비교를 통한 비교소구 등이 있다.

(3) 매 체

송신자와 수신자 사이에서 중개적 역할을 하는 물체나 수단이다.

① **인쇄매체:** 인쇄물의 형태로 정보와 사상을 전달하는 매체로서 잡지, 서적 및 e－book, 신문 및 전자신문 등

② **전파매체:** 전파를 이용하여 시각적, 청각적 기호들을 확산하거나 분배하는 역할을 하는 매체로서 리디오, TV 등

③ **컴퓨터 매체:** 컴퓨터가 서로 연결되어 정보를 교환할 수 있는 거대한 컴퓨터 통신망을 이용하는 매체로서 e－mail, SNS, internet 등

(4) 수신자

송신자로부터 정보를 받는 개인이나 집단으로서 다음과 같은 특성을 가지고 있다.

① 메시지를 수동적으로 수용하는 것이 아니라, 송신자와 상호작용하면서 메시지를 단절·굴절·변형시키는 중재자로서의 속성을 지닌다.
② 정보를 처리해서 선별적으로 수용하는 정보처리자로서의 속성을 지닌다.
③ 자신을 적극적으로 방어하거나, 정보에 반발하기도 한다.
④ 적극적으로 정보를 요구하여 자신의 문제해결에 이용하는 정보추구 및 문제해결자로서의 속성을 지닌다.
⑤ 사회적 유대관계를 가지고 있어 구성원으로서 메시지를 받고 이에 반응한다.

수신자가 메시지를 처리하고 수용하는 과정은 다음과 같다.

- 주의: 외부로부터의 다양한 자극을 선별하는 감각적 작용이다. 인간은 한 가지 사물에 주의하는 시간이 5~8초이며, 8가지 이상의 자극에 대해서는 동시에 주의를 기울이지 못한다.
- 지각: 다양한 외적 자극을 조작해서 의미를 찾는 과정으로 메시지에 대한 해독이다.
- 이해: 주의를 통해 유입된 정보의 내용을 조작화하고 그 의미를 해석하는 것이다.
- 학습: 수신자의 신념이나 태도가 처음 형성되거나, 기존의 신념이나 태도가 변화되어 행동에 영향을 미치는 것이다.
- 태도변용: 수신자가 지니고 있던 본래의 태도가 변화되거나, 강화되거나, 새로운 태도가 형성된다.
- 파지: 태도가 변용된 후에 즉시 외적 행동으로 표출하거나, 파지하고 있다가 후에 나타내는 것이다.
- 외적 행동: 변용된 수신자의 태도가 그에 일치하는 외적 행동으로 나타나는 것이다.

4 커뮤니케이션의 유형

(1) 공식적 커뮤니케이션

공식적 커뮤니케이션(formal communication)은 조직에서 규정한 경로와 방식, 절차에 따라서 이루어지며 커뮤니케이션상의 권한과 책임, 의무가 부여된다.

① 하향적 커뮤니케이션(downward communication): 상위자에서 하위자로 정보가 진행되는 형태이다. 주로 직무와 관련된 지시, 명령, 안내방송, 사규, 사보, 규칙, 절차, 포스터, 공지사항 등이 있다. 직무에 대한 방향을 제시하고, 조직적 절차나 과정에 대한 정보 제공을 목적으로 한다. 또한 직무수행 절차나 방법에 대한 정보를 제공하고, 부하가 자신의 성과를 알도록 하고, 목표에 대한 이해를 하도록 한다. 직무수행 속도가 빠르고 책임소재가 명확하지만, 조직계층이 길고 규모가 클수록 정보전달의 정확성은 감소한다.

② 상향적 커뮤니케이션(upward communication): 하위계층에서 상위계층으로 정보를 전달하는 것이다. 직무진행이나 결과보고, 수집된 정보, 부하들의 아이디어 및 애로사항 파악 등을 목적으로 한다. 집단회의, 제안함 제도, 고충처리, 상담실 등이 이용된다. 그러나 자신에게 불리한 정보는 삭제하거나 축소하고, 상위자에 대한 신뢰 여부에 따라 정보내용의 정확성은 상이할 수 있다.

③ 수평적 커뮤니케이션(horizontal communication): 부서 간 업무협조가 필요한 경우에 정보를 전달하는 것이다. 또한 스탭 부서와 라인 간에서도 이루어진다. 커뮤니케이션이 개방적이고, 자유롭게 정보를 전달하고, 정보에 대한 정확성도 높다. 그러나 자신이 속한 부서의 이익을 우선시하기 때문에 소극적으로 정보를 취급하기도 한다.

(2) 비공식적 커뮤니케이션

비공식적 커뮤니케이션(informal communication)은 그레이프바인(grapevine)이라고도 하며 소문이나 풍문이라고도 한다. 정보의 내용이 자신과 관련되고 중요한 문제, 불안감을 갖게 할 소지가 있는 문제, 정확하지 않고 애매모호한 상태의 문제일 때(아직 공표되지 않은 승진이나 인사이동, 조직개편, 임금인상 등) 이를 통하여 전달된다. 정보의 확산 속도가 빠르기 때문에 근거 없는 정보의 통제가 어렵고, 정보의 출처와 흐름의 방향이 없기 때문에 책임소재를 밝히기 어렵다. 그러나 부하들의 신속한 반응이 필요하지만 공식적으로 전달하기 어려운 정보의 경우에 이용하면 효과적일 수도 있다.

> 미국의 남북전쟁 당시 통신 장애가 자주 발생하였는데, 그 이유는 전선이 나무들 사이에서 포도넝쿨 모양으로 어지럽게 얽혀져 있었기 때문인 것으로 보고 근거를 정확하게 규명하기 어려운 비공식적 커뮤니케이션을 그래이프 바인이라고 한 것으로 보임.

(3) 대인간(interpersonal) 커뮤니케이션

① 언어적 커뮤니케이션: 구두커뮤니케이션(oral communication)과 문서커뮤니케이션(write communication)이 있다. 구두커뮤니케이션은 대화에 의해 이루어지는 커뮤니케이션이다. 효율성과 즉시성이 있으며 자신의 생각을 충분히 표현할 수 있다. 대화, 전화, 집단토의 등으로 수신자에게 직접 전달하고, 중요한 부분은 강조하고, 의문이 가는 부분은 확인할 수 있다. 그러나 부적절한 용어 사용, 정보의 과중, 중요한 정보의 소홀, 책임소재의 불확실성 등의 문제가 있다. 문서커뮤니케이션은 메모, 보고서, 품의서 등에 의해 이루어지는 커뮤니케이션으로 중요한 문제인 경우 효과적이다. 정보의 전달이 정확하며, 충분한 시간을 두고 검토할 수 있고, 기록되어 책임소재가 확실하다. 그러나 기록을 위한 시간과 전달된 내용을 수신자가 정확히 이해하지 못하는 문제가 발생할 수 있다.

② 비언어적 커뮤니케이션: 표정, 눈빛, 몸짓, 손짓 등과 같은 신체적 표현방법과 음성의 크기, 속도, 억양 등과 같은 표현방법이 있다. 단어의 선택이나 문장의 표현에 따라 서로 다른 의미로 전달되기도 한다. 또한 친숙도, 상황이나 문화 등에 따라 전달하는 의미가 변할 수도 있다.

(4) 일방적 및 쌍방적 커뮤니케이션

① 일방적 커뮤니케이션(one-way communication): 한 사람이 다수의 사람에게 정보를 전달하는 것으로 강연, 연설, 보고, 발표 등이 있다.

② 쌍방적 커뮤니케이션(two-way communication): 쌍방이 상호 이해를 확인하면서 정보를 전달하는 것으로 상담, 대화, 소개, 면접 등이 있다.

5 커뮤니케이션 네트워크

커뮤니케이션 네트워크는 커뮤니케이션의 내용이나 흐름에 영향을 미치며, 조직 구조, 분위기, 문화 등에 의해 영향을 받기도 한다. 일반적인 커뮤니케이션 네트워크의 유형은 다음과 같다.

(1) Y형

확고한 지위에 있는 리더나 중심인물은 없지만 비교적 다수의 구성원들을 대표할 수 있는 리더에 의해 이루어진다. 한 사람의 리더가 커뮤니케이션의 중심역할을 맡고 이를 중심으로 상위집단과 하위집단을 연결하는 형태이다. 라인과 스탭의 혼합 조직에서 볼 수 있는 형태이다.

(2) 사슬형(chain)

공식적인 명령이나 지위에 따른 권한이 명확하여 수직적인 경로를 통해 이루어지는 커뮤니케이션이다. 업무처리 속도는 빠르지만 환경적응 능력이나 부하들의 사기, 창의력 등에는 제한적이다.

(3) 원형(circle)

서열이나 지위가 비슷하여 동등한 입장에서 이루어지는 커뮤니케이션이다. 위원

그림 19-1 커뮤니케이션 네트워크

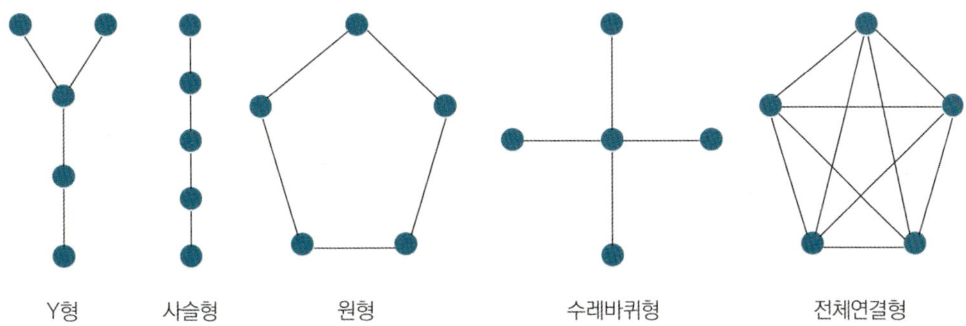

회나 태스크포스 조직의 경우 공식적인 리더가 있지만 일반적 조직에 비해 분위기가 자유스러운 상태에서 커뮤니케이션이 이루어진다.

(4) 수레바퀴형(wheel)

강력한 권한의 인물이나 리더가 있어 모든 정보는 리더와 부하 개인으로만 전달되며, 부하 사이의 정보전달은 엄격하게 규제된다.

(5) 전체연결형(all channel)

모든 구성원들이 자유롭게 정보를 교환하는 형태의 커뮤니케이션이다. 부하들의 의견이 반영되고 창의력 향상과 환경적응 능력에 효과적이지만 업무처리가 지연되는 문제가 있다.

6 커뮤니케이션에 대한 저항

커뮤니케이션이 언제나 성공하는 것은 아니다. 수신자가 전달된 정보에 대하여 저항한다든지, 수신자의 의견을 보다 강화할 수도 있다. 커뮤니케이션의 저항 원인은 다음과 같다.

(1) 면역효과

잦은 항생제의 복용은 질병에 대한 저항력을 증가시키는 것과 같이, 지속적으로 커뮤니케이션이 이루어지면 이에 대한 저항이 증가하게 된다. 이것을 커뮤니케이션에 대한 면역효과(immunizing effectiveness)라고 한다.

(2) 심리적 반발

전달받은 정보가 개인의 자유를 위협하려는 내용의 커뮤니케이션이라면 수신자에게 심리적 반발을 야기시켜 자유를 회복하려는 강한 동기가 부여된다. 그 결과 커뮤니케이션의 주장은 수신자에 의해 거절된다. 심리적 반발은 메시지의 위협강도, 위협받는 자유의 중요성과 범위가 커질수록 심리적 반발은 증가한다. 또한 수신자의 특성에 따라서 심리적 반발의 강도는 상이하게 나타난다. 결단력이나 자존심이 높은 사람, 스스로 의사결정을 할 수 있을 정도의 정보를 가지고 있는 사람, 자신의 집단이 의도적으로 위협받고 있다고 생각하는 사람에게서 심리적 반발은 높게 나타난다. 심리적 반발의 결과는 수신된 정보를 무시하거나, 송신자에 대한 부정적 평가가 이루어지거나, 기존의 행동 대신 다른 행동을 함으로써 자기통제력과 자기결정권에 대한 복원을 시도하거나, 기존의 행동과 태도를 더욱 강화하는 형태로서 나타난다.

7 커뮤니케이션에 대한 유의사항

설득커뮤니케이션의 효과란 커뮤니케이션 자극에 의해 발생하는 수신자의 태도 변용과 이것에 의해 다시 유발되는 지각, 정서, 행동의 변용이라 할 수 있다. 또한 태도란 어떤 대상물이나 환경에 대하여 개인들이 반응하도록 일정한 조건이 갖추어진 심리적 준비상태이다. 태도는 경험을 통하여 형성되며 인지적 요소, 정서 및 감정적 요소, 행동적 요소로 구성되어 있다. 인지적 요소는 특정 대상물에 대하여 옳다, 그르다와 같은 개인이 갖고 있는 고정관념과 관련된 태도이다. 정서적 요소는 좋다, 나쁘다와 같은 개인이 갖고 있는 느낌이나 감정과 관련된 태도를 의미한다. 행동적 요소는 어떤 행동을 하고자 하는 내적 의지와 관련된 태도를 말한다.

그러나 커뮤니케이션의 과정상 오류를 범하게 되면 송신자의 메시지를 수신자가 거부하여 태도의 변화가 없거나 오히려 기존의 성향을 강화시킬 수가 있다. 따라서 커뮤니케이션의 효과를 극대화시키기 위해서 주의해야 할 요인은 다음과 같다.

① 메시지의 내용은 수신자의 주의를 끌어야 한다.

② 메시지가 혼란스럽지 않고 이해될 수 있어야 한다.

③ 메시지가 수신자에게 의미가 있어야 한다.

④ 수신자가 시간을 충분히 갖고 정보의 내용을 이해해야 한다.

⑤ 수신자가 행동의 동기를 부여받도록 해야 한다.

이 외에도 편견이나 의미의 왜곡을 최소화하기 위하여 정보원의 중요성을 강조하고, 메시지의 내용이 간단하여야 하며, 효율적인 전달방법을 선택하고 수신자의 특성을 고려해야 한다. 또한 커뮤니케이션의 효과를 극대화시키기 위해서 고려해야 할 내용은 다음과 같다. 먼저 효과적인 커뮤니케이션을 위해 송신자가 고려해야 할 내용은 다음과 같다.

① 적절한 커뮤니케이션 매체 및 언어의 선택: 커뮤니케이션 매체의 선택은 목적에 따라 달라져야 한다. 조직에서의 지침이나 공시사항, 정책변경 등과 같이 조직 전체에 전달해야 하는 내용은 서면을 통하여 전달하면 효과적이다. 즉각적인 반응을 요구하는 정보의 전달이나 타인과 상담이 필요한 경우, 대인간의 갈등이 발생했거나, 중요한 문제일 경우에는 구두매체가 적절하다. 또한 효과적인 정보전달을 위해서 송신자는 전달하고자 하는 내용을 정확하게 정리하여 적절한 메시지로 변환시켜야 한다. 특히 수신자의 능력을 고려하여 그들이 쉽게 이해할 수 있는 언어, 문자, 몸짓 등의 매체를 적절하게 선택하여야 한다.

② 커뮤니케이션의 목적설정: 송신자는 커뮤니케이션을 통하여 무엇을 전달하려 하는지를 결정하여야 한다. 송신자가 목적을 설정하지 않고 커뮤니케이션을 하게 되면 수신자는 메시지의 내용을 정확하게 파악하지 못하게 된다.

③ 송신자의 신뢰: 송신자의 전문적인 지식이 인정되면 전달되는 메시지에 대한 수신자의 신뢰성은 증가한다. 평상시 송신자의 신뢰수준이 커뮤니케이션 효율성에 영향을 미친다.

④ 수신자와의 피드백: 피드백은 메시지가 수신자에게 정확하게 전달되었는지를 알려 준다. 이러한 측면에서 쌍방적 커뮤니케이션은 효과적이다. 반면에 수신자가 송신자의 메시지를 수용하지 않으면 피드백 효과는 나타나지 않는다. 또한 피드백 과정에서 수신자의 감정이나 정서상태, 정신능력, 학력수준, 피로 등이 영향을 미친다.

다음으로 효과적인 커뮤니케이션을 위해 수신자가 고려해야 할 내용은 다음과 같다.

① 적극적인 경청: 송신자가 효율적인 정보전달을 위해 노력해도 수신자가 적극적이지 않으면 안 된다. 적극적인 경청을 위해서는 메시지의 내용을 전체적인 의미에서 경청하고, 메시지의 전달과정에서 차단시키지 말고, 반응적 피드백을 적극적으로 활용하여야 한다.

② 선택적이고 평가적인 경청의 회피: 송신자가 수신자에게 정보를 완전히 전달하기

전에 그 내용을 미리 평가하거나 선택적으로 경청하면 커뮤니케이션의 내용을 정확히 파악하지 못하게 된다. 수신자가 선택적이고 평가적인 경청을 하게 되면 송신자는 방어적인 태도나 공격적인 태도를 보일 수가 있다.

사례

공간행동학(대인 간 거리)

① 친밀한 거리(intimate distance): 가족, 사랑하는 남녀 사이의 거리로서 신체적 접촉이 가능한 거리. 서로 좋아하는 사람들이 만들어 내는 거리는 46cm 이내

② 사적인 거리(personal distance): 친구 및 우호적인 지인 간의 거리로서, 효율적인 커뮤니케이션을 위한 거리는 46~140cm 정도

③ 사회적인 거리(social distance): 사무적이거나 공식적인 업무관계로서 시각과 대화가 유지되는 거리는 140~420cm 정도

④ 공적인 거리(public distance): 공식행사에서의 연사와 청중 간의 거리로서, 목소리 외에 몸짓으로 전달수단이 가능한 거리는 420cm 이상

〈대인매력〉

① 환경적 요인

- 근접성: 초면으로 상대에 대한 정보가 없거나, 멀리 있는 사람보다 가까이 있는 사람의 경우 경제적 측면에서 유리하기 때문에 공간적으로 가까이 있는 사람에 대한 친밀감이 높음
- 환경적 상황: 공포적 상황에서 근접자에 대해 친밀감은 높지만, 불쾌하거나 불안한 상황에서는 부정적임

② 개인특성

- 신체적 매력: 초면의 상황이거나 같이 있음으로써 자신의 평가도 높아진다고 생각하는 경우에 매력적인 사람에 대한 친밀감은 높음
- 성격: 이해, 청결, 성실, 활기, 명랑한 남자, 명랑, 청결, 순수, 다정, 배려적인 여

자에 대한 친밀감이 높음

- 능력: 지적능력, 운동능력, 대인관계능력이 높은 사람에 대해 친밀감이 높지만, 자신의 능력을 스스로가 인정할 때에만 효과가 있음

③ 관계성

- 유사성: 성장배경, 성격, 취미, 사고방식 등이 유사한 사람에 대해 친밀감이 높음
- 상보성: 부족한 부분을 서로 보완해 준다고 생각하는 사람에 대해 친밀감이 높음
- 자기개시: 자신의 사적인 부분을 노출시키는 사람에 대해 친밀감이 높음

제20장 리더의 협상관리

1 협상이론의 기초

(1) 협상의 개념과 특징

협상: 양방향 의사소통에 의해 상호 만족할 만한 수준으로의 합의에 이르는 과정

협상(negotiation)에 대한 개념은 조직상황과 안건에 따라 다양하게 제시되고 있다. 그러나 협상에는 둘 이상의 당사자가, 특정한 목표를 가지고, 일정한 상황 하에서, 이해관계를 조정해 나가는 과정이라는 공통된 개념이 포함되어 있다.

사회생활의 지속적인 상호작용 과정에서 발생하는 의견대립은 일상적으로 발생하는 현상이다. 이러한 의견대립을 해결하기 위한 방안은 다양하지만, 일반적으로 다음과 같은 방법에 의해 해결한다. 첫째는 협상이다. 당사자가 직접적인 의사소통 과정을 통해 의견의 불일치를 최소화하고, 서로가 수용 가능한 합의점을 도출하는 것이다. 둘째는 중재이다. 제3자가 의견대립 과정에 있는 당사자들의 의사결정에 도움을 주는 것이다. 셋째는 투쟁이다. 투쟁이란 어떤 목적을 이루거나 상대편을 극복하기 위하여 힘쓰거나 싸우는 것으로, 파업이나 언쟁·경합 등을 통해 당사자의 이견을 극복하거나 목적을 달성하는 것이다. 넷째는 조정이다. 의사결정권자의 결정에 의해 해결하는 것으로서 제3자가 논의에 대한 결정을 하도록 하는 것이다.

이러한 의견대립 해결방안 중에서 협상은 서로가 수용할 수 있는 해결방안을 찾고 그 해결책을 적용하기 수월하도록 해준다. 따라서 서로간의 반목을 불식시켜 주고, 비용이 절감되며, 평화롭게 해결될 수 있다는 장점이 있다. 협상이 나타내고 있는 특징은 다음과 같다.

① 당사자들은 서로 다른 이해관계를 가지고 있다고 믿고 있으며, 이러한 이해관계의 차이를 조정하기 위한 토론을 원한다.
② 당사자들은 상호 의사소통이 가능하므로 대화를 통해 문제를 해결하려 한다.
③ 당사자가 해결방안을 찾지 못하면, 중간 정도에서 합의점을 찾는 타협이 가능하다.
④ 당사자들은 임시적인 제안이나 상대방의 제안에 상응하는 제안을 할 수 있다.
⑤ 이러한 제안들이 당사자들에 의해 수용되면 최종합의에 이를 수 있다.

(2) 협상의 중요성

현대사회를 살아가는 모든 사람들의 생활패턴은 협상의 결과이다. 현대인들은 자신의 의지이든 아니든 살아가는 과정에서 지속적으로 협상을 하지 않으면 안 된다. 협상을 통해 성공적으로 해결하는지의 여부가 자신의 풍요로운 삶을 결정하게 된다. 이것이 최근 협상에 대한 관심이 높아지게 된 이유이며, 협상의 중요성을 제시하면 다음과 같다.

첫째, 급변하는 사회·기술적 환경변화에 기인한다. 급변하는 환경변화로 인해 정태적 조직구조의 한계성이 나타나게 되고, 환경변화에 유연하게 적응하기 위한 조직의 재구조화가 진행되었다. 조직의 재구조화에 따라 새로운 부서가 탄생하고 새로운 이해관계자 집단이 등장하였다. 그 결과 이들 이해관계자 사이에 잠재적 갈등이 발생하게 되고, 이러한 갈등을 해결하거나 최소화하기 위한 협상이 요구된다.

둘째, 시장 및 산업구조의 변화에 기인한다. 이러한 변화는 다양한 계약관계를 재협상하도록 하는데, 재협상을 요구하는 대표적인 지표로서 서비스 부문의 증가를 들 수 있다. 서비스 상품의 가치는 계약이나 합의가 이루어지기 전에는 평가하기 어렵다. 따라서 서비스 부문에서 협상의 범위와 성격 등은 다른 부문에 비해 중요시되고 있다.

셋째, 제조업의 재구조화에 기인한다. 노사 간의 갈등을 단체교섭에만 의존하던 해결전략은 협상에서뿐만 아니라 산업현장에서 노사 간 다양한 상호작용을 필요로 하고 있다. 이러한 환경변화가 효과적인 협상에 의한 갈등해결에 관심을 갖도록 요구하고 있다.

넷째, 단체교섭과는 다른 새로운 갈등해결을 위한 개인교섭의 중요성이 강조되고 있다. 노동시장 및 조직구조가 유연화되면서 전문직 종사자의 수가 증가하고 있다. 이러한 노동시장의 유연화에 따라 개인과 조직 간의 협상이 증가하고 있다.

다섯째, 경쟁적 환경에 적응하는 과정에서 현장에서의 협상이 증가하고 있다. 환경변화로 인한 조직구조의 축소, 자원의 부족 등으로 갈등이 발생하고, 이를 해결하기 위한 갈등관리의 필요성이 높아지고 있다. 현대사회는 자유롭게 경쟁할 수 있는 환경을 조성하기 때문에 강제적 규정보다 합의시스템을 강조하는 방향으로 변화하고 있다. 또한 글로벌화의 진행은 조직에 새로운 도전과 위협이 되고 있다. 이에 따라 외국인과의 협상이 증가하고 있다.

사회생활이나 조직생활을 영위하고 있는 인간은 끊임없이 협상을 하여야 한다. 모든 인간은 개인차가 있고 이러한 개인차를 조정하기 위한 방법이 협상이기 때문이다.

(3) 협상의 과정

성공적인 협상을 위한 과정은 다음과 같다.

① 문제의 정의: 협상의 목적과 대안을 설정한다. 자신이 요구하는 것과 요구의 수준을 분석한다. 자신과 상대의 장점과 단점을 분석하고, 무엇을 양보할 것이며 어느 수준의 이익을 취할 것인지 등에 대해 분석한다.

② 문제해결의 의지: 당사자들은 현재의 상황이 그들의 이해관계에 도움이 되지 않는다는 것을 전제로 바람직한 문제해결을 위한 필요성을 인식해야 한다. 협상을 통해

쌍방의 이해가 충족될 수 있도록 하는 교환요소가 있어야 하며, 교환비율은 균형을 이루어야 한다. 또한 당사자는 협상 이전에 교환요소의 균형에 대한 분석을 하여야 하며, 이것들이 어느 정도 가변적인가를 알아야 한다.

③ 협상 준비: 당사자가 협상의 필요성을 인식하고 협상을 하기로 했다면 협상을 위한 구체적인 계획을 수립한다. 협상장소와 시기, 중재자, 협상을 위한 조직체계의 정비, 언어적 문제의 해결방안 등에 대한 준비를 한다. 또한 협상이 진행되는 과정에 기초하여 협상환경 분석, 상대방 분석, 협상전략과 전술분석, 세부전술의 수립, 협상 대표의 훈련 등이 이루어져야 한다.

④ 협상: 효율적인 협상이 이루어지기 위해서는 다음과 같은 단계를 거쳐야 한다.

- 협상범위 선정: 당사자가 합의를 희망하는 협상의 범위를 명확하게 설정하는 단계이다. 당사자는 협상 관련 이슈와 문제들을 확인하고 협상의 범위를 설정한다. 이 단계에서는 고성과 거친 언어가 교환되며 발언시간이 장기화한다. 상대방을 위협하거나 상대방의 협상인식이 부족함을 강조하여 협상이 교착상태에 이르게 되기도 한다. 따라서 당사자 간 갈등이 강조되고 서로 자신의 입장만을 강조하게 된다.
- 협상범위 조사: 설정된 협상범위 내에서 상호 탐색이 이루어지는 단계이다. 협상 초기의 주장에서 조금씩 후퇴하여 묵시적 또는 공식적인 양보를 보이며 상대방의 행동을 관찰한다. 논의에 대한 불만을 나타내기도 하며, 즉각적으로 철회할 수 있다는 자세를 보이기도 한다. 그러나 협상의 범위를 탐색하고, 조금씩 온화한 행동을 하고, 상대방에 대한 위협도 축소시킨다. 상대방의 질문에 정보를 제공하고, 자신의 입장을 설명하며 양보해 줄 것을 요구하기도 한다. 따라서 분위기가 다소 완화되고 다양한 잠재적 합의사항 중에서 선택하는 과정만 있게 된다.
- 위기와 합의의 반복: 당사자들은 합의의 종결을 시도한다. 이 과정에서 이들의 관계는 긴장되고 약간은 불확실하지만 역설적으로 응집력이 발생한다. 그들은 실질적인 합의점을 찾아 협상을 종결시키려 한다. 동시에 구성원들과의 협의를 통해 현실적으로 유연성을 보여야 할 부분과 고수해야 할 부분을 내부적으로 확정한다. 협상의 종결이 임박해지면서 이들에게 압력을 행사하는 사람들이나

자기 측 협상구성원들보다도 오히려 협상당사자들의 응집력이 높아지는 특이한 현상이 나타난다. 또한 일반적인 합의사항이 구체적으로 축소됨에 따라 상당기간 언쟁이 가열된다.

이상에서와 같이 협상은 불만이나 차이로부터 시작되어 조화나 의사결정 또는 협력의 차원으로 진행되며 최종적으로 합의나 교착상태에 이르게 된다. 합의에 이르게 되면 정교화 과정을 거쳐 실행에 이르게 된다. 이러한 과정으로 진행되는 협상은 실질적으로 협상 자체보다도 협상의 사전단계 및 준비단계에 더 많은 시간과 노력을 투입해야 한다.

2 협상결과의 영향요인

협상결과에 영향을 미치는 요인은 다음과 같다.

(1) 커뮤니케이션

원활한 커뮤니케이션이 이루어지기 위한 능력을 소지하고 있는 협상자는 협상의 성과를 향상시킨다. 커뮤니케이션의 능력 부족으로 인한 실패나 오해가 협상과정에서 당사자 간 갈등을 야기시키고 이것이 협상 결렬의 중요한 원인이 된다. 따라서 협상자는 자신의 의사를 구체적이고 명확하게 표현하고 전달할 수 있는 커뮤니케이션 능력이 있어야 한다.

협상 초기에 협상자는 흔히 인지적 오류에 의해 협상결과를 영화게임(zero-sum game)이나 분배적 협상(win-lose negotiation)으로 인식하고 협상에 임하기 쉽다. 그러나 협상이 진행되면서 이러한 인지적 오류는 상호간 원활한 커뮤니케이션이 이루어지면서 쌍방이 통합적 이익을 위한 대안을 제시할 수 있다. 통합적 협상결과에 대한 방안의 발견은 원활한 커뮤니케이션에 의존한다고 할 수 있다.

커뮤니케이션의 형태는 당사자 간 입장에 따라 상이하며, 협상의 진행정도에 따라 다르게 나타난다. 예를 들면, 노사협상에서 당사자의 입장에 따라 커뮤니케이션의 형태는 다르다. 또한 협상 초기에는 위협, 요구, 비난 등의 분배적 메시지가 중심을 이루지만, 협상 말기에는 통합적 협상 메시지가 중심을 이룬다. 따라서 협상성과의 증대를 위해서는 당사자의 진정한 선호와 우선순위에 대한 정보가 정확하고 충분하게 교환되어야 한다. 객관적으로 합의에 이를 수 있는 협상상황에서도 상호 정보교환이 부족하면 합의에 이르지 못하는 현상이 발생하게 된다.

(2) 협상태도

협상당사자들의 공동의 이익을 위한 합의가 이루어지는 것을 통합적 해결(integrative solution)이라고 한다. 통합적 해결의 가능성은 당사자들의 협상에 임하는 태도에 영향을 받는다. 협상태도는 협상에 임하는 행동을 관리하고 제한하기 때문에 협상결과에 영향을 미치게 된다. 협상당사자가 집단주의를 지향하게 되면 통합적 해결이 가능하지만, 개인주의를 지향하게 되만 분배적 해결을 추구하게 된다. 또한 자유로운 의사소통이 이루어지는 상황에서 집단주의를 지향하는 협상자는 개인주의를 지향하는 협상자에 비해 많은 정보를 교환하고 통합적 해결을 위한 행동을 하게 된다.

(3) 협상과정의 공개

협상과정의 공개 여부에 따라 협상자의 태도와 성과는 상이하다. 협상에 대한 청중의 유형은 협상 장소에 직접 참관하는지의 여부, 협상결과에 직·간접적인 이해관계가 있는지의 여부로 분류할 수 있다. 따라서 이들 청중의 유형에 따라 협상자의 태도와 행동은 상이할 수 있다. 협상이 비밀로 진행되는 경우에는 협상자의 위신에 관한 문제가 감소되기 때문에 협상과정에 융통성을 발휘할 수 있다. 그러나 공개적인 경우에는 협상자의 심리적 압박으로 인해 강성으로 행동하게 된다.

청중효과에 의한 의도적 강경행위를 예방하고 효율적인 협상을 위해서는 협상자가 청중에 대한 협상 관찰 가능성을 통제하여야 한다. 청중의 관찰을 통제할 수 없으면 협상과정에서 자신의 발언이나 행동이 공개될 것을 의식하여 합의를 위한 대안 제시보다는 청중에 대한 강성 이미지 유지에 관심을 갖게 되어 통합적 협상 진행은 실패하게 된다.

청중효과는 협상 상대로부터도 나타난다. 협상자는 상대에게 강한 인상을 보이고 체면을 유지하려 하기 때문이다. 노사협상에서와 같이 일회성이 아니고 매년 협상이 지속되는 경우에는 상대방에게 약한 이미지를 주지 않으려고 노력하기 때문이다.

(4) 권한의 집중도

자신들이 대변하는 이해관계자들을 의식하게 되면 협상자의 입지는 불안정하게 되고, 협상결과에 대한 책임부담이 높아지면서 그들의 평가에 민감해진다. 이러한 협상자의 불안한 위상은 강성행동의 원인이 되어 협상 타결을 어렵게 한다. 따라서 이해관계자의 협상자에 대한 권위와 신뢰수준은 협상행동의 결정에 영향을 미치게 된다.

이해관계자가 협상자를 불신하는 경우 협상목표를 사전에 공개하기도 한다. 협상목표의 공개는 목표달성에 대한 집착현상으로 인해 협상과정이 경쟁적이고 분배적으로 진행된다. 그 결과 협상이 결렬되거나 만족스럽지 못한 성과가 나타난다. 그러나 이해관계자가 협상자를 신뢰하는 경우 협상자는 협상과정에 자신의 창의적 의견을 제시하여 문제해결에 궁극적으로 기여한다. 협상과정에서 상대방으로부터 제시된 방안이 그들의 이익이 된다면, 그들의 의사에 반하여 창의적 해결책을 제시하는 데 적극적인 자세를 취하여 임의적 결정을 하게 된다. 반대로 협상자가 이해관계자로부터 신뢰를 받지 못하면 그들로부터 감시를 받게 되고, 협상과정에서 창의적 양보를 할 수 없게 되어 협상을 성공적으로 이끌지 못하게 된다.

성공적인 협상을 위해서는 상황에 따라 자신의 권한으로 양보해야 할 경우에는 할 수 있도록 권한이 주어져야 한다. 이러한 경우 협상자는 자신의 제안이 그들의 이익이 된다고 판단하면 그들이 위임한 협상권한의 범위를 일시적으로 위반하면서까지 진행한다. 이러한 행위가 가능한 것은 자신의 협상 제안이 그들로부터 이해될 수 있을 것이라 믿기 때문이다. 그러나 신뢰받지 못하면 그들이 위임한 권한의 범위를 이탈하지 않으려 하고, 통합적 협상을 위한 양보를 못하게 되어 효율적인 성과를 달성하지 못하게 된다.

3 리더의 협상전략

성공적인 협상을 위한 전략은 당사자들의 이해관계에 대한 갈등정도에 따라 다음과 같이 결정된다.

(1) 사베지 등(Savage, Blair & Sorenson)의 협상전략

당사자의 실질적 성과(목표, 이익, 비용, 노력, 시간 등)와 상대방과의 거래관계에 대한 성과(호의적인 거래관계나 인간관계 등) 가운데 우선순위를 어디에 두고 있는가에 따라 다음의 협상전략 중 하나를 선택하게 된다.

① 신뢰적 협동(trusting collaboration): 관계적 성과와 실질적 성과가 당사자에게 중요하다면 신뢰적 협동을 선택한다. 이들은 실질적 목표와 관계적 목표를 모두 성취하기 위해서 협동한다. 신뢰적 협동은 승-승전략으로서, 당사자들이 상호의존적이고 협조적일 때 가능하다.

② 공개적 복종(open subordination): 실질적 성과보다는 상대방과의 호의적인 관계를 유지하는 데 관심이 있다면 공개적으로 복종하게 된다. 복종전략은 상대방이 가지고 있는 권력과는 관계없이 필요에 따라 활용될 수 있다. 복종하여도 잃을 것이 없다면 상대방이 지닌 적개심을 완화하고, 지원을 증가시키며, 보다 상호의존적인 관계를 유지하는 데 효과적으로 기여할 수 있다.

③ 확고한 경쟁(firm competition): 실질적인 성과만 중요하고 관계적 성과는 중요하지 않다면 확고한 경쟁을 하게 된다. 상대방에 대한 신뢰가 없고 관계도 좋지 않는 경우에 활용하며, 당사자는 실질적인 성과를 얻기 위해 자신의 힘을 사용하게 된다. 당사자는 상대방을 공격하고 기만적으로 위협한다. 이러한 전략과 전술로써 자신의 실제적 목표와 욕구를 감추고 상대방이 실질적인 성과를 얻기 위해 필요한 지식을 이용하지 못하게 방해한다.

④ 적극적 회피(active avoidance): 실질적 성과는 물론 관계적 성과가 중요하지 않다면 적극적 회피를 하게 된다. 협상을 거절하는 것도 직접적이고 적극적인 회피의 한 형태이다. 협상에 관심이 없다거나 의지가 없다고 상대방에게 말하기도 한다. 당사자는 어떠한 협상쟁점이 시간낭비인지를 결정해야 한다. 또한 자신이 무엇을 해야 할지 모르는 상황에서 이를 명확히 하기 위한 전략으로 선택할 수 있다.

(2) 톰슨(Thompson)의 전략

협상당사자들이 자신의 이익과 상대방의 이익 가운데 무엇을 우선시하는지에 따라 선택하는 협상전략은 다음과 같다.

① 경쟁적 행동(competitive orientation): 상대방을 희생하여 자신의 이익을 추구하고자 하는 경우

② 이타적 행동(accommodative orientation): 자신의 이익보다는 상대방의 이익을 먼저 충족시키고자 하는 경우

③ 공유적 행동(sharing orientation): 경쟁적 협동과 이타적 행동의 중간적 형태로서 각자 양보에 의해 타협을 시도하는 노력을 하는 경우

④ 협동적 행동(collaborative orientation): 자신의 이익과 상대방의 이익을 공동으로 추구하여 최대의 만족을 추구하려는 경우

⑤ 회피적 행동(avoidance orientation): 자신의 이익은 물론 상대방의 이익을 추구하지 않는 것으로서 거래관계의 단절이나 고립, 무관심, 체념 등의 경우

(3) 프루이트 등(Pruitt & Rubin)의 전략

자신의 이익과 상대방에 대한 이익 가운데 무엇을 우선시하는지에 따라 다음과 같은 협상전략을 선택한다.

① 문제해결(problem solving): 자신의 이익과 상대방의 이익을 공동으로 추구하는 경우에 선택하는 전략이다. 갈등상태에 있는 협상당사자들이 공동의 성과를 위한 방안을 적극적으로 모색하고 추구한다.

② 순응(accommodating): 자신의 이익보다는 상대방의 이익을 우선시하는 경우에 선택하는 전략이다. 상대방이 승리하고 원하는 것을 얻도록 당사자 자신의 목표나 기대를 낮추는 행위를 포함한다.

③ 타협(compromising): 적절한 수준에서 자신의 이익과 상대방의 이익을 추구하는 경우에 선택하는 전략이다. 협상당사자들이 모두 마음에 들지 않는 의사결정을 시도하거나, 약간씩 양보하는 행위를 포함한다.

④ 공격(aggressiveness): 상대방의 이익보다는 자신의 이익을 우선시하는 경우에 선택하는 전략이다. 상대방의 이해와는 관계없이 자신의 관점에서 문제를 해결하려 노력한다. 자신의 목표와 열망을 유지하고 상대방에게는 순응과 양보를 하도록 한다.

⑤ 철회(withdrawal) 및 무행위(inaction): 자신의 이익은 물론 상대방의 이익에도 관심을 보이지 않는 경우에 선택하는 전략이다. 소극적이거나 아무런 행동을 취하지 않는다. 이 전략은 쟁점을 해결하기 위한 노력을 종결하려는 측면에서 서로 유사하다. 그러나 철회는 영구적인 종결이며, 무행위는 쟁점에 대한 노력을 재기할 가능성을 남겨 놓는 것이다.

(4) 월튼 등(Walton & McKersie)의 전략

협상당사자들의 이해관계에 따라 선택하는 전략으로 다음과 같다.

① 분배적 협상(distributive bargaining): 당사자 간 갈등구조(pure conflict)로서 이해관계가 완전히 상충되는 경우이다. 자신의 이익은 상대방의 손실을 의미하는 일방의 승리(win－lose) 방식으로 자신만의 이익을 최대화하는 것이다. 분배적 협상은 하나의 안건만을 처리하는 협상에서 주로 나타나며, 창조적 문제해결 방법을 추구하는 데 장애가 될 수 있다. 협상당사자들은 자신의 이해관계는 상대방의 이해관계와 직접적으로 상충된다고 가정한다. 따라서 공동의 이익이 가능한 상황에서도 타인과 경쟁하여 승리하고자 하는 경향을 보이기도 한다.

② 통합적 협상(integrative bargaining): 협상당사자들의 이해관계가 갈등적이거나 양립되지 않는 변인－합(variable－sum)의 상황이다. 자신의 이익은 상대방의 손실과 같지 않으며, 자신의 목표가 상대방의 목표와 상충되지 않으므로 경쟁할 필요가 없다. 따라서 모두가 추구하는 목표를 달성할 수 있는 전략으로, 타협으로 이루어 낼 수 있는 것보다 더 큰 공동의 이익을 가져올 수 있다. 따라서 통합적 협상이란 당사자들의 이해를 조화시켜 공동의 이익을 도출할 수 있는 전략이다.

4 쟁점처리와 심리적 오류

(1) 쟁점처리 방식

협상에서 다루어야 하는 쟁점들을 처리하는 방법으로 순차적 처리와 동시적 처리가 있다. 순차적 처리란 다양한 쟁점들에 대하여 논의하고, 그 결과에 따라 순서를 결정하고 협상을 진행하는 것이다. 따라서 쟁점들은 독립적으로 처리되며, 다음의 주제가 상정되면 이전의 주제는 다시 언급되지 않는다. 통합적 처리란 다양한 쟁점들을 동시에 고려하여 협상을 진행하는 것이다.

① **협상전략:** 쟁점들을 분리하여 처리하는 경우 협상자들은 상호이익이 될 수 있는 합의점을 도출하기보다는 자신의 이익만을 추구하려 하기 때문에 경쟁전략을 선택할 가능성이 높다. 쟁점들을 순차적으로 처리하는 방식은 통합적 합의를 위한 쟁점들의 상호교환(trade-off)이 불가능하기 때문이다. 둘 이상의 쟁점을 동시에 고려하지 않는다면 상호교환이 일어날 수 없기 때문에, 자신의 이익만을 추구하여 양보나 타협이 이루어지지 않는다.

② **협상결과 만족도:** 순차적 처리방식은 일단 결정된 쟁점사안은 토의조건에 다시 상정하지 않는다. 각각의 쟁점사안에 대한 합의가 이루어지면서 이전에 양보한 당사자는 이후의 토의과정에서 상대로부터 양보를 구하지 못하게 된다. 따라서 이전의 쟁점사안에서 이후의 쟁점사안에 대한 양보를 기대하고 양보를 한 당사자는 협상결과에 대해 만족하지 못하게 된다.

반면에 동시적 처리방식은 쟁점들이 일괄적으로 토의되므로 통합적 합의가 이루어질 가능성이 높다. 협상당사자들이 쟁점들에 대한 상대적 중요도에 대한 평가가 다르다는 것을 알 수 있으므로 동시적인 양보를 요구할 수 있기 때문이다.

③ **쟁점처리시간:** 동시적 처리방식이 의사결정에 대한 시간을 단축시켜 줄 것이라고 예상할 수 있으나, 쟁점의 수가 증가하게 되면 순차적 처리방식이 빠를 것으로 기대한다. 한 번 결정된 사안은 다시 상정되지 않는 것이 순차적 처리방식의 규칙이다. 협상당사자들이 상호 신뢰하여 자발적으로 양보를 하지 않는 한 각 쟁점사안의 의사결정시 양보를 받아 내거나 양보한 대가를 요구해야 한다. 그러나 이러한 기대는 처리해야 할 쟁점이 적은 경우에는 가능하지만, 쟁점이 많은 경우에는 그 결과가 다르게 나타날 수 있다. 쟁점의 수가 증가하게 되면 협상자들은 동시에 고려해야 할 정보의 양이 증가하게 되고, 결국 의사결정에 소요되는 시간은 증가하게 된다.

(2) 협상과정에서의 심리적 오류

성공적인 협상결과란 자신에게 유리한 결과를 가져오는 것이 아니라 모두에게 유익한 것이어야 한다. 협상자가 협상결과에 대한 이익의 수준을 정확하게 파악하는 것은 모두에게 이익이 될 수 있는 통합적 협상을 가능하게 할 수 있다. 적극적으로 서로에게 정보를 요구하고 각자의 원하는 정보를 교환했던 협상자들은 보다 정확한 판단을 하고 모두에게 이익이 되는 통합적 합의를 도출한다. 따라서 상호간의 정보의 교환은 승－승(win－win) 결과의 가능성을 높인다.

일반적으로 협상자들은 자신에 대한 정보를 공개하면 상대방이 이것을 유리하게 이용하기 때문에 불리하게 될 것이라고 생각한다. 그러나 일방적인 정보누설이라 할지라도 정보를 공개한 사람을 불리하게 하지는 않으며, 상대방의 정보가 통합적인 결과로 나타나게 된다.

협상당사자들은 협상을 시작하기 전에 일반적으로 인지적 오류를 가지고 있으나 정보를 상호 교환함으로써 극복할 수 있다. 협상당사자들이 일반적으로 지각하고 있는 오류는 다음과 같다.

① 고정된 합의 오류(fixed-sum error): 협상당사자들은 협상을 시작할 때 상대방이 각 안건에 대해 부여하는 상대적 중요성이 자신과 동일할 것이라고 가정한다. 따라서 협상당사자들은 자신이 승리하면 상대방은 패배한다는 생각을 하고 있다. 이러한 오류는 서로에게 이익이 되는 통합적 합의를 도출할 가능성을 감소시키는 원인이 된다.

② 비일치성 오류(incompatibility error): 협상당사자들은 상대의 이익이 자신의 이익과 양립하는 것은 불가능하며, 상대의 이익은 자신의 이익과는 반대가 된다고 생각한다. 그러나 협상당사자들의 이익은 완전히 상반되는 것이 아니라 통합적 합의 가능성이 있으므로 이것은 판단의 오류이다. 이러한 오류가 협상에서 갈등해결을 어렵게 하는 주요한 원인이다.

사례

협상의 기술

① 설득이 통하지 않을 때는 협상을 하라.

② 첫 제안은 공격적이되, 결코 불가능한 것이어서는 안 된다.

③ 딴청 부리기는 협상에서 가장 단순하면서도 가장 자주 사용되는 도구이다.

④ 현명한 협상가는 종종 협상하지 않는 쪽을 선택한다.

⑤ 반대급부로 얻는 것이 없다면 양보하지 말라.

⑥ 협상에서 가장 큰 거짓말은 "이것이 제 한계선입니다"이다.

⑦ 첫 제안이 받아들여지는 것을 좋아하는 사람은 아무도 없다.

⑧ 수다는 취약한 협상가의 마지막 도피처이다.

〈성공적인 협상을 위한 21가지 법칙〉

다음은 협상 성공의 80~90%를 결정하는 핵심적인 협상법칙이다.

① 공짜는 금물, 모든 양보를 교환에 활용하라.

② 높게 시작하라.

③ 첫 번째 양보는 과감하게 하되, 이후에는 현저히 줄여라.

④ 초기에 자주 딴청을 부려라.

⑤ 모든 쟁점을 마지막에 하나의 패키지로서만 매듭지어라.

⑥ 덤으로 끝내라.

⑦ 교환을 목적으로 창조적인 양보들을 계속해서 발굴하라.

다음은 주목받지는 않지만 성공적인 협상을 위한 토대가 된다.

① 사전작업을 하라.

② 화기애애한 분위기를 유지하라.

③ 상대방의 말만 믿고 협상할 수 없는 쟁점이라고 결론내리지 말라.

④ 상대방의 첫 제안을 순순히 받아들이지 말라.

다음은 협상결과에 영향을 미치지만 불규칙적이다.

① 천천히 시작하라.

② 전체 의제들을 상정하라.

③ 사소한 것들을 먼저 논의하라.

④ 참고 기다려라.

⑤ 합법적인 영향력의 사용을 경계하라.

⑥ 당신의 권한을 제한시키고, 고위직 사람과 협상하라.

⑦ 좋은 친구-나쁜 친구 전략을 활용하라.

⑧ 상대편이 첫 제안을 하도록 하라.

⑨ 당신의 팀을 소규모로 하고, 잘 통제되도록 관리하라.

⑩ 상대편이 당신을 찾아오도록 하라.

(Tomas, 『협상의 기술』)

찾아보기

ㅊ

[저자 약력]

정 수 진

연세대학교 대학원 경영학과(석사)
경희대학교 대학원 경영학과(박사)
San Jose State University 교환교수
한국산업경제연구소 선임연구원
공인노무사 출제 및 면접위원
공기업경영평가 및 진단위원
한국경영교육학회·한국인적자원개발학회 회장
고용노동부 정책자문위원
원광대학교 국제교류처장
원광대학교 경영학부 교수

저 서

산업 및 조직심리학(공저, 1998)
글로벌시대의 인적자원관리(공저, 2004)
현대조직행동론(공저, 2005)
인간자원개발관리(제3판)(공저, 2008)
산업경영심리학(제2판)(공저, 2010)
인간의 행동변화를 위한 인적자원개발론(공저, 2015)
실무지식을 위한 조직행동의 이해(공저, 2017)
실무지식을 위한 인적자원관리(공저, 2019)

고 종 식

원광대학교 대학원 경영학과(석사·박사)
(일)류코쿠 대학교 연구원
한국능력심사평가원 평가위원
중소기업기술개발지원사업 평가위원
공인노무사 및 경영지도사 출제위원
국회입법고시 출제위원
대한경영교육학회 부회장
한국인적자원개발학회 사무국장
한국경영교육학회 부회장
원광대학교 경영학부 교수

저 서

산업 및 조직심리학(공저, 1998)
글로벌시대의 인적자원관리(공저, 2004)
인간자원개발관리(제3판)(공저, 2008)
산업경영심리학(제2판)(공저, 2010)
인간의 행동변화를 위한 인적자원개발론(공저, 2015)
실무지식을 위한 조직행동의 이해(공저, 2017)
실무지식을 위한 인적자원관리(공저, 2019)

실무활용을 위한 리더십

초판인쇄 2020년 1월 6일
초판발행 2020년 1월 10일
지은이 정수진·고종식
펴낸이 김중용
총괄기획 박노일·최준규
편 집 심성보·김인숙

펴낸곳 도서출판 정독
경기도 파주시 책향기로 441, 1004동 1004호(동패동, 책향기마을)
등록 제406-2014-000093호
전 화 070)7550-3758 팩 스 02)718-8554
홈페이지 www.jeongdok.co.kr 이메일 pnc@pncmedia.co.kr
ISBN 979-11-89675-47-9 93320

정 가 20,000원